解除世界魔咒

沈清松／著

臺灣商務印書館

目　錄

今天，科技的發展日新月異，進步神速，尤其在資訊科技和生物科技方面，更是如此。資訊科技影響深遠，巨幅增加了人類傳訊的快速與方便，並縮短了人類彼此溝通的時間與空間，話雖如此，資訊科技基本上仍未涉及人類對生命看法的巨變；至於生物科技在基因工程和生物複製方面的突破，使得人類即將掌握開啟生命奧秘之門的鑰匙，亦將改變人類對於生命的看法。此外，材料科技、工程科技、農業科技……等各方面，也都有長足的進步。這些都使得人類對於一個建立在科技之上的「新社會」的翩然來臨，帶著許多的期盼。更何況，科技早已構成了人類的生活環境，無論是居住、工作、休閒……等等環境皆然。科技可以說給人類帶來了一個嶄新的未來，在其中有一個新的烏托邦正在興起。

可是，我們也發現，如果這個科技的新社會沒有人文精神的支持，那麼，它也很可能帶來新的魔咒。我在本書中指出，過去宗教迷信和傳統規範往往束縛人心，宛如魔咒，自從西方近現代科技來臨，便解除了舊有魔咒；然而，如果今後人類沒有足夠的人文精神，我們會再擔心，科技本身也可能變成新的魔咒。尤其現在科技各方面的發展，造成經濟方面惡性競爭的失控，環境的污染、生態的失衡、人類生活的機械化、人際關係的疏離……等等，種

種惡劣狀況。可見，即使科技越進步，越有效，人也有可能越不快樂。

　　所以，如果現在人類不在人文精神方面多加提升，我擔心所謂新社會的來臨並不會如我們所期望的那麼好。科技誠然正在塑造一個新的社會，但這個新社會一方面需要科技的進步和人性的需要相配合，另一方面也需要人在其中灌注人文精神，才能夠把科技世界建構成一個合乎人性尊嚴的世界。

　　本書於 1984 年在時報文化出版公司初版時，是國內第一本討論科技哲學與文化哲學交界問題的著作，採取本人的對比哲學，研究科技對文化的衝擊，集中在科技與人文、西方近現代文化與中華文化的關係問題上。如今修訂改版，距離本書初版，已經十四個年頭了。這十四年來，國際與國內學術和文化都有了不少變動，有必要加以增訂。不過，基本上我對西方近現代科技的論斷，對於科技與人文、對於文化的傳承與創新的看法，仍然是有效的，也仍然具有肯切的意義。這次在臺灣商務印書館改版出書，除了一些文字上的修潤之外，內容大體上維持原樣，在諸多修訂之處中，有以下三點值得注意：

　　一、對於文化的五個次系統，我特別指出它們的統一性所在。由於文化中的信仰、認知、規範、表現、行動等五個次系統並非平行並列，也非如五頭馬車，各自分立；也不是像五個燈籠，分燈並掛。相反的，它們彼此有著非常密切的關係。一方面它們既有生發（genetical）的關係，另一方面也有結構

（structural）的關係。本來我對於此二種關係，早在初版問世之後，就已經在其它地方以文字和口頭多加釐清，可惜其後本書一連印了三刷，都沒有機會在書中加以說明，這次由於改版的機會能予補入，使我在本書中對文化的看法能較為清楚而一貫。

二、我本人在這十四年來學思也有一些進展，其中之一便是參加了維也納學派建構實在論的研究活動。建構實在論提出「外推」做為科際整合的知識論策略，非常具有前瞻性的意義，我曾以英文著有許多文章加以論述，並將之發展到跨文化互動方面。對此，我在本書第六章增加了幾段簡要的討論。不過，詳細還請各位參看我的《儒家、道家與建構實在論》（Vincent Shen, *Confucianism, Taoism and Constructive Realism,* Vienna University Press, 1994）一書，該書曾被維也納大學華爾納教授（Prof. Fritz Wallner）譽為建構實在論的里程碑。

三、這十餘年來，後現代主義的討論甚囂塵上，我在本書中僅略增有關資訊的文化整合作用與法國後現代思想家李歐塔（J. F. Lyotard）針對科學的「展演性」（performativité）概念，此外並沒有對後現代主義多加著墨。因為我在其他地方已經寫了不少有關我對後現代主義的看法，請讀者另行參考。我在本書中所主要討論的是西方近現代科技，其文化衝擊與中華文化的因應之道。就後現代而言，中華文化應創造自己的後現代科技，也就是我所謂的「盡性的科技」、「參贊的科技」，而不再是「宰制的科技」、「外控的科技」。今

後人類不應再透過技術控制激發物的能量為人短期所用，卻應發揮物我本性，共營永續的生活世界。

本書初版原納入時報文化出版公司的「學術叢書」，晚近該公司改變經營方針，取消該叢書。所幸由於現任商務印書館總經理郝明義先生的慷慨與遠見，建議我把本書修訂之後改版，在臺灣商務的「新思潮」叢書中重新出書。郝明義先生抱著「傳統與現代，並翼齊飛」的出版理念，與我在本書中對科技與文化的某些想法，不謀而合。本書能有此榮幸，能納入「新思潮」叢書中再與讀者見面，對此我本人感到十分高興，也十分感謝商務諸位先生。謹記數語，以為紀念。

一九九八年七月序於指南山麓

解除世界魔咒

德國社會學大師韋伯（M. Weber）平生
最愛引用德國哲學家、詩人兼劇作家席勒（F.
Schiller）之語「解除世界魔咒」，來描繪西
方社會自近代以來所產生的理性化歷程。此種
理性化歷程表現在現代科學、藝術、政治社會
組織、甚至資本主義的經濟活動等等，不一而
足，可以說是一個既全面又深入之歷程。從當
前的世界幾乎全為西方人的舞臺這一事實看
來，似乎我們很難拒斥韋伯以下的論斷：「唯
獨在西方文明裏面，文化現象顯示出朝向具有
普遍意義與價值的發展路線。」因此，一方
面，我們不得不承認韋伯之言，認為科技僅只
是此一普遍的理性化歷程中之一環。但另一方
面，我們亦須指出，科技又是帶動整個歷程走
向普遍化的最重要之環節與動力。

　　但是，科技推動理性化之結果，禍福不
一。它既為人類帶來輝煌的物質經濟和知識上
之成就，又造成廣泛的虛無主義和意義危機。
科技日新月異，而世界則愈益俗化，諸神率皆
逃逸，人類不知身在何處。猶如童話故事裏被
魔咒陷入沉睡的美麗公主，在勇敢而英俊的王
子親吻之後，解除魔咒，驚愕地甦醒，並使整
個皇宮裏的一切跟著她一起醒轉過來一般。全
世界亦因科技推動的理性化歷程而醒轉過來，
但所發現的並非王子與公主的迷人愛情，而是
一個意義解除的焦慮世界。

今日世界各國都在追趕西方，發展科技，認定非如此不足以生存下去。可見，科技發展固然帶動了理性化，亦會被盲目地接受為一種命運。科技時代的命運感特別嚴重，這在科技的內部程序中亦有其根據，本書將予以檢討。要言之，科學與技術雖為人所創製，一旦創製之後就有其獨立的地位和客觀的發展規律，顯示出純理之勝利及其實現歷程之冷酷，在其中個人的感受與團體的遭遇皆顯得微不足道。例如，我國自鴉片戰爭以來，受自西方堅船利砲所開啟的禍害，以至於整個動盪而慘痛的現代史，似乎僅只是此一普遍命運中的一個插曲而已。全體現代人的感受似乎再度墜回古希臘人面對命運莫依拉（Moira）的情景，因而有所謂科技時代「悲劇的返回」。

世界魔咒解除，兼加悲劇回返，代表了科技發展衝擊之下文化的危機和意義的危機。究竟應如何在科技時代重建一個有意義的人文世界？究竟中國傳統的哲學與文化如何在西方科技推動的理性化歷程中再造光輝？這是本書所關心的最主要之問題。本書將分別從倫理道德、藝術表現、宗教信仰等各方面來探討科技對文化的種種衝擊以及今後文化的展望。除此以外，本書更將透過當代科技思潮與反科技運動之對比，進而探討科技的人文意義，並歸結於中國哲學之再評價，希望藉此使得科技與人文，西方文化與中國文化，能夠透過一種平衡而且深入的哲學思想，找到一個恰當的融合基點。

本書的主要論點，在於透過鋪陳一種對比的方法和對比的哲學，來確立此一融合基點，闡明科技與人文，

西方與中國的既差異復統一，既採取距離又相互隸屬的對比關係，表現類似於德哲雅斯培（K. Jaspers）所謂的「愛的爭執」（loving struggle），或黑格爾（G. W. E. Hegel）所謂「互認的辯證」（dialectics of recognition）的融合關係，既能充分發揮自己的特色，又能彼此融合無間，這是作者自從撰寫博士論文《行動與創新》以來所發展的哲學思想的進一步延伸。

作者特別要感謝已過世的哲學大師方東美先生和現任魯汶大學高等哲學院院長賴醉葉先生（J. Ladriere）。作者在中國哲學方面的瞭解受自方東美先生的教誨和啟發者良多。方先生晚年在輔大擔任哲學講座，作者不但有幸能聆聽其教導，而且承蒙他慨允指導碩士論文，為此而能親近中國哲學與文化之堂奧，可以說皆受其學問之啟迪與人格之感染，使當時的一介魯莽青年能對中國文化有一親切之敬意，並進而矢志為融通中西文化而努力，實皆出於方先生之感召。其次，作者在西洋哲學方面，尤其對於西方科技之認識，則受賴醉葉教授啟發良多。賴教授為作者在魯汶大學攻讀博士時之論文指導教授。作者在臺求學期間較偏重於研讀士林哲學與中國哲學，但至魯汶大學以後，為學路徑發生巨變，實受賴教授影響有以致之。作者對於文化與科技之關心與批判，許多是由於與賴教授朝夕請益，課堂辯論而逐漸形成的。特別在此敬誌感念之情。

人之一生所能擁有最值得珍貴之物，往往是默默地受自於別人的贈予。誠如美國哲學家詩密茲（K. L. Schmitz）所言，贈予並非送禮，既無從還報，亦不知

如何還報。吾人所習得之語言、知識和文化資產，皆是受自先人和他人慷慨之贈予。文化之交流與融合，亦是如此。對於此種文化之贈予，吾人既然無法還報，只能繼續創造文化，來贈予後代和他人。願作者此項透過對比方法和對比哲學來結合科技與人文、融通中西文化的微薄努力，能還報父母、師長的贈予於萬一。

緒 1
論

1

1.1　問題

　　由於科技對文化的影響日深，並帶領新的文化面貌興起，本書企圖從哲學的層面，探討現代科技發展對於文化所產生的衝擊，以及在科技所帶領的現代社會脈絡中，文化究竟有何前途，有何展望。吾人尤其著重在中華文化傳統與現代社會的相關性，及其在爾後創新之方向的探討。總之，本書希望透過科技的反省和人文的自覺，來重新評價中華文化與中國哲學，並將兩者放置在新脈絡中促成其新生。

　　此一探討也與台灣前途和文化中國密切相關。今日吾人思考臺灣前途的問題，必須將它放置在中華文化前途的脈絡中來討論，而不能僅局限於經濟、政治、社會的脈絡中來計議。這些固然重要，但並不能真正觸及今日臺灣以及全中國的文化處境。因此，我們還需更上層樓，從哲學的角度來曠觀全體中華文化的嶄新脈絡。由於關心中華文化，本書以下所稱「中國」，均意指「文化中國」。如今，在科技時

代中來討論中華文化前途，不能不扣緊科技與文化的互動關係。因此，吾人必須從哲學的層次來研究科技對文化的影響與展望。

臺灣近四十餘年來不斷地奮發圖強，在經濟建設上已經成為許多開發中國家的楷模。但是，通常大家只重視所謂「臺灣模式」的經濟意涵，而忽略了它的文化意涵。實則臺灣文化發展模式亦堪成為全中國未來發展之模範。臺灣在今日之所以能有意義地存在於國際社會，其外顯的理由固然在於經濟，但其內蘊的理由卻在於文化。因為臺灣延續了中華文化，使之能在科技時代的觀念結構和社會變遷中獲得實驗、演進與發展。這點對於中華文化具有極為重大的歷史意義。此外，西方文化在科技過度膨脹之下也已進入了轉型期之危機，使得許多關懷西方命運的西方思想家亦轉而尋求東方文化之富藏，希望能從中汲取靈感。這又使得中華文化在臺灣的實驗與發展具有了世界性的意義。

所以，如果我們忽視了臺灣對於全中國、全世界的文化意義，則臺灣勢將變成只是在列強夾縫與國際經濟波動中求生存的蕞爾小國而已。唯有在歷史文化的意義重獲肯定之下，臺灣的偉大形象始得浮顯。

科學與技術是現代文化的構成要素，也是現代社會最為顯而易見的動力。把現代社會稱為科技社會，可謂最為恰當不過。科技的發展不但占據了大部分現代人的思慮活動，而且亦帶動經濟、政治、社會各方面的發展。科技儼然已經成為現代社會與文化的主導因素，這點吾人須先予以肯定。但是，迄至目前，臺灣仍未在實

質上以科技為其社會與經濟發展的主要動力，而是由外貿來帶動其經濟發展，再由經濟發展來帶動其科技發展，這不但暴露出臺灣經濟結構本身之缺陷，亦顯示其科技發展尚未獲得自主的肯定。一個現代的、健全的經濟團體，應該由科技帶動經濟，再由經濟帶動外貿，應是不爭之論。

其次，中華文化的創造與發展一向源自知識分子與民間百姓兩大動力。傳統民間文化的維護近年來在國內頗受重視，但可以說亦已瀕臨絕續關頭。知識分子則自鴉片戰爭以來受西方衝擊之下亦暫時失去原創力。更加上知識分子的文化創造與民間文化的日常發展兩者融合不足，菁英文化與大眾文化缺乏良性互動。傳統與現代的銜接亦因缺乏整體規劃而仍顧此失彼，科技與人文的研究也由於缺乏哲學的反省而呈各自為政之局。於是乎透露出哲學的批判與反省之重要性。唯有透過哲學的批判，纔能把民生日用的文化活動提升到有自覺的、概念性的層次，使其立基於中華文化的精華，而不致頹喪卑俗。也唯有透過哲學的反省，纔能使知識分子的文化創造，能把握整體性和根源性，不致流於瑣碎，本末倒置，反而能恢復其固有創造力。總之，唯有哲學纔能在一個更高的觀點下來調和士人與民間、科技與人文、傳統與現代，使之融合無間。

本書就是從哲學的角度，針對以上的問題，來針砭科技，考量文化，察其影響之跡，觀其未來展望。

就研究範圍言，本書在哲學內容上，主要涉及了文化哲學和科技哲學，是一項探討科技與文化兩者的互動

與變遷的綜合性研究，可以說是介於文化哲學和科技哲學交界的問題。首先，就文化哲學而論，以往的文化哲學往往忽略了科技的因素。然而科技對於現代文化是不可或缺的一環，因而本研究並不在抽離科技因素的情況下來討論文化，反而特別注意到，文化中的科技部門在現代社會中顯著發展之後，對於文化中的道德、藝術、宗教等其他各部門的影響，並試圖指陳其特性，爬梳其變遷。

其次，就科技哲學而言，本書的旨趣並不像一般科學哲學論著那樣，從理論建構與經驗檢證的觀點來討論科學，亦不從運作的程序和社會學意涵來討論技術，更不採取科技與文化對立的預設，反而要把科技安置在整體文化活動之中，來予以定位，並以之作為帶動全體現代文化發展的主要線索，更進一步要從人文的觀點，來詮釋科技的意義。換言之，科技既被吾人肯定為文化的構成因素之一，又是在今天帶動文化變遷與發展的主要因素，甚至是可以接受吾人存在意義之詮釋的對象。

在以上文化哲學和科技哲學的脈絡下，本研究亦涉及了中國哲學的新方向。中國哲學一向是中華文化之動力與精華所在。但是，自鴉片戰爭以來，中華文化面對了西方科技與現代文明之大挑戰，驚魂甫定，尚未能恢復其創造性的動力，更無法展示其固有風采，中國哲學亦變得沉寂頹喪，欲振乏力。在這種情形下，若欲再度提煉中華文化之精華，發揚中國哲學之動力，一方面固然必須先反省、批判，並整理科技和文化的新脈絡，另一方面亦須重新確立中國哲學的地位。吾人在此所謂的

中國哲學，不但必須包含對於自先秦以降的傳統中國哲
學之再詮釋，而且必須包含現代中國人對於新的社會與
文化脈絡所做的實存性、基礎性和批判性的反省。哲學
不但不只限於哲學史，而且是每一時代的生活、科技、
和文化中之基本思想和動力。本書就是在這一層意義之
下，亦願忝列為一本中國哲學的著作。

1.2 方法

本書所採取的研究方法計分三層。第一層方法是採
用時下哲學界流行之現象學（phenomenology）的方
法來描述科技與文化的現代處境，並用詮釋學
（hermeneutics）的方法來銜接不同的意義領域，進
而賦予吾人所重構之意義。第二層方法是採用溯原法，
來追溯科技、人文等問題的歷史根源和理念根源。第三
層方法是使用作者自 1980 年以來所思索、發展的對比
方法，來處理科技與人文、西方文化與中國文化之差異
性和統一性，和傳統與現代的連續性和斷裂性。這三層
方法逐層推進，彼此有密切的關係。茲分別論列如下：

㈠現象學方法和詮釋學方法

胡塞爾（E. Husserl）所創始的現象學，可以説是
本世紀哲學界最富原創性的方法與哲學。本項研究所使
用的現象學方法僅止於現象學的描述法，並不使用胡塞
爾所謂的本質直觀（Wesensschau），更不採取胡塞
爾現象學中有關本質和先驗自我的哲學預設。我並不認

為可以如實描述，因為我們的描述總難免已有透過語言來建構的成分。話雖如此，我們仍需極力經由語言的描述功能來呈現事態。吾人僅使用現象學的描述方法，來在紛紜的現象當中，呈現科技時代倫理關係的特性（第3章），描述現代人心靈的一般處境和現代藝術的特性（第4章）……等等。不過，這些描述並不是為了達到所謂本質的直觀，而是更好如海德格（M. Heidegger）所言，為了明說出現代人的共同境遇感（Mitbefindlichkeit）和共同理解。（Mitverstehen）。海德格在《存有與時間》（*Sein und Zeit*）一書中指出：任何表詮和溝通，皆不是為了把諸如意見和希望等主觀狀態，由某一主體的內心傳達到另一主體的內心，而是為了分享共同境遇感和共同理解①。所謂境遇感指的是由歷史所造成之處境，就吾人而言，則是科技與文化在當前的處境；所謂理解指吾人對於存在之可能（Seinskönnen）和意義的整全（Bedeutsamkeit）之原始把握，就吾人而言，則是今後科技、人文和文化發展之可能性。

現象學方法之使用顯示出吾人所重視的一種哲學態度：哲學應從具體處境開始思索，而不是從事實開始。世間並無所謂光禿禿的、純然的事實，因為一切事實皆已經過語言和描述者的詮釋與建構。所謂處境（situation）便是吾人周遭經過吾人所思、所感、所理解、所詮釋的事實全體。雅斯培（K. Jaspers）在《當代的精神處境》（*La situation spirituelle de notre époque*）一書中對於「處境」的瞭解，最適用於吾人當

前之分析。雅氏認為處境就是人所處在的歷史時代和社會的全體狀態，而且對處境的把握已經包含了對該處境之修改，並促使吾人的行動成為可能[②]。

　　本文使用現象學方法來描述吾人在科技時代的共同境遇感和共同理解，至於吾人使用詮釋學方法，則是為了重構意義。換言之，吾人對於科技與文化，不能僅止於構成的因素、互動的程序、運作的步驟與結果等等的解析，而尤其要重視意義的理解。所謂理解就是從思想與生活的主體出發，來重新構成意義，使所理解的對象（例如科技）成為主體的生活與存在的一部分。例如，我們在理解一段古典文章之時，不但要明其文法，通其詞意，而且要予以消化，重構意義，甚至要賦予一種實存上之詮釋。理解的判準不在於邏輯的一致性，亦不在於經驗的佐證或否證，而在於意義的飽渥。換句話說，意義的重構要視主體所感受到的意義的滿足之程度來定其高下。

　　詮釋的目的不僅止於意義的理解和飽渥，而且要求達到高達美（H.-G. Gadamer）所謂的視域之融合（fusion of horizons）[③]。因為傳統與現代，東方與西方，分別有其客觀的意義領域，必須經由吾人的詮釋過程，來予以融會貫通。吾人在論及倫理、藝術，與宗教之時，皆本此原則，一方面設法融合中華文化之傳統與西方文化之傳統，另一方面亦設法銜接傳統文化與現代文化。

　　此外，吾人又採取呂格爾（P. Ricoeur）的詮釋學中的「採取距離」（distanciation）和「共同隸屬」

（co-appartenance）兩歷程之辯證[④]。例如，在處理「科技」與「人文」關係之時，一方面兩者由於採取距離而有差異性，另一方面亦由於共同隸屬而有互補性。又如，「傳統」與「現代」既由於採取距離而有其斷裂性，復由於共同隸屬而有其連續性。東方文化與西方文化之關係，亦復如是。不過，此點必須進一步納入第三層方法——對比法中，始能見其全豹。以下先論第二層的方法——溯原法。

㈡溯原法

計分兩種，一種是歷史的溯原法，一種是基礎的溯原法。

本書雖然不專屬歷史方面的研究，不過亦會使用到歷史的溯原法。例如，針對科學與技術，一定要追溯至它們在希臘思想中的根源及其後的歷史發展；又如針對人文主義，亦需追溯至希臘的人文主義及其後各時代之發展；此外如「人文科學」的內涵，「文化」一詞的語意，亦皆需進行歷史的追溯，明其歷史變遷與發展，使不致成為漂浮無根的討論。但由於本書並不是以歷史研究為主旨，因此，歷史追溯部分做得稍嫌概略和精簡。

本書較為側重的是基礎的溯原法。例如在第3章中涉及道德問題之時，吾人一定要剋就具體的道德現象，追溯道德之基礎，指出道德基礎就在於自由意志（或心性）的自律性和關聯性。又如第5章中論及現代人對於科技的信仰，其基礎在於人對於自己的主體性及其權力意志之信仰。再如西方近代科技的基礎在於主體的哲學

和表象的形上學，而反科技運動之最後基礎則在於其對科技中所隱含之存在觀之反抗，另外尋求一種講創造、參與、開放的存在觀等等，皆是基礎追溯法之例。哲學是一切生活、科技、文化中的基礎性探索，絕不能僅只滿足於現象的描繪和重構，卻一定要剋就現象來追溯基礎。這種從現象出發，追溯其基礎的步驟，此即吾人所謂的基礎的溯原法。

此處所謂基礎的溯原法，實是得自亞里斯多德的溯原法（epagoge）之啟發。一般學者將亞里斯多德的溯原法譯為「歸納法」（induction），乃屬誤譯。因為歸納法亦是一種推論的型式，雖然是一種不周延的推論，但基本上仍假設了三段論證的步驟。然而，三段論證終需最後之基礎，否則會形成推理上之無窮後退。溯原法所針對的就是基礎的把握，而非推論的進行。

亞里斯多德的《物理學》（*Physics*）一書最妥貼地使用了溯原法。亞里斯多德從物理現象（例如運動、變化）出發，追溯其原理、原因。所謂現象並非描述性的概念（descriptive concept），而是默觀性的概念（speculative concept）。現象就是那自行顯現在前之物，換句話說，就是存有者；但亞氏針對物理現象或物理存有者（phýsei onta），要追溯其存有者的存有（Being of beings），就是追溯該存有者的元始（Arché 或譯太初）。換句話說，亞里斯多德認為事物皆是經歷了一段歷程纔呈現於吾人之前，所謂的元始或太初就是事物在走向我們的歷程中的首站，從彼處出發，經過一番歷程，始得走到吾人現前，成為現象⑤。

因此，為了明白事物，我們必須走回頭路，追溯其歷程，把握其元始（Arché），並透過語言來予以彰顯。亞氏認為，溯原法使我們能由個別現象追溯其普遍原理，這是一切科學知識的根本方法。

不過，誠如海德格所指出，亞氏的溯原法的確含有本質直觀之意。但我們並不認為所謂本質可以在一次直觀中圓滿地予以把握。例如，道德活動雖然必須以自由意志（或心性）的自律性和相關性為基礎，但這並不表示吾人可以在一次直觀的行動中對於自由意志（或心性）的豐富內涵予以全面的、窮盡的把握，反而必須在時間內的實踐中逐漸予以開展。為此，吾人的基礎溯原法並不包含胡塞爾現象學的本質直觀的哲學預設，僅只是追溯所探討之現象所出自的原始存在動力，並以之為基礎，以免由於缺乏基礎而搖擺不定或凌空虛設。吾人認為，對於基礎的探索正是哲學的任務。

㈢對比法

對比法（method of contrast）是作者自從 1980 年的博士論文：《行動與創新——布隆德的行動與懷德海的創新之源起對比與結構對比之研究》（*Action et créativité: une étude sur les contrastes génétiques et structurels entre l'action blondelienne et la créativité whiteheadienne*）⑥以來不斷構思、研究之方法。此方法的提出是為了取代一般所謂的比較研究法，和修正過分強調否定性的辯證法，希望能夠兼顧思想與存在中各種因素的差異性和互補性、斷裂性和連續性，以便作為

今後任何不同的因素、思想與文化傳統相遇與交談，對照與會通，甚至進而綜合與創新的根本觀念和步驟。

所謂對比（contrast）是指差異與互補、連續與斷裂、採取距離與共同隸屬彼此之間的交互關係和運作，使得處在這種關係裏的種種因素，相需相索，相輔相成，因而共現於同一個現象場地，並隸屬於同一個演進的運動。對比不但是一種方法，而且也是歷史和存有藉以呈現與演進之基本律則。因此，吾人不但主張對比的方法，而且主張對比的哲學。

就其為方法而言，對比法的主旨就在於將數個研究對象（例如科技與人文，西方文化與中華文化）在吾人的經驗中予以對照，以便顯示出其差異性和互補性。對比不但是推動吾人經驗成長的方法，而且也是經驗完成時的綜合狀態。因此，所謂對比並非如結構主義所講的由對立元（oppositions）的相互關係所構成的結構（structure），因為後者排斥主體的參與，使得主體僅能在無意識狀態中受結構所決定。相反地，方法是吾人經驗成長的步驟與狀態。任何方法皆隱含主體的參與，因此方法不僅只是一套有效的操作，而且是引導個人的主體和社會的共同主體步向其經驗之發展與完成的途徑。

就其為哲學而言，對比哲學更由經驗的成長推向歷史和存有。首先，歷史在結構上是由既有差異、又相互補的各種因素所構成，在發展上則是由既斷裂、復連續的律則所推動。其次，存有亦必須藉種種對比而彰顯，亦即透過各種存有者，各種思想潮流，各種文化，各種

歷史彼此的相似和差異，距離和共屬，來展現存有的豐富創造造力，但是存有又復與存有者及其歷史採取對比。在此一意義下，海德格才能稱存有為差異（Differenz）。

關於對比的哲學意涵，吾人不擬在此詳加鋪陳，讀者可以在拙著〈方法、歷史與存有———一種對比的哲學思考〉[7]一文中見其梗概。本書對於科技與文化的研究，可以說是此種對比方法的進一步應用，和對比哲學的進一層發展，旨在把科技與人文、中華文化與西方文化、傳統與現代……等等納入對比的韻律中，判別差異，指陳互補，使其能在一種創新的實踐歷程中予以綜合。一方面，對比法所分辨出來的差異性和斷裂性，正顯示出思想和存在的豐富而多樣，同時也顯示出一種令人不安的距離，足以驚醒吾人任何以模糊的方式進行綜合的夢想。另一方面，對比法亦顯示出它們彼此的互補性和連續性，因而皆共同隸屬於歷史運動的歷程和存有創進的韻律，召喚吾人跟隨之。對比的方法與對比的哲學顯示出採取距離和共同隸屬是蓬勃大有的生生之德透過歷史中各種存在、文化與思想而開顯的律則。

因此，在爾後各章的研究當中，我們隨處可以見到此種對比方法的運作和對比哲學的發展。不過，針對科技與文化的問題而言，我們要提出當代文化中的一個基本對比，那就是科技的普化與人文的覺醒之間的對比，構成了當代歷史的基本動力，此亦為貫穿本書的主要論題所在。

1.3 論題

在我看來，當代歷史有兩個最基本的動力：一個是科技所帶領的普世化、客觀化、運作化的傾向；另一個則是由於人文的關懷而興起的歷史意義，強調各歷史性文化團體的獨特性、主體性和意義的創造。兩者正處於一種對比情境之中。今後中華文化的發展必須在這對比的兩種動力中求得平衡，使其相互推進，纔能產生新的文化局面。

㈠科技具有普世化之傾向

西方科技的發展，可以溯源至古希臘哲學對於理性的討論，對真理和理論知識的基本看法。吾人尤其可在亞里斯多德哲學中獲知：理性的言說（判斷和推理）必須遵循嚴格的語法規則，亞氏的邏輯學即志在提供此種語法規則。至於言說的真理則在於能合乎語意規則，按亞氏言即在於能與真實存在的事物或其形式相符──此即符應的真理觀（truth as correspondence）。所謂「理論知識」在消極上旨在擺脫經驗和行動中的個別牽扯，在積極上則旨在求能默觀事物的普遍形式[8]。降至西方近代科學興起，一方面重視系統的實驗，藉以控制並確立科技在經驗上的根據；另一方面則使用數學來取代三段論證的語法地位，使得科學理論在日漸數學化中趨於嚴格。這兩方面的互動使得近代自然科學的發展達於頂峯。科學愈益發展，技術日新月異，終於形成現代

形態的科技，其特性吾人將於下一章中討論。總之，今日種種經濟發展與物質建設，可以說是由科技發展奠下基礎以後得到的成果。

　　現代科技的發展既然是出自西方文化內部的發展，並且是在西方社會中逐漸形成，所以對於西方文化並未造成突然的危機與破壞。但是其他非西方國家卻是在近數十年來繞極力輸入西方科技，因此造成對原有文化的嚴重破壞，使原有社會突現危機，並且在其近代和現代史上造成傷痕纍纍，至今未息。不過，世界各國發展科技的歷史深淺雖有不同，遭遇福禍亦不一，但是其所造成的現象，例如都市化、工業化、資訊化等等，以及在地面上所造成的景觀，大致是相同的。此種雷同的情形，正指出科技內在有一種普世化的動力，不能單用歷史學、知識社會學和研究者的心理等與人類學中心概念有關的觀點，來予以圓滿解釋。

　　若就科技本身內在進行規律來看，科技之發展有其自身的理趣，藉波柏（K. Popper）的話來說，即科學發明有其內在邏輯。波柏認為，科學家在嘗試解釋物理世界或心靈世界時，必須訴諸於由理論、符號與象徵所構成的第三世界（或客觀世界）。科學的變遷與發展，唯有肯定此一客觀的理論界，始得獲得充分的解釋[9]。波柏的第三世界有似黑格爾所言的客觀精神，不再只是自然或意識而已。這表示科學與技術雖然是由人所發現，但是，一旦創製以後，就有其獨立的地位和客觀的發展規律，終究使得人生活在自己所構設的符號和器物的世界中，這整個過程似乎顯示出希臘人所言純理

（logos）的實現和勝利，其中個人和個別團體的遭遇皆顯得微不足道，此即所謂科技時代的「悲劇返迴」（le retour du tragique）。

我們若用系統理論（system theory）來看，便可以把科學當作一個正在變遷、演進中的大系統。科技系統獨立於人文系統和自然系統之外，雖然與它們有互動關係，但也有自己的成長規律，並且強制其他系統來服膺科技世界的擴張。

科技就好比生物體一樣，是一個複雜的系統，能夠自行組織、自行調整、自行複雜化。科技之所以能帶動普世化之歷程，就在於其為一能自動組織、調整、複雜化的獨立系統，就像電腦及自動控制系統所顯示的，能自行提出問題、自行解決問題、自行擴張。系統理論所提出來的這些觀念，使我們能以科學的方式來解釋科技的內在理趣。

當然，科技所帶領的這種普世化的傾向，並不是沒有遭遇到抵抗。科技系統的擴張，對於自然系統和人文系統產生了許多破壞現象，並承受來自它們的種種抗衡。因此，科技之所以遭到訾病，並不是因為科技本身的內在理趣，而是由科技系統與其他系統的互動關係所造成的。例如，科技的發展對於自然所造成的破壞或快速轉換，使得自然生態失去平衡，生物原有的綠色空間日愈減少。對於人文社會，科技發展造成軍備競賽、核子危機和各種政治經濟的壓迫，或如普受注目的德國哲學家哈柏瑪斯（J. Habermas）所指出，科技發展成為一切先進資本主義擴張實力、控制世局的一種藉口（社

會主義國家亦走上國家資本主義之途）。

更嚴重的是，科技變成了社會本身的唯一真實表象，代替了昔日的宗教信仰或神話，成為現代社會的意識形態。科學的理趣也成為指導政治、經濟、社會政策的主要依據，而科技更成為理性（rationality）的唯一判準。於是，即使從事文化工作，也需要一批文化科技人才來研定方案，具體推行，更遑論人類生活的其他各方面之為科技所穿透了。科技本身或許不是意識形態，但是若以科技為人類生活與理趣的唯一判準，過分崇尚科學主義，便會成為一種意識形態。在這種意識形態過度膨脹之下，科技不但摧毀了昔日傳統的認知系統或行動系統，並且取而代之，成為新時代的信仰。這種新信仰、新意識形態有利於一種「優勢原則」（superiority criteria），使那些掌握科技知能的科技人員能進而掌握經濟體系和政治權力，因而形成科技的宰制（domination）。為從宰制中求解脫，哈柏瑪斯主張應進行意識形態批判的工作[10]。

㈡人文關懷帶動歷史意識之覺醒

除了科技所帶領的普世化歷程以外，當代歷史的另一個動力，就是由人文關懷而興起的歷史意識。早在十九世紀，實證主義和科學主義猖獗之時，德國史學思想家狄爾泰（W. Dilthey）便曾提出以史學為宗的精神學科，應該以針對獨特的個人、獨特的社會、獨特的時代，進行意義的理解為其職志，而不應像自然科學那樣，只求解釋自然現象之間的因果關係。精神科學不同

於自然科學，就在於意義的理解不同於因果的解釋。個人與社會的獨特意義，就在於它在歷史中所展現的創造力的特殊性。生命之創造力必表現為有結構之整體，例如道德行為、藝術作品、文學作品等等，這類文化的產品皆出自個人或社會獨特的生命力之表現方式，不可以用科技雷同化、普世化的因果連鎖來處理[11]。

當代德國大哲海德格（M. Heidegger）亦指出科技的控制是一種「存有的遺忘」，然而人存在的真正意義則在於彰顯存有。存有（或中國哲學中的道）之彰顯，本是在極深刻虛靈的經驗中，自然而然地開展，並非科學概念體系所能網羅控制。人不可以用知識的造作妨礙了道的開顯，而應更進一步去體會，一切有意義的科學與技術，皆是存有在某一時代開顯的結果。一切的學問，一切的命題與判斷，皆應以對歷史的境遇和對未來的理解為基礎。而一切有意義的言詮，皆在發表和溝通共同境遇感和共同理解。海德格之所以提倡存有（道）的開顯，是因為科技的發展，無論在希臘或在西方近代皆是源自於人文主義，但卻有走上遺忘存有的傾向，所以海氏主張應該體會人能弘道之旨，用超越人文的存有來理解人文。

所謂歷史意識，就是意識到人的存在的歷史性：人必須在歷史中始能開展出自身存在的意義。每個人、每個社會皆隸屬於某一個傳統。承接傳統是使個人能頂立於天地之間，了解自己並了解世界的唯一憑藉。但是個人所隸屬的傳統並非唯一的傳統，此外還有許多其他傳統，與它構成對比的局面。所以，個人與社會皆須承接

自己的傳統，並向別的傳統開放。

自從啟蒙運動以來，西方的思想一般而言太重理性，而把傳統視為非理性，且不遺餘力地予以打倒，結果反倒使理性的發展貧乏化了。我國五四以來提倡民主與科學、打倒傳統，亦是採取了啟蒙運動的模式。然而，歷史意識卻是現代人的特權。從積極方面言，它促使現代人回頭去探索自己的歷史傳統，促使現代人去瞭解其他地區的傳統，並尋求溝通。但消極而言，它也造成了各種世界觀與意識形態的鬥爭。如今種種世界觀之爭，也只是歷史意識所顯露的癥狀與結果而已。歷史意識在當代史上所造成的影響至為深遠，甚至勝過自然科學在地球表面上所造成的改變。誠如詮釋學家高達美（Gadamer）所言：

> 「歷史意識之覺醒，真正是吾人自近代以來所承受最重要的革命，它在精神上的意義，或許遠勝過自然科學的成就在地表所造成的顯著改變。歷史意識標示了當代人的特徵，它是過去的時代所未曾接受的特權，甚或也是一種沉重的包袱。」⑫

我們若從當代史的這兩個基本傾向，來反省我們在臺灣的文化發展，或在臺灣為全中國的未來所做的文化設計，都必須要能發揮這兩個相互對比而又共同隸屬的歷史動力：一方面我們必須困知勉行，擠入由科技所帶領的普世化的洪流，並在科技所造成的普世大系統中占一席之地。因為在今天，如果不納入這一系統，就沒有

存在的地位。但是，另一方面，如果我們對這系統要有真正的貢獻，表現出我們在系統中的特色，則必須發揮我們在長遠傳統中所形成的主體性，表現我們特殊的意義典型。

今天，如果我們在科技系統中沒有特色，就不能有意義地存在。科技的系統化、普世化與歷史意識的意義化、特殊化，不但不相衝突，而且可以相輔相成。如何使兩者在今後緊密的互動中推進發展，應是今後文化設計之要務。

1.4 內容概要

根據以上的基本論題，我們將採取以下的步驟來闡明科技與文化的互動與展望：

首先，我們將討論文化的定義與內涵，探討科技的定義與現代科技之特性，指出科技影響文化的管道，並勾勒出此一影響的積極面和消極面的概念，作為爾後研究的導引。這將是第2章〈科技與文化的義涵和互動〉的主要內容。

其次，我們將分別就倫理道德、藝術表現，和宗教信仰三方面，按順序來檢視科技對於以上三個文化部門的影響和未來展望。第3章〈科技時代倫理道德新探〉不但要檢查科技時代倫理關係之特性，並且要分別從道德基礎、道德規範，和道德動機三方面來檢討科技對於倫理道德的積極影響和消極影響，並嘗試結合中西倫理道德，協調傳統文化與現代生活，試圖為今後倫理思想指

出新的出路。第4章〈科技對藝術的影響與展望〉則首先
描述在科技的衝擊之下人類心靈的一般處境，然後再探
討身為表現系統的藝術在這種心靈處境中，具有何種基
本特性，再嘗試在此種脈絡下來探討傳統中國藝術精神
在當代的相關性，以指出中國與西洋、傳統與現代藝術
在融合與創新方面的基本原則。第5章〈科技時代的宗教
與終極信仰〉首先從認知、道德，和存在三個層面上來
描述科技時代的終極信仰之處境，並且進而探討科技和
宗教的互動，以及科技對於現代人的終極信仰之意義，
並且再積極地從當代人的經驗和宗教經典之訊息來探索
兩者結合之模式，並為現代人的終極信仰之出路指出基
本的路標。

　　再次，我們將回到本文有關科技和人文的基本論題
上，首先在第6章中探討〈當代科技思潮與反科技運
動〉，一方面從科技內部來評價科技；另一方面亦探討
由人文關懷所帶領的反科技運動，以加深兩者的對比研
究。在該章裏面，我們會概述當代思潮對於科技活動所
給予的內在詮釋，並進而探討科技的倫理與政治意涵，
以便導引出當代的反科技運動，並且在這正反兩面思潮
之前來重新評價科技。其次，第7章〈科技發展的人文意
義〉則進一步為科技與人文的關係和融合做深入的研
究，指出就學術系統而言，自然科學和人文科學在人類
學和知識論上既有差異性，復有連續性，乃相輔相成之
科學；就歷史發展言，近代西方科技無論在起源上和發
展上皆有人文主義或為先驅，或相伴隨；而且現代科技
的發展對於人文主義亦有積極和消極兩種影響；最後，

就本位文化言，今後任何合乎中華文化型態之科技的生根與發展，皆需要中國人文主義的支持和伴隨，纔能得以實現。本文並且特為此種「中國人文主義」勾勒出其基本圖像。

最後，第8章可以說是本書的總結論，探討在現代科技發展之下，中華文化與中國哲學的展望。首先吾人將指出當前問題的主要脈絡，再依據吾人對於文化的分析來解剖中華文化各次系統的特色及其今後的展望，進而指陳現代科技的限度以及中國哲學的可能的貢獻，分層解析，逐步深入，希望從中國哲學的再造來為科技時代的研究活動與存在活動指陳明路，並為中國哲學的今後發展，指出基本方向。

註　釋

① M. Heidegger, *Sein und Zeit,* Tübingen: Neomarius Verlag, 1953, pp. 162－163.

② K. Jaspers, *La situation spirituelle de notre époque,* traduction française par J. Ladrière et W. Biemel, Paris: Desclé de Brouwer, 1951, pp. 30－38.

③ H.－G. Gadamer, *Truth and Method,* London: Sheed and Ward Ltd., 1975, pp. 273－274.

④ P. Ricoeur, *Hermeneutics and the Human Sciences,* Edited, translated and introduced by J. B. Thompson, Cambridge: Cambridge University Press, 1981, pp. 131－144.

⑤ 參閱Aristotle, Physics, 184a－184b, in *The Basic Works of Aristotle,* New York: Random House, 1941, p. 218.

⑥ 拙著Vincent Shen, *Action et Créativité,* une étude sur les

contrastes génétiques et structurels entre l'action blondélienne et la créativité whiteheadienne, (Dissertation), Louvain-la-Neuve, ISP 1980.

⑦ 沈清松著：〈方法、歷史與存有──一種對比的哲學思考〉，臺北，《哲學與文化》月刊，八卷三期，1981 年 3 月，第 46－56 頁。收入拙著：《現代哲學論衡》，臺北黎明公司，1985 年，第 1－28 頁。

⑧ Aristotle, *Metaphysics,* 981a－982d, 1005b－1006b.

⑨ K. Popper, *Objective Knowledge,* Oxford: Oxford University Press, 1972, pp. 153－161.

⑩ Cf. J. Habermas, *Technik und Wissenschaft als Ideologie,* Frankfurt am Main: Suhrkamp Verlag, 1968.

⑪ W. Dilthey, *Selected Writings,* edited, translated and introduced by H. P. Rickman, Cambridge: Cambridge University Press, 1976, pp. 186－195.

⑫ H. G. Gadamer, *Le problème de la conscience historique,* Paris: Edition Béatrice－Nauwelaerts, 1963, p. 7.

解除世界魔咒

2

科技與文化的義涵和互動

- 文化的定義與內涵
- 科技的定義與現代科技之
  特性
- 科技透過何種管道影響文化
- 科技對文化之衝擊概觀

2

2.1　文化的定義與內涵

　　在今天，科學與技術兀自構成了一個具有
獨立發展動力的系統，但吾人亦可將之視為文
化系統中的構成因素。文化包涵了科技，是一
個比科技系統涵蓋更廣、層次更高的系統。科
技雖亦號稱為一系統，但其實至多僅構成了文
化系統中的一個次系統而已。顯然地，科技是
包含於文化系統中，卻又把文化帶向普世化、
客觀化的次系統。科技雖然有普世化、客觀化
的傾向，但就其僅為文化的構成因素而言，卻
也是在人類歷史中發展而成的，並且具有主體
際的意義。因為文化都是在時間中發展而成
的，具有歷史性（historicity）。而且，文化
也一定是某一團體成員的共同生活與表現方
式，具有主體際性（intersubjectivity）。為
了把科技在文化中予以妥當定位，不致使兩者
相互對立，我們首先必須探索一個較具包容性
和發展性的「文化」定義。

　　歷來有不少哲學家、社會學家和人類學家

曾經對「文化」一詞下過各種各類的定義。例如克勒伯和克魯孔在兩人合著的《文化：概念與定義之批判檢討》（A. L. Kroeber and C. Kluckhohn, *Culture: A Critical Review of Concepts and Definitions*）一書中就曾列舉了173個定義[①]，從好的一面看來，真可謂琳琅滿目，美不勝收。從壞的一面看來，卻會令人迷惑，不知所從。本書的主旨並不在於定義文化，而是在於把科技納入文化體系之中，進而解析科技對文化的正負面衝擊。因此，吾人是在此一主導動機之下來確定文化的意義及其內涵。

通常我們在論及「文化」（culture）一詞之時，總會聯想到「文明」（civilization）一詞。因此愛德華（P. Edwards）所主編的《哲學百科全書》（*The Encyclopedia of Philosophy*）就把「文化」與「文明」兩詞合列，相提並論[②]。雖然「文化」與「文明」二詞有意義上的差異，但大致說來，我們可以把它們當作是目前我們所討論的一個更具含容性和發展性的文化觀的兩層意義來源。文化的兩層意義，其一來自拉丁文的cultura，原為「耕作土地」之意，其二來自拉丁文civis，原為「公民」之意。

詳言之，文化的第一個意義，是來自拉丁文的cultura，原先雖指土地之耕作，不過後來西塞老（Cicero）及其他拉丁作家又將之轉義為心靈之修養（cultura animi）。心靈之修養類似於土地之耕作，因為土地若不耕作則會荒蕪，唯有予以耕耘始能生出多產而有用之農作物；同樣，心靈若不予以修練，則會流

於粗卑，唯有予以修練陶成，始能活潑優雅，中規中矩。此層意義上可直溯希臘的 paideia（教育），意指人格、判斷，和德行之形成；下能流衍至德國近代的 Bildung（陶成）觀念，指一種朝向普遍人性的形塑和實現的歷程。這一層意義的文化常為教育家、哲學家、人文主義者所樂道。

文化的第二個意義來自拉丁文的 civis，為「文明」（civilization）一詞之字源，原先指「公民」之意，比較強調個人在團體中之隸屬，例如隸屬於一個民族、一個社會、一個團體。公民（citizen）的原意可直溯至希臘，指隸屬於希臘城邦之人，以有別於其他非希臘人，希臘人將之稱為 barbaroi，原意僅指「非希臘人」，其後卻變為具有嘲諷、低劣意涵的「野蠻人」（barbarism）之意。可見，「文化」原先僅只隸屬某一民族的生活方式，以與其他民族的生活方式相別，其後纔增加了在價值判斷上的優劣高下之意，因而構成了「文明」與「野蠻」的對立。其實，撇開此層價值判斷不談，文化就是一個社會的物質生活和精神生活的整體。這一種較具社會意義的「文化」觀，較為民俗學者、社會學者，和人類學者所重視。他們通常使用「文化」一詞來泛指一個社會的思想與行動之模式、信念、價值體系、象徵、技術……等等，排除了哲學和人文的意味，而把文化當成客觀的科學研究對象，為研究人之科學──人類學──所探討。

除此以外，重視這第二層意義的民俗學者、人類學者和社會學者又特別重視文化的內涵。例如人類學家泰

勒（E. B. Taylor）所提出的文化的定義：「文化包含了各種知識、信念、藝術、道德、法律、習俗，和其他人作為社會之成員所需之任何能力與習慣的複雜整體」③。這個定義廣為其他人類學家們所接受。它的優點在於在定義中標示出文化所包涵的各種項目，使研究者有指標可循，因而便利於科學的探討；但其缺點則在於使用列舉的方式，很難窮盡一切項目，所以不易獲致周延的定義。此外，這種經驗性的定義缺乏統一性，很難予以系統化。哲學家不能滿足於列舉或堆積各種項目，卻一定要追求統一性和系統性。為了符合這項要求，法國社會學家杜爾幹（E. Durkheim）似乎提供了較為令人滿意的參考點。杜爾幹雖然未嘗定義「文化」一詞，但他在定義「社會活動」時指出，其中應包含各種外在於個人、且具有強制個人力量的各種行動、思想，和感受之方式④。在此，杜爾幹用「行動、思想、感受」三者來羅列「集體意識」的全體功能。若以此種方式來確定文化的內涵，似乎較易具有統一性。問題在於所謂「集體意識」是否像杜爾幹所認為那樣具有實體存在的地位和客觀的約束性，實在有很大的困難。其中難免有犯了把個體意識功能過度擴充，並把個體彼此的主體際關係加以實體化的錯誤。

　　魯汶大學哲學教授賴醉葉（J. Ladrière）先生曾使用哲學的方法在定義文化時指出：「一個社會的文化可以視為是此一社會的表象系統、規範系統、表現系統，和行動系統所形成的整體」⑤。此一定義所指出的文化內涵——表象、規範、表現、行動諸系統——似乎

較具系統性和統一性，不過它似乎忽略了一個社會及其成員的終極信仰。終極信仰是一個文化中極為重要的部分，吾人不能將之歸約到表象、規範、表現、行動任一項目之下。賴醉葉教授似乎把終極信仰劃歸於表象系統之下，成為吾人對自己或對世界的認知與象徵的方式之一⑥。這點似乎會忽略了終極信仰以及表現終極信仰的宗教生活之豐富性和深刻性，畢竟終極信仰並非只是一種認知或象徵的方式而已。這點我們下面會再詳加討論。此外，賴醉葉所作的定義中似乎忽略了文化創造的動力以及所謂「社會」的不同層級⑦。

綜合以上所論，吾人願在此為「文化」一詞嘗試提出一個較具包容性和系統性的定義。吾人認為：「文化是一個歷史性的生活團體——亦即其成員在時間中共同成長發展的團體——表現其創造力的歷程與結果的整體，其中包含了終極信仰、認知系統、規範系統、表現系統，和行動系統。」

此一定義有幾個特點：

首先，它指出文化是由一個歷史性的生活團體所產生的。所謂「生活團體」指一羣由於生活在一起，而使其中各個成員的經驗得以共同成長、共同發展的人羣。因此，擠公共汽車、或偶然相遇的人談不上文化，但一個民族、一個社區、一個團體，皆可能產生文化。當然，由於生活團體的大小層級不同，還可以形成各種等級的文化與次文化。例如，我們通常說某一民族的文化，這是文化最恰當的指涉。但是，大學生由於生活在一起，亦能形成「大學生的次文化」；工人生活在一

起，亦能形成「工人次文化」。主要著重在「生活在一起，經驗共同成長，便可以一起創造文化。」這點主要是為了把文化的第二層意義，亦即將涉及個人在團體中之隸屬的 civis 一義納入考慮。至於說到「歷史性的生活團體」，所謂的「歷史性」是指此一共同生活之團體是在時間中發展成長的。一個生活團體需要一段時間纔能把創造力表現出來，形成主體際的共同成長和共同創造，因而有文化產生。

其次，此一定義指出文化是一個生活團體表現其創造力的歷程與結果。所謂的創造力是指一個團體和個人在時間之中的實踐，由潛能狀態走向實現狀態的動力。由潛能到實現，是為「歷程」；既已實現則為「結果」。但此一動力尚能再由已有之結果出發，開發新的潛能，實現新的結果。創造力既為產生一切文化的動力根源，亦為此動力之實現歷程。吾人提出此點主要是為了把文化的第一層意義——修練陶成之意——納入考慮。就此而言，一個生活團體不但要能延續已有的文化成果，而且要能創造新的文化成果。如果只有延續而無創新，則此一生活團體的文化必致衰微；如果只有創新而無延續，則亦不能辨視出該生活團體在時間中的同一性。總之，文化的創造力既有潛能、又有實現；既有傳承、又有創新。就吾人的對比哲學而言，文化就是某一生活團體表現其創造力之潛能與實現、傳承與創新透過對比而辯證發展之歷程與結果。

最後，此一定義又指出，一個生活團體的創造力必須經由終極信仰、認知系統、規範系統、表現系統和行

動系統五部分來表現，並在此五部分中經歷其潛能與實現、傳承與創新的歷程。我們前面說過，「民族」這個生活團體的文化，是「文化」一詞最為恰當的指涉，因為一個民族的文化最完整地體現了這五項內涵，並且表現出其特有之型態。每個民族皆是在時間中發展成長的人羣，具有其特殊型態的創造力，並由此而有特殊的意義取向，因而產生不同型態的終極信仰、認知系統、規範系統、表現系統，和行動系統。這些內涵下可落實於民生日用，上可達高等之精神成就，合起來形成了具有特殊意義取向和結構型態的整體，便是一個民族特有的文化。我們若把文化當作一個大系統，則其內涵的五個部分：終極信仰、認知系統、規範系統、表現系統和行動系統，便是屬於文化這個大系統的五個次系統（subsystems）。在其中，科學屬於認知系統的構成因素，技術則屬於行動系統的構成因素。茲將這五個次系統分述如下：

第一，終極信仰是指一個歷史性的生活團體的成員，由於對人生與世界之究竟意義之終極關懷，而將自己的生命所投向之最後根基，例如，希伯萊民族和基督宗教的終極信仰是投向一個有位格的創造主；中國人所相信的「天」、「上帝」、「老天爺」，或「常道」等等亦表現了中國人之終極信仰。終極信仰有時明顯，有時隱微，視當事人有否知覺而定。若當事人對自己的終極信仰有所知覺，則為顯態之終極信仰；若當事人對此並無知覺，但其實又有終極信仰在，則為隱態之終極信仰。其次，有些終極信仰是超越的，有些是內在的，有

些則是既超越又內在的，視信仰的對象與信仰的主體間之關係而定。最後，終極信仰在歷史上的發展，常會經歷俗化之歷程，而這種俗化歷程在知識階層和在民間百姓身上所展現者，並不盡相同。前者走向理性化和內在化，後者則是走向功利化。但是無論或隱或顯、或超越或內在、或聖化或俗化，終極信仰畢竟不可化約為以下任一系統，尤其不可視之為認知系統之一種型態而已。

第二，認知系統是指一個歷史性的生活團體，例如漢族，認識自己和世界的方式，並由此而產生一套認知體系，和一套延續並發展其認知體系的方法。神話、傳說、常識，以及各種形態的知識和各種哲學思想，皆是屬於認知系統。科學作為一種活動、方法和研究成果而言，亦皆是屬於認知系統的構成因素，而且在一切認知系統中越來越占有主導地位。

第三，規範系統是指一個歷史性的生活團體，依據其終極信仰，和自己對自身和對世界的瞭解（亦即其認知系統），而制定的一套行為規範，並依據這些規範而產生一套行為模式。這套行為規範便是該團體及其中的個人所據以判斷一切事物的價值標準，因此亦決定了行為的道德性質。此外，該團體也會根據此一價值標準，來組織其社會型態，因為這個價值標準特別重視某些價值，輕視某些非價值，於是便環繞這些價值的趨避，來型構社會組織，制定典章制度，規範個人行動。這個規範系統便構成了文化中的倫理道德部分。

第四，表現系統，旨在用一種感性的方式，來表現該生活團體的終極信仰、認知系統和規範系統，因而產

生了各種文學與藝術作品。例如建築、雕刻、繪畫、音樂，甚至各種歷史文物等等。這些便構成了文化中的藝術部分。

第五，行動系統，指的是一個歷史性的生活團體的成員行為舉止的教養，以及其對於自然和人羣所採取的開發或管理的全套辦法。人對於自然所採取的辦法，就是透過一些工具與程序去開發自然、控制自然、利用自然，以便有益於人羣的物質生活。在人對於自然所設立的行動系統中，最重要的就是自然技術（natural technology）。此外，任何歷史性團體，對於人羣亦有一套管理的技術，此即社會技術（social technology）或社會工程（social engineering），其中包含政治、經濟、社會三部分。政治涉及權力的構成和分配；經濟涉及生產財和消費財的製造與分配；社會涉及羣體的整合、發展與變遷，和社會福利等等問題。每一個歷史團體皆有一套對應自然的技術和治理人羣的技術，此二者即構成了該團體的行動系統。

以上五個次系統並非平行並列，也非如五頭馬車，各自分立；也不是像五個燈籠，五燈並掛，相互照映。相反的，它們彼此有非常密切的關係。一方面它們既有生發（genetic）的關係，另一方面也有結構（structural）的關係。首先，關於五個次系統的生發關係，我們可以指出，終極信仰是一個文化中最根源，同時也是最深刻、最隱微的因素。由一個歷史性團體的終極信仰出發，進而形成了該社羣對自我、社會與自然的認知，換言之，由終極信仰外顯、發展為認知系統。

再由終極信仰與認知系統共同規定了該社羣行善避惡、趨利避害的規範，也就導至該社羣的規範系統的產生。至於所謂表現系統則旨在以感性的方式表現該社羣的終極信仰、認知系統和規範系統。最後，以上四個次系統的外顯與發展，表現為該歷史性團體個人與羣體的行為的教養與管理自然和社會的方式，也就是形成該社羣的行為系統。

大體説來，就生發的關係而言，由終極信仰至其他各系統有逐層外顯、發展之過程。反過來説，由行為系統至其各系統，以至終極信仰，則可以有溯源的過程。至於就結構的關係而言，每一次系統既然共同構成了「文化」這一大系統，因此，就其為大系統中的次系統而言，它們又可彼此互動，相互影響。就在這一情形下，造成了科學與技術影響其他次系統的契機。

每一種文化皆含有這五個次系統。所以科學與技術並非西方文化的特權，正如同宗教、藝術與道德並非西方的特權一樣。但是，當前的問題在於：西方的近現代科學與技術連結起來，逐漸穿透了全球各種類型的文化，因而造成各種文化中的終極信仰、認知系統、規範系統、表現系統和行動系統的變化，並帶動了一種普世化、雷同化的傾向，使各種文化在這種歷程之前感到無奈，並且承受各種歷史的悲劇。例如，中國自鴉片戰爭迄今所受的遭遇，即是這個普世化過程中的一個特例。

我們討論科技對文化的衝擊，廣義地説，就是指西方近現代的科學在認知系統中成為主導並入侵於其他各文化的認知系統，而西方近現代的技術在行動系統中成

為主導並入侵於其他各文化的行動系統，而且兩者連結起來成為一個主導系統，對於全體文化的五個次系統造成了影響和變遷。但是，通常我們亦把文化狹義地理解為宗教、道德與藝術的特殊綜合。在中華文化裏面，道德與藝術則是最突出、最屬核心的兩個因素。因此，狹義地說來，科技對文化的衝擊，指的是西方近現代科學和技術在各文化的認知系統和行動系統中占了主導地位以後，對於本土原有宗教、道德和藝術三個次系統的影響。如果要明白廣義和狹義的衝擊真象，我們必須進一步明白科技的定義以及現代科技的特性。

2.2 科技的定義與現代科技之特性

「科技」一詞可分廣狹二義。廣義的科技是指「科學」和「技術」的統稱。科學和技術分別屬於文化中的認知系統和行動系統。文化包含了終極信仰、認知系統、規範系統、表現系統和行動系統等五個次系統。在這五個次系統之中，科學屬於認知系統。認知系統是指一個歷史性的生活團體認識自己和世界的方式，並因此而產生一套知識體系，和延續並發展此一體系的方法。神話、哲學、科學等皆屬之。其中由自然科學、社會科學和人文科學所形成的科學的認知體系，有越來越占主導地位的趨勢。其次，技術屬於行動系統。行動系統是指一個歷史性的團體，對於自然和人羣所採取的開發或管理的全套辦法。人對於自然採取行動，是透過一些工具與程序去開發自然、控制自然與利用自然，以便有利

於人羣的物質生活，此即自然技術之旨。此外，任何歷史性團體亦皆有一套對於人羣的行動方式，此即社會技術或社會工程。自近代發皇以趨於現代，科學的認知系統愈趨運作性，而技術的行動系統亦然。於是，運作性的科學認知系統和運作性的技術行動系統便透過工業化的歷程而結合，因而形成日愈普化、日趨龐雜的「科技」系統[8]。此乃「科技」一詞廣義的指涉。

就狹義而言，「科技」只指稱自然科學與技術的結合。對一般人來說，甚至只指稱「技術」（technology）。因為表面上看來，一般人只享受技術行動之成果，至於科學觀念，則除了專家以外，不甚了了。再加上現代技術與科學有本質的關聯和緊密的互動，因而狹義的「科技」，其實就是指的自然科學與技術結合的認知與行動之運作體系。自十九世紀始，社會科學亦仿效自然科學而發展其嚴格的科學性[9]，並透過在理性化社會中逐步加強的社會計畫、社會控制，和社會工程，而與各種社會技術的行動方式結合起來，不過此種社會科學與社會技術的結合，尚未被列為嚴格義的「科技」一詞的指涉當中。這是因為社會科學的科學性和社會技術的有效性，尚有爭論之故。相反地，自然科學的精密與嚴格，久已被公認為諸科學的典範；而自然技術的成功與有效，亦早已明顯無疑。連接兩者的工業化歷程，也早已在地球表面上達到相當普世化的程度。因而「科技」一詞，狹義地指稱自然科學與自然技術的結合體系，亦是可以接受的。

現在我們將「科學」與「技術」分而言之。首先，

西方的「科學」是奠基在希臘哲學裏對於理論、理性、真理等觀念的討論，以及「為知識而知識」的客觀態度上，經過西方近代的發揚，一直到今天，越來越遍及全球，成為普世的科學。綜合說來，「科學」可以用以指示一種有系統地獲致知識的方法、活動和結果。科學就其為認知的方法而言，首先必須使用嚴格的邏輯、或數學性的演繹步驟，來從事理論的建構。其次，必須運用有組織、有效控制的實驗過程，來從事經驗資料的獲取。最後，理論和經驗兩者有辯證性的互動關係，因為理論建構必須有經驗實例的詮釋（interpretation）⑩，但經驗資料亦必須納入理論體系中，始有認知意義。

科學就其為一種認知活動而言，就是透過這種理論體系建構、經驗資料建立，和兩者的互動來對於自然、社會和人自己的某一範圍，獲取某種具有區域的有效性（local validity）之知識的活動。這種活動不但只被動地描述或說明存在的狀態，而且能有效地介入存在界的某一區域，因而改變了該區域的存在界之狀態。科學就其為一種活動而言，不僅解釋世界，而且也適當程度地改造世界。

科學就其為認知的結果而言，則是指前述的方法和活動迄至目前為止所獲取的全體知識──指全體在邏輯上前後一貫，在經驗上有詮釋的實例，並且尚未被否證的命題。換句話說，科學亦即全體融貫的真命題之總稱。

其次，「技術」（téchnē）在希臘時僅指製造

（teuchô）和創作（poïésis）之意[11]，而後者是指按照一定的觀念所預見的型式（例如床的觀念、勇敢的觀念），結合在已有的材料上（例如木料或語言），而形成某一種物質性或非物質性的產品（例如一張桌子或一首詩）。對於亞里斯多德而言，技術不純粹只是一種運作的程序和技巧而已，而且包含了一種知識，一種行造之知（know–how）。近代科技發皇以後，技術雖仍然保留著有效運作之程序和行造之知兩方面的意義，但其行造之知已不再連結於任何希臘、中世紀之科學與世界觀，而是連結於近代以來日愈嚴格的自然科學。其有效運作程序與技巧，亦由於結合了工業的程序，變成更為運作性和更具有高度的有效性。因此，我們可以說，近現代技術是指西方近代以來一種與自然科學的研究發展相連結，並由工業化的歷程所實現的高度有效的運作程序。

迄至現代，技術皆有科學為支持，並且與科學有極密切的互動關係。因為當代科學與現代技術本質上皆屬運作性，兩者並由日愈複雜的工業化歷程而日愈緊密結合，以致產生了現代科技在現代社會中日趨普世化的歷史性運動。兩者之緊密互動關係可由下列情況見其一般：一方面現代科學的研究發展皆有極精密之儀器與技術作為支持，而且其研究成果亦直接或間接地導向技術之改良與創新。另一方面，當代技術的運作亦需要高度的科學理論來予以解讀，否則往往無法理解。現代技術變得越來越是冥想性的（speculative），並非為了滿足日常生活的急需，而是為了滿足人類理智性和文化性

的需求[12]。總之，科學與技術相互穿透，形成一個日益自主的體系。

進一步，我們必須探討現代科技的特性，纔能察知現代科技如何影響現代社會與文化。

正如眾所皆知，現代社會的主要特徵是工業化。工業化過程的產生原是出現在近代科學最前進的國家，如英國及德、法、比等西歐國家。自從工業革命以後，工業化過程就成為科學研究與技術行動兩者的連結點。但是，為什麼屬於認知系統的科學與屬於行動系統的技術，能夠在工業化歷程中有越來越緊密的互動關係呢？其主要原因，在於自近代以降，西方的科學與技術都越來越趨向於運作性（operational）。在理論上，運作性使得科學與技術成為在一個大系統中交互運作的兩個次系統。而在實際上，兩者的互動則由於歷史上所發生的工業化歷程而變得愈形密切。

首先就科學而言，吾人若檢視古今各種認知系統，便可以發現，現代科學已不再像昔日的認知系統那樣，僅只是屬於智慧型、默觀型或詮釋型的，而是充滿了運作性。所謂智慧型的認知系統，旨在實踐過程中以真實破除幻象，求得身心自由與幸福，而能完成存在的意義。默觀型的認知系統，則不似智慧型認知系統一般強調實踐上的後果，卻重視理論上的思索，期能遍觀全體，顯示實相。最後，詮釋型的認知系統，則不甚重視智慧在實踐上的解放功能，亦不重視默觀理論的透明性，卻重視言語重造事實、賦予意義的功能。現代科學固然含有來自以上這三種認知系統的啟發：例如，科學

亦有使人自幻想、錯誤和幼稚中解放的功能；科學所提供的概念架構亦為一種理論的建構；科學的命題亦有詮釋的功能，並不只是紀錄觀察的結果或經驗的概括而已，而且是重構某區域的現實的一種詮釋，並因此指出今後真理彰顯的方向。科學包含了理論面和經驗面。但是，近代以來的西方科學，無論在理論方面或經驗方面皆是屬於運作性的，而且愈演愈烈。

第一，就科學的理論面而言，一切科學命題皆在原則上可用邏輯數學程式來表達和運算，或者至少可以納入邏輯的運作。無論在近代物理學裏面運用的真值函數，或晚近由法國著名數學家多姆（R. Thom）所提出，可以用來分析生物或社會的形式變遷的所謂「鉅變理論」（catastroph theory），或在資訊科學中所使用的邏輯理路，皆是運作性的。運作性包含了轉換性、形式性、可概括性和系統性等四種特性[13]。所謂科學理論的轉換性，是指科學知識乃一種轉換之操作。最簡單的轉換的例子，是數學或邏輯上的運算號（operator）所帶來對於數學或邏輯程式的轉換。例如，設定 I 為「倒置」的運算號，則 I(ab)＝(ba)，吾人按照運算號之特性，可把原先屬於某一秩序之對象（不論其性質如何）轉換為與原先秩序相倒置之秩序。所謂科學理論的形式性，是指我們可以按照一定規則，推演出一個命題體系，而無需涉及這些命題的實在釋例，亦即可以不顧所應用的對象的性質（例如人、傢俱或機器零件），而專注於運作的形式（例如前述之倒置運作）。科學理論的可概括性，則是指我們恆可以在許多較低層次的運作

中，尋出它們的共同性質，並將它們納入更高的新層次的運作。最後，科學理論的系統性，則指任何運作皆不是孤立的，而是嵌在整個運作網中，一一牽連，形成一個系統，而且數個系統又可以透過概括程序，而變成另一更大系統中的次系統。

第二，就科學的經驗面而言，也是運作性的。「經驗」一詞的含意再也不是像在洛克、休謨等古典經驗論時期那般，指一種被動的觀察，或對知覺內容的注意，而是一套有系統地干預現象，控制知覺內容出現的程序。在今天，科學的觀察已不再是被動地紀錄某一系統所發生的一切現象，而是主動架起一套理論工具或實驗工具，來收集吾人刻意要求的資訊。其中，無論物性的操作（架起器材、預備場地、建立互動、紀錄現象進行等等），或智性的操作（排除錯誤、調整曲線、運用統計、歸納與演繹等等）皆是運作性的[14]。

科學既為理論與經驗之互動所構成，而這兩方面皆是運作性的，甚至連兩者的互動程序亦是運作性的，因此對於舊有智慧型、默觀型和詮釋型的認知系統，便造成鉅大的批判、甚至破壞的後果。中國傳統的認知系統皆屬智慧型或詮釋型，間或亦有默觀型的，但非常缺乏運作性。於是在西方科學引入之後，由於其批判和破壞作用，而造成認知系統混亂不堪的情形。此種情形，唯有在中華文化嶄新發展的科學的運作性能正面地銜接上傳統認知系統的特質以後，始能有所改善。

其次，就技術而言，現代技術的最大特色，便是它與科學密切的互動關係。一方面，科學在實驗上對於儀

器十分依賴，而儀器皆是尖端技術的產品。另一方面，儀器的使用及其結果的解釋，亦需要高度的科學理論。而科學之所以能與技術形成非常密切的互動關係，是因為技術亦是運作性的。法國後現代思想家李歐塔（J. F. Lyotard）也認為，科學所需的論證（argumentation）往往訴諸數學、邏輯與語言，而其證明（proof）則須訴諸技術。兩者皆日趨運作化，甚至強調展演性（performativité）。

技術的運作性亦包含轉換性、形式性、可概括性和系統性等幾種特性。首先，技術的運作是一種轉換的行動，我們透過此種技術性的轉換行動來改變自然或社會之狀態，或產生新的狀態。其次，技術的運作亦是形式性的，因為每一項具體操作皆應遵循一種獨立於器材之外的形式模式；同時，技術的運作亦是可概括性的，因為每一運作皆以可以納入一更概括、更廣泛的運作中；此外，技術的運作亦為系統性的，因為每一單獨運作皆非孤立的，而且與其他運作，依序列式或回饋式而連鎖成一個大系統。由於這些運作逐步擴張，相互依存，使得技術構成一個越來越獨立自主的世界。例如 1980 年 12 月 8 日的《時代雜誌》以「機器人革命」為標題的封面所顯示的：原先剪羊毛（農業）、噴汽車、煉鋼（工業）、化學實驗（科學），甚至造機器人的各項個別運作系統，可依一定形式模式，加以概括化，而納入一個具有以上各種功能的大系統，形成一個巨大的機器人。技術的運作性，加上與科學的密切互動，使現代科技愈形擴張，以致逐漸構成一個獨立自主的大系統，而帶動

世界歷史走向普世化的歷程。

　　為了明白近代以來西方科技的特性，我們尚可借用
法國思想家厄綠爾（ J. Ellul ）和美國思想家孟佛德
（ L. Mumford ）的思想來予以澄清。首先厄綠爾在
《技術系統》（ *Le Système technicien* ）一書中表示⑮，
近代技術旨在追求效率（ efficacité ）。古羅馬的工程
家在設計溝渠之時，採用「嘗試與錯誤」法，以致產生
許多錯誤和多餘的建設。但是，近代以來的設計方法，
先在紙上作業，以數字和圖表來表象，再進一步建構更
符實物的模式，以免浪費材料或精力。一切的設計皆能
有效率地控制。今日企業管理、作業研究與政策分析等
等，皆是追求同樣理想而產生的社會技術。其次，孟佛
德在《機械的神話》（ *The Myth of the Machine* ）一書
中分辨兩種技術：單元技術（ monotechnics ）和多元
技術（ polytechnics ）⑯。多元技術又稱生命取向技術
（ biotechnics ），為最原始的一種製作型式，它是指
向生命的，而非以勞動或權力為中心的。這種技術型態
尊重生命多元的需要，以不強制的方式實現人性的多種
潛能，並維持人與自然的和諧。我們可以說中國古代的
技術，多半是這種生命取向的多元技術。至於單元技
術，又稱權力取向技術，正是孟佛德所謂「建立在科學
的理智和量化的生產之上，主要指向經濟的擴充，物質
的豐盈和軍事的優勢」⑰。簡言之，指向權力。近代科
技就是屬於這種類型，以致有控制化、雷同化的傾向。
不過孟佛德認為即使在古代，技術只要是與權力的擴充
有關，則亦屬單元技術。例如軍隊式的、有組織的勞

動，像秦始皇建造長城便是一例。孟佛德的用意，主要在破除「機器的神話」，令吾人改變態度，更換目前的單一技術文明。

由於兩者共同具有的運作性，使得科學與技術越來越交互運作、交互穿透，以致嚴格說來，今天我們不能再劃分理論科學與（技術取向的）應用科學。因為今天所有的理論科學，都須動用大量的技術產品，而且追求實際的製作；而所有的技術也都需要理論的介入，而且越來越追求冥想（speculative）式的目標；技術產品越來越不是為了滿足生活的急需，而是為了滿足一些更智性、更抽象的需要。理論的技術化和技術的理論化，表現出現代文化由科技因素所導引而走向的普世化的歷程，這是理論與實踐透過共有的運作性而密切互動的歷程，但也正是純理（logos）逐次具現於此世的歷程，因為文化（culture）也可以說是人由生命（bios）邁向純理（logos）的過程。在這個大方向之下，我們可以進一步探討科技與文化的互動，看看科技透過那些管道，而對於文化產生何種消極的和積極的影響。

2.3 科技透過何種管道影響文化

科學與技術原來分別隸屬於文化中的認知次系統和行動次系統，但自西方近代以降，兩者的內在特質和動力日愈密切結合發展，形成一個相當自主、有獨立規律的系統，更進而把全球文化帶向普世化、純理化的發展方向。看來在人類歷史中發展成熟的這個科技系統，對

於今後文化系統的發展動向，有決定性的影響。

　　科技系統是透過那些管道來影響文化呢？對此詳加反省，將有助於吾人瞭解科技和文化彼此互動的途徑。

　　㈠透過科技從業人員

　　首先，科技系統透過科技從業人員所組成的團體或機構，來影響文化。在傳統的智慧型、默觀型和詮釋型的認知系統中，聖賢的言論占極重要的地位。在傳統的行動系統中，英雄豪傑、開物成務之士常居樞紐的地位。因此，在中國文化裏面，一向以「立德、立功、立言」為人生三不朽。

　　但在科技時代，觀念與行動皆必須環繞一定的計畫，組成一定的機構，專司其責。「沒有偉大的個人，只有偉大的委員會」[18]。知識的生產和技術的發明，同其他生產活動一樣，皆需專業人員，分別執行計畫上的某些項目，再由大小不等的研究機構來推動和協調。唯有透過職業化、制度化、組織化，纔能詳密計畫，推動研究，協調合作，運用預算和器材。這類大小不等的研究機構，從實驗室、大學⋯⋯一直到國家學術院、國家科學委員會等等。在部分先進國家，甚至由專司其職的部長來統籌全體。在國界以外，尚有各種國際性的學會、組織來舉行會議，便利交換研究行情和研究人員，甚至敦促專家學者重視本身的道德與社會責任等等。富可敵國的跨國公司亦往往擁有更精密、更龐大的研究發展部門。

　　由於科技的基礎研究、應用研究，甚或引入市場的

全套研究發展過程，費時良久，花費浩大，往往非小型研究機構所能負擔，只有少數資本雄厚的大企業能負擔得起，致使全球大部分的科技財掌握在少數跨國公司的手中。目前一般的趨勢則是由政府提供大部分的計畫和經費，而由大學機構或大企業來執行大部分的研究發展[19]。總之，各種研究機構的層層擴大和整合，逐漸造成權力集中的問題，也提供給科技時代的文化整合一個新的動力。

科技研究成為一切政治、經濟力量的來源，牽涉範疇日益廣泛，無論國際民生、政治管理、經濟成長……在在皆需科技。各種科技研究組織越來越形發展，甚至由政府直接干預。由於科技人員越來越受到重視，科技人員的文化水平和價值觀便越來越會影響社會上的文化取向。政治、經濟、社會乃至文化建設，不再訴諸一些傑出、偉大的個人，卻必須組織專家學者、訴諸能做運作性處理的人才。

這些研究專家在自己的研究範圍內，確有專門的知識。但是對於人生的深度、歷史的久遠、文化的豐富，卻常顯得十分幼稚與膚淺。隨著科技化約主義的傾向，科技人員常會把自己所遵行的科學方法和運作性的知識，當作一切理趣的判準。這些科技時代的新貴常在有意無意之間把文化導離它原有的多樣性與深刻性，而把它化約到單一的、表層的格局之中。

科技人員習於把一切都當作客觀研究的對象來處理，因此，人和萬物皆失去「意義」的感受，人更喪失了主體和目的之地位。科技造成當代人性異化歷程中最

為突出的現象，而且嚴重地影響到屬於意義層次的終極
信仰、道德規範和藝術表現，這點容後再述。

總之，在科技人員的影響力逐漸擴大的今日，挽救
文化的道路之一，就在於加強科技人員的文化水準，喚
醒科技人員的價值意識（道德責任、社會參與、藝術素
養……等等）。連接傳統與現代之途有許多，但請科技
人員去加強自己的人文素養，留意於古典經典，甚至進
行有關的研究，例如科技史的研究，亦是不可忽略之
務。

(二)透過經濟與政治影響文化所在之社會

科技系統除了透過科技人員所組成的團體來影響文
化系統之外，也透過經濟與政治的管道來影響一個文化
所在之社會。

首先，經濟的管道對於科技的媒介是雙重的。一方
面，任何新技術、新設計、新產品，本身就是一個潛在
的經濟貨物。藉著研究發展，企業界不但可以改良舊產
品或發明新產品來滿足舊的需要，而且可以創造新的需
要，再發明新的產品來予以滿足。新古典經濟學派所謂
「看不見的手」，其實卻只是五彩繽紛、刺激需要的
「看得見的廣告」[20]。另一方面，經濟越形發展，愈走
向合理化、最優化，就越必須使用科學的方法來組織與
管理。經濟活動本身成為科技系統中的一支：從研究、
計畫，到執行，皆需用一系列的科技程序來瞭解和決
定。經濟體系在擴充化和複雜化的過程中，逐漸脫離了
個別實際因素之外，而走向轉換性、形式性、概括性和

系統性的運作特質。在經濟發展前期，企業家的角色尚十分重要。到了後來，企業系統自發性的發展，取代了個別因素，而全然以科技的自動組織、自動調節步驟來進行，例如要求批判性地建立計畫、用理論和經驗的對應來管制、以抽象的模式來組織系列操作……等等。總之，其進行的程序，與科技研究在本質上沒有兩樣。

其次，科技亦透過政治來影響某一文化所處在之社會。自從第二次世界大戰以來，科技變成政治上極為重要的因素，各國皆競相予以注意。除了國防工業動用了極為精密的科技以外，各國政府還必須制定科技政策來求最長遠的發展。過去認為發展的根本就在於資本與勞動，現在則是以科技的創新為發展之鑰匙。一國之發展，不但要靠「生產財」，而且要靠「資訊」。科技與政治之互動，也是兩方面的：(1)科技研究動用極大的人力財力，需由政府來支持，因此，大部分的研究是由政府來投資的；如果由私人公司投資，一旦達到相當成就，則必然會對政府構成壓力，並且會透過種種辦法在政府的決策上取得更多的發言權。(2)政府亦需形成自己的科技觀念來干預科技之發展。例如，按照科技政策來制訂優先秩序和計畫、執行、考核的辦法。如是長期以往，政府官員若非科技行政專家，便無法勝任愉快，自會遭到淘汰。

(三)透過教育影響文化

科學對於認知系統的改變，最為直接的管道就是教育。無論新觀念、新技術的發現與學習，大多是在各種

類的學校中進行的。在這個知識與技術爆發的時代，科技越來越演變為複雜和專門，這在教育中產生的最重要之後果，便是受教育期限的延長。除了中等教育越發普及以外，高等教育由學士、碩士、博士，到博士後研究，個人開始進入社會正式工作的年齡越來越延緩，對於法蘭克福學派的哈柏瑪斯（J. Habermas）而言，這種現象的優點在於批判時期的延長，青年人能延後不為利益與權力所腐化，而純粹地盡其社會批判的功能[21]。但是，問題在於受教育的內容，大部分也都科學化了：除了理、工、農、醫等本屬科技的科目以外，像文學、歷史、哲學等較涉及人性和傳統的科目，亦逐漸被科技所穿透。例如，在歐洲教育制度中原有的人文教育，對於希臘文和拉丁文的學習，尚使學生能浸潤於古典的精神，緬懷古典的文化創造。但是，今天這些古典研究，由於在科學的語言學影響下，也越來越重用科學的分析方法和系統組織，語言學成為人文科學的典範。無論是文學批評、人類學、社會學，甚至音樂學，都因為採用語言學的模式而被科學的邏輯所貫穿了[22]。

其次，還有更廣泛意義下的教育，例如大眾傳播或在職訓練，也都在進行各種程度的科普教育或科技知識通俗化的工作。科學雜誌的出現，如雨後春筍。其他各種文字、廣告，也都必須以科技為背景，才能吸引人們的注意。

㈣透過日常生活的各個層面

最後，連我們日常生活的種種層面，也都被科技所

穿透了。例如，交通的工具、時間的安排、工作的樣態、休閒的方式，皆離不開科技。我們在霓虹燈下逛街，休閒時玩的是照相機、音響等這類科技產品。過去，人們在休閒時投身於自然的懷抱，如今則是投向於科技產品的懷抱中了。

透過以上種種管道，科技把傳統中所追求的理想文化，轉變成科技文明的世界。從此，人生活於自己所建立的器物、符號與象徵的世界中，去自然日愈遠矣。

2.4 科技對文化之衝擊概觀

科技對於文化的影響不為不烈，可自兩方面觀之：一方面是消極的，指科技對傳統文化所產生的破壞作用；另一方面是積極的，指科技提供了新的文化整合的可能性。但在進行此兩方面的討論之前，我們必須先指出科技發展對於世界政治、經濟秩序的改變。

(一)科技發展改變世界政經秩序

西方近代科技的發展，造成西方世界的擴張，改變了國際政治、經濟秩序，甚至對於西方以外的其他文化傳統，大加摧殘。同時，它亦造成西方社會的內在轉變，轉而求教於其他文化。

首先，科學與技術的密切結合，實現在西方所率領的工業化歷程之中。工業化逐漸使得人類社會由原來生產力薄弱、成長率低的農業社會，進入現在生產力強、成長率高的工業經濟結構。這個過程首先發生於近代科

學已經高度發展的西歐：從近代科學偉大天才牛頓所在的英國，逐漸擴及比利時、德國、法國等西歐國家。工業化的發展，擴張了西歐在政治、經濟，尤其在軍事上的實力，以至四處耀武揚威，征服各處殖民地。彼時，在意識形態上，西歐堅信自己文化的優越性，對於殖民地區，則認為是文化的「無人之地」。更進而相信西方文化對於各民族具有歷史性的拯救任務。在經濟上，工業化所產生的是：崇尚私產、追求利潤的資本主義。對於殖民地，則予以百般剝削。殖民地國家，必須以極低利潤的原料，大量運至宗主國，換取極少的工業產品，而且部分移植的工業，使本地傳統手工藝慘遭破壞。而本土社會亦產生親西方與保傳統的二元分裂。今日隨著各殖民地國家的先後獨立，殖民經濟雖已成為過去，但尚有所謂新殖民經濟，仍然方興未艾。先進國家以大吃小，榨取比較利益；落後國家則亦步亦趨，追求所謂的進步。新殖民經濟雖然不再需要訴諸殖民地統治，但大可運用不平等的交換率，以剝削落後國家。例如，落後國家必須以大量的次級科技產品換取少量的高級科技的生產財或消費品等等[23]。

科技在今日之國際秩序中造成了兩種對立：(1)資本主義與社會主義的對立：科技造成的工業化擴張了資本主義，但其他地區為了抵抗資本主義國家的經濟侵略，大多先後走上共產主義之途。共產主義實際上卻是西方十九世紀末，為了批判當時資本主義的腐化而產生的，但是非西方國家卻盲目地採用，以實現其民族主義。這正是湯恩比（A. Toynbee）所謂：「以西方之道抗頡

西方」[24]。(2)先進國家與開發中國家的對立，所謂南北對抗、南北交談方興未艾，究其根源，也只是由於科技所造成的分歧。開發中國家大多對於先進國家有依賴之勢，從科技的依賴轉為政治、經濟、社會的依賴，直到整個文化的依賴。其中，無自覺者不斷輸入西方文化，取代了自家文化的創造；而有自覺者雖尋求解放，但卻也只能借力於西方產物的共產主義，誠可悲乎。

科技所造成的社會解體，並不只是發生在晚近輸入科技的落後國家，也發生在西方社會，只是其勢較緩而已。在科技所造成的大改變之下，西方人面對此一日愈膨脹的機器世界，也不知該如何主宰自己的命運，更因而感到西方文化的種種缺陷，轉而尋求東方文化的精神富藏。在這種情況下，回首探求傳統中華文化中的優良精神，例如「盡物之性」、「盡人之性」、「盡己之性」、「參贊天地化育」……等，藉以形塑新的科技哲學，也成為吾人今日要務。

(二)科技對文化的消極影響

科技發展不但改變了世界政經秩序，而且對於文化的各系統要素亦造成消極影響：對於終極信仰和認知系統予以震撼和批判；而對於原有規範系統亦造成解體的危機；最後，最深刻的影響，莫過於科技對時間向度的根本改變。

1.對於終極信仰的消極影響[25]：科技的研究態度，使原有的終極信仰轉變為對於客觀之知和對於工具理性的信仰。終極信仰被俗化、被遺忘，人們甚至意識不到

此種遺忘的悲哀。

例如，文化原本維繫於活生生的人，但科技人員的基本態度卻是把人化約為研究的對象。科技不僅是控制自然的工具，也是制約、操縱個人與人羣的工具。科技人員必須把人的精神層面、道德層面化約掉，只針對人是一個可能的研究對象。這對於文化的深刻面是一種忽略，是用雷同的單一性取代了豐富的多樣性。

其次，緊隨著科技心態的價值中立而來的，就是意義的淪喪，因而促成科技心態的虛無主義。科技人員雖有一些職業上的美德，例如理性的討論與分析、堅忍的耐性、謙沖為懷向事實討教……等等。但是，由於科技必然關係到權力，而且基本上要盡可能對人羣和自然採取控制，終究不可避免地會使得意義的問題日益模糊。正如模控學的創立者維納（N. Wiener）所說：「我們學會回答『如何』的問題，但我們再也不能回答『為了什麼』的問題」。「為了什麼」──目的──之問題即為意義的問題，而「如何」的問題卻是研究對象的客觀結構和運作程序的問題。更嚴重的是，非但我們不再能回答意義的問題，甚至對一切有關意義的問題都麻木了。

這種虛無主義，在追尋有效性的短程目標和虛假的目的之下，偽裝得很好，以致不但有意義之遺忘，而且甚至意識不到此種遺忘。德國大哲海德格（M. Heidegger）論科技之本質時曾指出，科技人員不但遺忘了意義，而且不知道自己遺忘了意義。到此田地，正如德國詩人賀德齡（Hölderlin）所言：「諸神率皆逃逸」。

在科技控制充斥地面與人間之時，不但神明逃逸，而且我們完全失去了祂們的蹤跡，不知神明走避何方，甚至不知有否神明。此處所謂神明，不一定指涉宗教上崇拜的對象，而是指示任何心靈上終極的、深刻的意義歸趨。世界完全俗化，不知身在何處，有如韋伯和席勒所謂「解除世界的魔咒」。猶如睡美人在英俊的王子親吻之後，解除了魔咒，使整個皇宮甦醒過來一般。但世界由於科技的發展而醒轉過來，發現的並非一個迷人的愛情世界，而是一個解除意義的世界。虛無即悲戚。意義的墮毀，正顯示內在的空虛。關於這點，我們在當代文學和藝術品中隨處可以見到各種徵兆。

知識分子的俗化在於走向客觀主義、理性主義和虛無主義，但是民間信仰的俗化則在於走向用功利主義的眼光來看待人與超越界的關係。民間老百姓雖然不從事科技研究，但卻坐享科技的成果，往往會用金錢與享樂的觀點來看待科技，科技造成的心靈空虛使其轉求神明，但卻又用同樣的功利眼光來看待人與神明的關係。

2.對於認知系統的消極影響：科學的認知系統，使傳統的其他各種認知系統逐漸解體。科學觀念與傳統觀念的互動，在初期的現象，往往是正面衝突，傳統觀念對科學觀念極力壓制。隨後，傳統觀念逐漸讓步，乃至形成二元對峙的局面。最後，或是傳統觀念垂垂無力，科學觀念取而代之；或是兩者尋得新的綜合點，產生新的思想體系。以西方為例，西方近代科學的產生，首先遭逢到中古以降的神學傳統的抵制。兩者互動的程序如下：起初有一拒斥時期，由於科學上的一些觀念不見容

於神學思想，因而遭到神學傳統的拒絕和排斥，甚至產生宗教裁判這類激烈現象。這表示傳統觀念雖已遭遇挑戰，但仍試圖保存原狀，而且有足夠的力量來執行其權威。隨後緊接而來的，則是批判期，人們設法澄清神學與科學的不同範圍。神學開始承認科學有其部分的正確性，但仍認為必須努力指出科學有其限度，無法取代神學。不過，對於科學的讓步，無可避免地會導致對神學的重新估價，因而會批判性地意識到神學亦有限制。如此，則不得不肯定認知系統的多元性。最後，則產生一種新的綜合觀念：或是由一種受神學啟發的形上學來綜攝科學的基本觀念；或是由科學來統攝一切觀念。例如，用心理學、社會學來解釋宗教，而神學家們也很樂意地使用科學方法來進行神學研究。

總之，科學的認知系統對於原有智慧型、默觀型和詮釋型的認知系統，會有批判作用，並促其走向系統化。科學的批判功能主要在於有系統地查證理論和經驗，尤其透過其運作性的步驟，來促成科學系統的動態發展。動態的認知系統逐漸取代了原先靜態的認知系統。

3.對於規範系統的消極影響㉖：科技的發展也造成當代規範系統的混亂。原有的價值規範喪失權威，而新的規範系統則尚未確立。價值的無所適從，亦是使現代人陷入意義危機的重要原因。實際上，在文化之中，規範系統是以終極信仰和認知系統為基礎的。傳統的價值規範是植根於宗教信仰或形上的認知系統之中，一旦這些信仰和認知系統受到動搖，其所維繫之規範，亦無法

免於不墜。當科學觀念成為認知系統中的主要成分之時，價值的基礎和證實便倍受懷疑。科學家崇尚事實，對於價值，則採取中立；從價值中立到價值漂白，原是難以避免的發展。對於藝術的價值，科技的發展亦迫使藝術界放棄舊有的藝術判準和古老的表現方式，而使得藝術界亦呈現出一片迷失和混亂的現象。

4.科技對於時間向度的根本改變[㉗]：科技的時間觀取代了上古日月代出、周而復始的循環時間觀，亦取代了緣自基督宗教追求未來無限理想的末世論的時間觀。在科技時代中，時間向度的改變，乃是一切改變中最為深刻的層次，蓋時間是人類表現創造力的唯一場地，科技發展之所以要精密地使用各種發展計畫、管制程序、評價方式，追本溯源，皆是為了時間的適當利用和充分發揮，或者，更好說是為了適切地在時間中發展自然與社會。科技之發展乃時間之函數，浪費時間就是浪費創造的時機；浪費創造之時機，也就是浪費生命存在的意義。其次，消極言之，科技的發展也使時間的向度變得狹隘。因為科技的發展計畫是指向一個可預見的未來，也就是指向可以用理論的推衍和經驗的控制來概然地確定的未來，至於一個理想的未來，則很難用科學方式予以確定，渺不可期，科技不言之；而往昔已矣，凡屬於過去的，亦不能對於現前或對於與現前相關之未來有任何裨益，科技盡可不予理會。所以，科技的時間是「無根」的，因為截斷了過去；科技的時間是「市儈」的，因為沒有理想的未來，只有可預見、可計算、可估計的未來。

總之，科技對於文化的破壞，並不只限於在理論上和實踐上震撼了傳統的權威和保障，使傳統的語言失去效力，而且更深刻的是，人存在的原有基礎——人與宇宙、歷史，和內心世界的和諧關係——從此消失。一個新的存在方式於焉展開：處處為家、處處無家。人從意義的王國被放逐了。一切皆可被理性所解釋、被行動所改造，但一切皆無意義。斷絕了與意義的牽繫，世界解除了魔咒，原有傳統之偉大象徵與後設世界，頓然消失。人類感到深刻的幻滅與思鄉之情，因而有意、無意地緬懷失落的過去：人類學家探索原始民族，民俗學者致力於保存古物，文學作品所緬懷之野性呼喚，休閒活動的天體營……等等都只是象徵地紀念人類原先與宇宙、歷史的原始合一，短暫地逃避科技所帶領的歷史韻律而已。

(三)科技對文化的積極影響

　　科技對於文化並非只有消極影響，而且亦確實有其積極的貢獻。在未來的歲月中，科技似乎提供了一個新的文化整合的可能性。例如，當前資訊科技的發展，勢正整合文學、戲劇、音樂、表演、建築、電影……等等藝文領域，以及種種生活文化，成為新的文化整合力量。不過，這點尚有待澄清，因為，任何系統如果要能提供文化一個整合路線，便不得不關涉到人生的意義和人類的命運。但是，科技除了強調人的自主，提供人有效的工具以外，對於命運與意義的問題而言，似乎是中性的。科技描繪事物的結構，提供運作的步驟，但似乎

無法提供意義，更無法奠定全體存在的命運。唯有通過一種存在的詮釋，人才能賦予科技以意義。不過，科技所開闢出來的新天地，似乎也能允許我們在其中做有意義的詮釋。科技就是在這一點上，提供我們新的文化整合的可能性。因為科學上的新發現常能激起我們存在上的視野和熱情，例如，天文學上的發現，為人類指出浩繁的大宇長宙；微粒物理學，指出原子結構中的微妙世界；還有生物學上的種種有趣的發現，都擴大了人類的視野，令人感受到人與自然的息息相關。對於宇宙的關懷和認識，不但破除了近代人封閉的人文主義的傾向，並且更以宇宙的偉大和奧妙來提升人性和歷史。其次，科技強調動態的發展，科技的發明日新月異，時時刻刻皆有新的問題產生，向人類挑戰，召喚人類發揮他的創造力。最後，科技亦昭示我們方法層面的重要，絕不能只是一味地放縱自然，卻必須有系統、有方法地建設此一世界。唯有使用方法，人的經驗才會成長，因而邁向新的發展、新的境界。

以上，科學所展示的宇宙面、創造面和方法面，經由人存在的詮釋，便會點示出人類的未來命運和意義之所在。這個既抽象且具體的藍圖，便是未來文化的整合方向。

1.科技對於終極信仰的積極影響[28]：科技的發展打破了任何型式的封閉的人文主義，使吾人驚異於宇宙的浩瀚和奧妙，體會到宇宙創造力的流行，因而不再停留於任何俗化的、內在的進路。科學的發現有助於吾人重新肯定人的界限，進而體會人與超越界的關係。但是，

科技的發展亦要求吾人用一種更為全面的理性態度來探索此一關係，而不再停留於迷信、功利或狹義的理性和內在的層次，卻必須進而用整體的、合理的方式來探討人和自然、人和歷史、人和天的親密關係。科學的發展要求吾人對於中國哲學所肯定的「天命下貫而為人性」、「人性下學上達，竭誠盡性以至於知天」有嶄新的體驗和詮釋。

2.科學對於道德的積極影響[29]：首先，現代的科技使我們更明確地意識到「自律」和「仁愛」此兩項道德基礎的意義，因為科技不但賦予人更多的自律性，而且又讓人更體會到自己與他人、他物的內在相關性。所謂自律（autonomy）的原意是：「意志自己賦予自己以律則」。意志之所以能賦予自己以律則，因為它本身是自由的。但是人的自由都是在關係系統裏的自由，與別人、別物相關的自由，因而人的自律性是「功能上的自律」（functional autonomy）。至於所謂「相關性」，則是來自個人與別人、與萬物在存在上的密切聯繫。儒家的「仁」，原意為「相人偶」，是指兩人彼此的關係。仁的關係是內在的，而非外在的。它在宇宙論上，是指萬物彼此內在的相聯繫、相感應，並且由於相感相應而有種種生生條理、不斷創造的過程。在道德上，「仁」，廣義地說，是德性的總綱；狹義而言，則是智、仁、勇三達德之一。但究其要旨，都是指示一切存在者彼此內在深刻的「相關性」。科技系統的發展，使我們更明確地認識每個個體在系統中彼此相關，而各自又相對地自主的情境，有助於我們明白「自由」和

「仁愛」的真諦。

　　實際上，科技製造了很多新的道德問題，也因此擴大了道德的範圍。科學提供我們關於人類的許多新知，使我們能知其所以然地行動；而技術的發達，也使我們能解決許多過去無能為力的問題。還有像墮胎、安樂死等的醫學問題或核子安全與人權的問題，這些都是科技時代新的倫理問題。科學家和技術專家的道德責任，也引起普遍的注意。例如，晚近科學家對於DNA的研究，含有逸散有毒細菌、危及社會的可能，引起各方面的爭議，因而有各種設限的處置。科技的確增加了人類新的道德責任，因為科技提供了我們解決問題的途徑和控制情況的辦法，若我們面對道德的問題，能解決而不予以解決，能控制而不予以控制，則所擔負的責任自將更為更大。

　　3.科技對於藝術的積極影響[30]：藝術在歷史中的演進，有其內在的理由和外在的理由。藝術演進的內在理由是指形式本身的變動。例如，西方油畫到了十九世紀末，為了控制光的表現，而導致古典空間的拆解，引發了印象派的空間結構；而後者更導衍出對傳統空間更具破壞性，而重新組合新的空間結構之立體畫派。其次，藝術演進的外在理由，是指終極信仰、認知系統或政治、經濟狀況對於審美觀點和藝術興衰的影響。例如，哥德式教堂興起的初期動機，主要在尋求去除大教堂沉甸甸的四壁，而代之以空靈的玻璃畫窗。這種作法與當時的認知系統息息相關：即指當時與光的象徵有關的哲學和密契思想。經濟的興起亦常帶動藝術的發展，例

如，在北部文藝復興過程中占十分重要角色的佛萊芒畫派，與當時根特城（Gent）、布魯日城（Brugge）等等這些濱海的貿易城市之興起有關。經濟的繁榮使中產階級有能力購畫來點綴家屋。此種現象亦甚合乎中國儒家所謂「富潤屋、德潤身」的道理。

科學和技術的發展對於藝術演進的內在和外在理由，皆有影響。一方面，關於藝術形式的問題，科技常能提供分析的方法和形式的觀念（例如，對空間和音色的看法），甚至提供藝術創作的題材。另一方面，科技對於政治、經濟、社會的影響已如前述，此種影響自會波及藝術的領域。

當代的藝術發展，受科技的影響很大，吾人可從材料、形式、題材三方面，概略言之。

首先，從材料而言，藝術家在創作之時受材料很大的限制。新材料的發現，常能賦予藝術家更大的自由，進而產生新的藝術形式。例如，在古代建築中，笨重石頭的使用，對於空間的處理限制很大，而今鋼筋水泥、金屬表面的使用，給予建築設計家更大的自由，任其發揮更大的想像力。又如在音樂上，現代音樂離開了傳統樂音的限制，引進許多新的音料。例如，錄製自然音或人造音，直到電子音的產生，其所開展出的音樂上的可能性，遠超過傳統調性音樂。正如布索尼（Busoni）在 1908 年時就曾說：

「我相信在真正的新音樂中，機器是必要的，且將占重要地位。或許，工業在音樂的處理和變形上，亦將有其角色。」[31]

其次，從形式而言，不但由科技所產生的新材料會引發新的形式，而且科學的觀念和分析方法，亦能啟發新的藝術形式。例如，一座多重功能的綜合大樓之設計，勢必動用詳密的科學分析，甚至訴諸電腦參與作圖。工業設計亦為結合藝術與科技的重要學科。至於音樂，則常受數學的啟發。柏拉圖在〈提勘烏斯篇〉（ *Timaeus* ）中就曾提及，戴米奧吉神（Demiurge）是按照古代和聲的數學結構來創造宇宙的。現代音樂的形式，更受科技之影響，這點吾人會在〈科技對藝術的影響與展望〉專章中再論。

　　最後，從題材而言，科技提供給藝術創作許多題材上的靈感：對於科技時代社會狀況的描繪與批判，對於科技時代人性的處境的同情或厭憎。甚至在科幻小說裏面，動用了大量的科學知識，並且運用科學的假設和推理。其他藝術取材於科技或與科技有關的問題，是眾所皆知的事實。

　　一般說來，以西方現代科技日新月異的發展，對於藝術的創作，在廿世紀產生極大的激盪，而使得自希臘、羅馬以來西方傳統藝術的實在論和理性論兩項基本原理墮入疑問之中。而在原始藝術、兒童藝術、超現實藝術……中尋求更為原始的力量泉源，並在摩天大樓、前衛音樂和抽象藝術……等等中尋求新的表現形式[32]。我們認為這個新的原始力量泉源，將可在中國藝術中對於充實的生命力、盎然的生意、精神的創造力中求之。而這個新的表象形式亦需經由創造的想像來予以探索，但總可以在中國藝術的直覺性、象徵性和空靈性中獲得

啟發。新的力量泉源加上新的表現形式的結合，將可提供給科技時代的表現系統一個嶄新的面貌。

　　總之，在科技所展開的園地裏面，需要我們發揮信仰的活力，以及更大的藝術與道德的創造力。中華文化一向重視對理想、價值的信仰，並突顯規範系統與表現系統，強調道德和藝術的創造精神，這點與科技世界的基本精神有相互配合的地方。我們今天應重新發揮固有的人文價值，重振道德和藝術方面的創造精神，以吾人存在的詮釋，來賦予科技世界以意義。如此，我們纔能在未來的歷史中，創造出新的文化整合。

註　釋

① A. L. Kroeber and C. Kluckhohn, *Culture: A Critical Review of Concepts and Definitions*, New York: Vintage Books, 1963.

② R. Williams, "Culture and Civilization" in *The Encyclopedia of Philosophy*, Vol. II, New York: The McMillan Company & The Free Press, 1967, pp. 273 – 276.

③ E. B. Taylor, *Primitive Culture*, London: J. Murray, 1871, Vol. VII, p. 7.

④ E. Durkheim, *Les règles de la méthode sociologique* (1895), English translation by S. A. Solovay and T. H. Mueller as: *The Rules of Sociological Method*, Chicago: The University of Chicago Press, 1938, pp. 2 – 3.

⑤ J. Ladrière, *Les enjeux de la rationalité*, Paris: Aubier – Montaigne/Unesco, 1977, p. 16.

⑥ 例如以下這段話：「傳統的表象建立在宗教或神話的信仰上，或單純只建立在一種極有限且不夠精細的經驗上。」*Les enjeux de la rationatité*, p. 103.

⑦　賴醉葉（J. Ladrière）先生為比利時魯汶大學高等哲學院
　　教授，是本書作者在魯汶留學期間的博士論文指導教授。

　　　　賴教授有關文化和科技的思想十分精采，但亦不乏值得
　　再商榷與再發展之處。本導論的許多觀點是來自賴教授五年
　　的教誨，和與賴教授朝夕的討論和請益，特別要在此表示感
　　謝。本書之作，動機固然很多，但其中有一點便是為了發展
　　賴教授的部分思想，並結合中國哲學和作者本人的對比方法
　　與對比哲學，希望開展出一個足以對應科技時代的文化需要
　　之哲學思想。

⑧　J. Ellul, *The Technological Society*, translated by J.
　　Wilkingson, New York: Vintage Books, 1964, pp. 133 –
　　146.

⑨　社會學的創始者孔德（A. Comte）稱社會學為「社會物理
　　學」（physique sociale），正表明此意。此外，彌爾（J.
　　S. Mill）在其所著《邏輯系統》（*System of Logic,
　　Ratiocinative and Inductive*, Toronto: University of
　　Toronto Press）第六書（Book VI, *On the Logic of the
　　Moral Sciences*）亦提議以自然科學方法論為模範來建設社
　　會科學。

⑩　「詮釋」一詞在此指賦予某一理論命題以一經驗實例之意。
　　經驗資料可以依據詮釋規則（rules of interpretation）來
　　詮釋理論命題。但是，所謂的詮釋並非邏輯實證論者所言能
　　用以使理論命題檢證為真（verification）。不過，吾人接
　　受波柏（K. Popper）之言，承認經驗的實例可以否證
　　（falsify）理論命題。

⑪　詳情請參閱沈清松撰：〈古希臘的科技觀〉，臺北，《鵝湖》月
　　刊，第100期，1983年10月，第36－37頁。

⑫　J. Ladrière, *Vérité et praxis dans la démarche scientifique*,
　　in Revue Philosophique de Louvain, 7e(1974), pp. 326 –
　　356.

⑬　參見 J. Ladrière, *Les enjeux de la rationalité*, pp. 39－41。

賴教授還提到綱領性（thématisable），指任一運作尚可被納入更高層次之運作的特性。吾人將此一特性歸納於「可概括性」（généralisable）之下。

⑭　參閱 (a) P. W. Bridgman, *The Nature of Some of Our Physical Concepts,* New York: Philosophical Library, 1952.

　　　　(b)J. Ladrière, *Les enjeux de la rationalité,* pp. 34 – 41, 63 – 65.

⑮　J. Ellul, *Le Système technicien,* Paris: Calmann – Levy, 1977, pp. 32 – 42.

⑯　L. Mumford, *The Myth of the Machine,* Vol. I, New York: Harcourt Brace, 1967, p. 9.

⑰　*Ibid.,* Vol. II, 1970, p. 155.

⑱　J. K. Galbraith, *The Age of Uncertainty,* London: British Broadcasting Co., 1977, p. 258.

⑲　參見本書附錄：〈論科技發展問題〉。

⑳　同⑲。

㉑　J. Habermas, *Legitimation Crisis,* translated by T. McCarthy, London: Heinemann, 1976, p. 91.

㉒　此種情形是由於結構主義語言學模式的廣為其他學科所採用而引起的，首先由於李維・史陀（Levi – Strauss）的結構人類學而入侵於人類學和社會學的領域，其後更進而入侵於文學批評，甚至心理學的領域，如今此種結構主義的方法已暴露出許多缺陷，尤其在意義的闡發上顯示出其限制。參見拙著：《現代哲學論衡》，第257 – 290頁。

㉓　同⑲。

㉔　A. Toynbee, *Le Monde et l'Occident,* Paris: Edition Gonthier, 1964, pp. 16 – 21.

㉕　參閱本書第 5 章。

㉖　參閱本書第 3 章。

㉗　關於中國哲學中的時間觀念，參閱本書第 8 章。

㉘　參閱本書第 5 章。

㉙　參閱本書第 3 章。

㉚　參閱本書第 4 章。

㉛　O. Vivier, *Varèse,* Paris: Edition du Seuil, 1975, p. 20.

㉜　R. Huyghe, *Sens et destin de l'art,* Vol. II, Paris:
　　Flammarion, pp. 237 – 274.

3 科技時代倫理道德新探

3

3.1　科技時代倫理關係之特性

　　近年來，國人已經意識到科技發展的重要性。無論政府、學界與民間，皆一致為提升本國科技而努力。長此以往，整個社會勢將被科技所穿透，甚至由科技來帶動發展，將是無可置疑的了。西方先進國家更早已被這具普世化傾向的科技系統所穿透，轉換至新型態的社會結構，甚至有托弗勒（A. Toffler）所謂「第三波」，或馬魯漢（H. M. McLuhan）所謂「全球村落」之議[①]。瞭解當代文化特徵之主要線索就是科技。科技的發展對於文化有深遠的影響，不論在文化的終極信仰、認知系統、規範系統、表現系統，和行動系統各方面，科技的衝擊皆無庸置疑。本章的主旨在於從倫理學與道德哲學的角度，來探討科技發展對於文化的規範系統所造成的影響。吾人在前文中曾指出，規範系統是指一個歷史性的生活團體，依據其終極信仰和認知系統而制定的一套價值體系與行為規範，來作為行為的歸趨與準則。

科技對規範系統之影響的主要輪廓，將可以提供新時代的倫理學一個必需的參考框架。依此參考框架來推展倫理，發揚道德，自亦有助於科技時代的整體文化的發展。因為道德價值在文化中占極為核心的地位，一個文化團體的行為規範、抉擇原則、評價標準，甚至行為動機，皆端視其道德價值而定。本章所關切的問題在於：科技的發展如何影響整個道德價值體系？我們處理此一問題的方式是：首先梗概描述科技所造成的倫理關係的特性，再進而討論在這種倫理關係上所建立的道德的三個層次：道德基礎、道德規範與道德動機，並討論科技的發展如何影響這三個層次，以便勾勒出一個科技時代的道德哲學之大要。

我們曾說，科學與技術是當代文化的主要動力，因為當代文化在認知方面是以自然科學、社會科學和人文科學的研究所建立的認知系統為主。在行動方面，對於自然，吾人主要運用自然技術（natural technology）來採取行動；對於人羣，吾人運用社會技術（social technology）來採取行動。此外，無論道德的規範和藝術的表現，亦皆受科技發展之衝擊而有嶄新之面貌。吾人之日常生活，無論工作或休閒，皆已逐漸全面被科技所穿透。一個被科技所穿透之社會的最大危機，在於其中個人之生活最容易喪失自覺，而墮入機械化、決定論與片面性之中。哲學在各個時代之功能乃在於對文化與生活的各個層次進行一種理性的、全面的考察，以喚醒時代之人產生自覺。道德生活乃一種需要高度自覺的生活。科技時代的道德哲學旨在吾人生活各層次逐漸被

科技所穿透的時代中，透過對於道德基礎、道德規範和道德動機的探討，而喚醒吾人道德意識之逐層自覺。

在開始討論科技時代倫理關係的特性之前，我們必須先辨明「倫理」（ethics）和「道德」（moral）二詞的意義。此種詞義的辨明旨不在對字義及其歷史做一完整而且合乎考據的探討，卻想藉此導出爾後我們應予發展的倫理哲學思想的線索。

「倫理」、「道德」二詞，吾國宿昔有之。西學東來，乃分別以「倫理」譯拉丁文 Ethica，德文 Ethik，英文 Ethics，法文 Ethique；而以「道德」譯拉丁文 Moralis，德文 Moral，英文 Moral，法文 Morale。一般人常把倫理與道德混用，泛指個人或羣體合乎人性之行為，善惡評價，評價之標準以及為完成人性所做之努力。希臘文的 Ethos 和拉丁文的 Mores 原意皆指風俗或習慣。西塞老（Cicero）在《論命運》中嘗說自己用 Moralis（形容詞）來譯希臘文 ethikos 一詞，可見這兩詞確有同義的情形。不過，從哲學上仍可以區分出一些意義上的差異。從西方哲學看來，德國觀念論哲學，在康德（E. Kant）之後，便將 Ethik（倫理）和 Moral（道德）予以區分。例如謝林（F. W. Schelling）就嘗指出道德只針對個人之要求，而且只要求個人之人格的完美；但倫理則是針對社會之要求，以全體社會的遵行來保障每一個人之人格。黑格爾（G. F. W. Hegel）亦謂道德指涉個人意向，倫理則指涉那體現於家庭、社會、國家中的倫理生活體系（Sittlichkeit）。就中國哲學而言，「道德」通常亦

指涉一個道德主體在實現人性時努力的歷程及其成果。其中雖必涉及人倫關係，但是尊道貴德，總以道德主體為指涉的核心。至於「倫理」一詞則強調社會關係規範的意味重。近人黃建中曾證以《說文》：「許慎《說文》人部曰：『倫、輩也。』羊部曰：『羣、輩也。』倫與羣均訓輩，似倫亦可訓羣②。」倫理就是荀子所言羣道。荀子謂：「羣道當則萬物皆得其宜，六畜皆得其長，羣生皆得其命③。」

從以上的分辨，我們可以肯定：道德乃關涉到個別主體自由地、自覺地提升其人性的歷程與成就，而倫理則關涉乎許多主體在社會與歷史中相互關聯的結構與法則。倫理與道德皆立乎人性，但人性有幾個特徵：(1)特殊性：此乃人之所以為人之本質，乃人與其他非人性存在者的斷裂之處，中國哲學中的「人禽之辨」，旨在突顯人性此種特殊性與斷裂性；(2)關聯性：人性雖有其特殊性與斷裂性，但又與其他人，其他生物，乃至宇宙全體有密切之關聯。中國倫理思想要旨乃在一定的社會結構（例如農業社會結構）中界定此種人際的關聯；儒家的生命觀更進一步提示人與一切有生命之存在物之間的關聯；「一體之仁」的思想更擴充此一關聯至於宇宙全體；(3)發展性：人性之善之純，可以擴而充之，擴充之方向有二：一為對其為人的特殊性不斷予以提升，一為將此人性在其關聯中不斷予以發展。道德所著重的是提升人性之特殊性時之規範；倫理所著重的則是發展關聯性時之規範。兩者的關係實是對比的關係。之所以會有道德的問題和倫理的問題，主要在於人性之自由與關聯

乃處於一種對比情境④。通常吾人將倫理與道德相提並論，其依據即在此一對比。吾人可以統攝地說，道德即是在倫理關聯的基礎上，並在發展倫理關係之時，去提升人的精神性和內在自由性。

現在，由於科技的發展，促成了社會結構的改變。社會結構的變遷亦改變了人與人互動的模式，也因此造成倫理關係之改變。倫理關係之改變造成了人在其上進行的道德實踐的嶄新處境。倫理關係不但具有社會的意義，而且具有道德的意義。就社會一面言之，它指的是社會結構及其中人與人互動之模式。就道德一面言之，它指的是人在實現道德價值之時所涉及的社會關係的規範。關於社會結構、人際互動模式及其變遷，此乃社會科學研究之對象。道德哲學所研究的則是具有道德意義的倫理關係，以及人在倫理關係上所進行之道德實踐。本章主旨在於討論科技時代的道德實踐所涉及的道德基礎、道德規範與道德動機三方面。對於科技時代之倫理關係，僅在此處指出其中幾種特性。科技的發展，使得倫理關係受到嚴重的影響，因而其中有幾種特性特別明顯可感地突顯出來：

（一）科技發展加強了存在的聯繫性，使得倫理關係變得愈益嚴密複雜：科技的發展不但增加了個人與自然系統、與社會系統接觸和互動的頻率，而且科技本身亦發展成為一個相當自主的系統，進而媒介個人、自然與社會三者，使他們在存在上相依相繫，甚至往往緊密到牽一髮而動全身的程度。科技的發展造成人對於自然日愈加深的開發和改造的行動，使人與自然的聯繫日愈密

切。過度和不適當的開發與改造所產生的環境生態問題，可以說是這種聯繫的負面表現，其嚴重的程度甚至已經危及了人及其他生物的生存空間。科技的發展使得人與人的互動日益密切，在一定的時間內互動的頻率倍增，這點特別表現在交通發達之後的社會關係上，大部分的人在更短的時間內要接觸更多種不同的人，則其接觸的方式會由位格的（personal）和感情的（affective）方式，轉向非位格（impersonal）的和制度化（institutional）的方式。此外，人與科技系統的互動更是日益頻繁，吾人在一天之中不知要接觸多少科技產品，甚至到了一日不可無之的地步。由於個人與自然、個人與社會、個人與科技三種聯繫性的倍增，使得倫理關係變得更為嚴密和複雜。這種存在的聯繫性的加強提供了吾人道德實踐的努力和行動一個新穎而且嚴密的結構。正如同在語言學上，語法的結構愈益嚴密、複雜，語言的意義就變得愈益明確。同樣，在道德哲學上，倫理關係的結構在科技的發展之下轉變得越發嚴密複雜，則賦予此結構以意義的道德行為，便必須越發顯得明確。這種嚴密而且複雜的倫理關係與明確的道德行為要求高度的道德創造力和心理韌度，否則極易形成道德上之漠不關心（moral indifference）與心理上之社會麻木（social apathy）。

㈡科技發展增加了人的自由程度，亦因而提高了人的道德責任：此一特性正與前一特性形成對比情境。因為科技發展在增加存在的聯繫性的同時，亦增加了人的自由程度。人雖因科技之發展而愈來愈被納入緊密關聯

的大體系之中，但同時亦因科技之發展而提高了自由的程度。蓋由於對於自然規律的瞭解，以及透過科技的運作，人愈來愈能擺脫自然的決定，而反過來控制、開發自然；由於對於社會規律的瞭解，加上社會科技的運作，人愈能改善社會制度，增加社會自由。由於人對於科技系統的認知和運作，增益了人的方便與休閒，以及解決問題的效率。從積極方面來看，科技發展增益了人運用其自由的範圍，並且擴張了人的自由決定力。由於科技的發展，人有了更多的自由，亦有更有效的解決問題之辦法，則其道德責任亦愈大。

(三)科技的發展使得工具理性過度膨脹，人本身容易喪失其目的性。科技的運作性，使得人亦用科技的程序來規定人的價值。科技屬於工具理性，亦即用目的與手段的關係來界定合理與不合理，凡能有效達到某種目的之步驟，纔算是合理的[5]。從這觀點來看，人的行為，甚至連人本身都須從工具理性來評價，而喪失其本身的價值。人亦成為科學研究的對象和科技操作的項目，而喪失其主體和行動者的意義。在工具理性過度膨脹之下，人往往把別人當作是實現一己目的之工具，而忽略了真正位格的、主體際的關係。

(四)由於科技的發展，在人與自然，人與人之間介入了日愈龐雜的非位格關係，人每天所直接接觸的，越來越是科技所造成的符號與機器的世界。科技時代的人際關係，多半是像工作、商業等的契約關係或競爭關係，甚至像暴力、宰制等的強制關係，而非友愛的位格關係[6]。在這種關係之下，我們所遇到的大部分是「認識

的陌生人」，例如在現代公寓的鄰居彼此的關係。

㈤由於科技的發展，造成產業結構的變遷與社會分工的細化，在這種情形下特別突顯出來的是職業上的人際關係。通常在一個職業社團裏面，例如在公司、工廠或科層機構之中，人際的互動皆有或明或暗的嚴格規則可循。在倫理關係之中，職業的倫理關係特別突出。在這種倫理關係上進行道德實踐，則使得職業道德在科技時代愈顯其重要性。職業倫理之突顯及其間所造成的衝突，甚至影響到家庭的倫理關係，和個人對個人的位格倫理關係[⑦]。總之，在社會倫理中，職業倫理的問題日愈尖銳，而家庭倫理與位格倫理亦受到社會分工與職業倫理之影響，而有新的處境。

道德行為就是在倫理關係的基礎上，並且在發展倫理關係之時，去實現道德價值的行為。以下我們分就道德基礎、道德規範與道德動機三者，來勾勒出一個合乎科技時代倫理關係特性的道德哲學要義：

3.2 道德基礎與科技發展

道德基礎所指的是最為基礎性的道德價值。它並非直接指導人類行為的規範，而是一切規範之道德價值源頭所在之原始價值，乃一切具體規範得以擬定的最後依據。道德基礎是原始價值，具體規範則是次級價值。次級價值之有效性皆根據基礎而來。道德基礎是構成性的（constifitutive），因為一切道德價值皆由此而構成，一切具體規範皆由此而擬定。道德基礎亦是證成性

的（justificative），因為具體規範乃由之而獲得有效性，因而能被道德意識所接受。道德基礎雖為全體道德價值之核心，但並不以一種顯態的、可辨認的確定形式呈現，而是以主動的方式顯示在道德規範的置定和道德行動的實現之中。為此，要把握道德基礎，唯有運用哲學之思索，就顯求隱，探查具體規範與道德行為之所從來。傳統道德哲學，無論中西，皆在指陳道德之基礎。綜言之，道德基礎並非一種純粹形式，卻是一種具體的存在動力，既能不斷提升自己的存在，又能提升共同的存在。此一存在動力，在西洋哲學言，稱為自由意志（free will）；在傳統中國哲學言，則謂為「心性」（就其本質言為「性」，就其能動言為「心」）。人之所以能作為道德之主體，創造道德價值，提升自己與他人、他物，最主要是由於人的生命之中有此自由意志，能自主地肯定道德價值；有此心性，能自覺其靈明；同時，這自由意志或心性亦會自覺到自己在存在上與他人、他物有內在的、根本上的關聯，此種關聯一方面是小我的限制，另一方面亦為大我之擴充。

　　道德基礎就在於自由意志或心性的這種雙重特性：一方面是自律的，另一方面則是關聯的。人之所以會有道德問題，是因為人的生命具有這雙重特性。從詮釋學來說，就是一方面在自由中採取距離，另一方面在關聯中相互隸屬。這兩方面的特性亦是在不斷地相互辯證發展之中。

　　首先，就採取距離而言，自由意志是自律的，因為它終究可以擺脫一切外在的決定，而由自己來形成規

範，決定自己的行為。自由意志自己賦予自己以行為的規律，此即自律（autonomy）。心性要做自己的主宰，不能制定反對自己的律則，只能尋求與自己相符、實現自己。它所制定的具體道德規範，皆旨在表達其自律性。由此所引申出來的一個重要的道德規範，便是在道德上對於每個個體實現自己之存在的權利和慾望予以尊重，此亦即「正義」的要旨。

其次，就共同隸屬而言，自由意志或心性又與其他的人與物內在地相關聯，而有共同隸屬之關係。例如，當代心理分析學家拉崗（J. Lacan）所指出的，慾望乃別人或別物的語言，以別人或別物為其意義，因為慾望根本上就是指向在自己以外的別人、別物。慾望為能指（signifiant），別人別物為所指（signifié）。所以拉崗亦謂：「慾望的結構有如語言。」對於我們的行為而言，慾望可以是催迫我去行動的動力，也可以轉化成為合理的動機。它指出人的存在與其他存在物根本地、內在地相關聯、相感通。究極說來，儒家的「仁」也就是自覺到人與他人，人與他物，甚至人與天地之內在相感通、相牽繫。由此而衍生之規範，要求人用道德上的努力來純化這種感通與關聯，此亦即「仁愛」的要旨。

傳統中國道德哲學強調道德實踐，此就現代人來觀之，仍有其不移之重要性。蓋唯有在實踐之中，人始能逐漸獲證心性之內在靈明，並體察心性與天地萬物之感通；唯有在實踐中，人始能實現自由意志之自律及其與世界之關聯。自由意志之自律或心性的靈明，並非遽然頓現，卻須在實踐歷程之中逐漸明朗化自己的靈明，成

為自己的意志和行為的主宰；自由意志的關聯或心性的感通雖早已含藏於人與萬物的關係之中，但卻須以實踐明之、淨之。主宰與感通、自律與關聯、正義與仁愛，皆是結合在實踐中的辯證歷程。傳統儒家所謂「盡心」、「踐仁」、「明明德」、「致良知」等等皆可以說是在實踐中去闡明和達致心性的主宰和感通。在西洋哲學言，則是在行動中去顯化、實現自由意志的自律與關聯。

人的自由意志雖然是自律的，但卻在慾望中與別人、別物相關聯。心性雖然是靈明的主宰，但卻又與人羣、萬物、天地相感通。道德基礎就在於這個有關聯的自由，有感通的主宰。吾人若比較中西道德哲學，就道德基礎而言，西方雖然亦不忽視自由意志之關聯性，但似乎更為強調自由意志的自律性、自由的保障，和對於個體實現自我的權利之尊重。因而，西方文化在道德規範上，較為重視義的劃清。中國雖然重視心性的靈明主宰之義，但似乎更強調仁的感通與生命存在之相互關聯性。因而，中國文化在道德規範上，較為重視仁民愛物。在道德基礎上的強調不同，在道德規範上的制定便有異。此點尚可見於下節。總之，道德基礎實乃在於既自律又關聯之意志，既主宰又感通之心性，而道德生命乃仁與義的無限擴充與提升之歷程。總之，重視道德生命這雙重的交互辯證提升的特性，因而尊重生命、擴充生命、提升生命、實現生命，此乃今後全球文化對於道德基礎共同思索的主要課題。

綜言之，人的存在就是一個有關聯的自由，有感通

的心性。人性存有者之自由與關聯，綜合並實現於具體情境中，產生道德行為。在情境中所發生的行為亦為一種「事件」。行為、情境與事件之要義，在於作為人的存在能力（生命）的擴充和實現的契機。生命的自由與關聯只能在時間中的事件裏實現，只能藉具體行為在具體情境中逐漸展開。這些具體情境是什麼呢？首先有生理機能，其中有生理機能的律則之關聯，乃受自然律的決定，屬於因果相續的一環；其次有心理機制，其中有意識的種種律則之關聯；再次，也與社會相關聯，其中有社會之律則；最後與歷史相關聯，其中有歷史的律則。自由與關聯之實效必須在肉體、心理、社會、歷史的情境中體現，受在時間內的各種特殊狀態的限制。所以，意志與心性是隱態的、潛在的；及其實現也，必有待於承擔情境之重量而後前行。自由意志的自律性和自我生命的關聯性並非已經明確實現的，行為的意義就在於以漸進的方式來保障其實現的實效性。倫理道德的問題在於一方面有關聯的自由，另一方面此關聯的自由只能在具體情境中實現。科技的發展使自由與關聯有新的處境，同時又使我們對於其實現所必經的情境（生理、心理、社會、歷史）有進一步的瞭解和把握。

道德基礎既在於意志的自律與關聯或心性的主宰與感通，而科技的發展一方面擴大了人的自由意志所能及的範圍與程度，另一方面亦更嚴密化、複雜化了關聯的系統。當然，道德基礎既然是根本與源頭，則從一個有自覺的深刻層次看來，不能説科技的發展會真正動搖到道德的基礎。然則科技時代吾人最易墮入自由的妄用，

甚或接受科技和社會系統的決定，因此，從無自覺的、膚淺的層次看來，科技的發展與社會的劇變，似乎造成了當代道德生活基礎的動搖。若要由不自覺轉而有自覺，則必須改變我們看問題的角度：問題並不在於科技如何改變自由意志對於自律的追求，和增進吾人對於存在的關聯的發展。而是必須反過來，看科學與技術的發展如何從自由意志追求自律的歷程，和精神生命發展存在的關聯的歷程上，來獲得本身意義的闡明。在今天，科學與技術的發展已經顯示出一種越來越走向自律自主，並發展出自動關聯系統的傾向。現代科技的這雙重傾向，正與道德有一種類比的關係，都是以自律和關聯為主要的特性。我們可以進一步把科技的發展當作是人類的精神生命對於自律和關聯的追求之象徵，亦可把它作為人類實現自律與關聯之場所。

首先，科技系統是人類自律的象徵。因為現代科技基本上是運作性的（operational），可以說是用具體的形象來描繪出自由意志在道德行為和歷史行動中所要實現的自律性或主宰性的模樣。道德是合乎人性的行為，科技亦可因著人而轉化成為合乎人性的行動。道德是以正義與仁愛的行為待人，科技則可透過組織和實現的媒介，改變人所賴以生活其中的自然環境與社會制度。

科技亦是人類實現自律的場所。因為，似乎只有在科技所發展出來的世界中，自由意志或心性纔算真正找到了愈能符合其本性的空間，愈來愈脫離自然的決定或偶然的巧合，而愈來愈有能力賦予自己以成長的律則，

愈有能力提供使人的行動具體實現的支助。

其次，科技所發展出來的系統亦為存在的關聯性之象徵，因為科學與技術具體地展現出物理、生理、心理、社會的結構，並且日愈聯繫各層次而成為一大系統。科技世界亦可成為精神生命發展關聯性的場所。因為科技系統的自動發展、自行擴大，可以作為自由意志發展其關聯性的最佳空間。對內而言，科技系統本身會越來越走向複雜化，能由系統內部自行調整，自行走向穩定與平衡，且能生發出更多的次級系統，構成更為龐大複雜的內在結構⑧。對外而言，科技系統亦可與其他系統（例如自然系統、社會系統、文化系統）產生互動，因而發展出一個更大的系統，使得原有系統在新的大系統內變成只是該大系統的次級系統成員而已，而今後這個大系統似乎將由科技系統來擔任綜合過程中的主導系統。科技系統可以說是一般系統理論最好的指涉和實踐園地⑨。

總之，由於科技的發展，人建造了一個新的生活世界。科技似乎變成了人的第二本性，而且這個第二本性更進而發展出自己的律則，以致逐漸獨立於自然的盲目決定之外，而享有自律之特權，並且不斷擴大其關聯性，產生自動控制之系統。如此一來，我們似乎也可以藉著科技來實現意志的自律與關聯，使科技所造成的生活世界成為道德實踐的園地了。不過，這其中亦隱含一項日愈急迫的危機：科技系統在邁向自律的發展歷程當中，越來越獨立於人的掌握之外。雖然科技只靠人的努力纔得以發展，但它本身又有自成體系的傾向。在此，

吾人若不自覺自己是道德之主體與科技發展之主體，則人性終有喪失於科技中之危機。人應該用意志或心性的自律與關聯來提升科技的自律與關聯，把科技系統當作促成人際共同主體性相互感通和關聯的接引（mediation）。接引的必要性在於意志與心性的行動唯有透過中介始能奏效，但是此一中介亦可能把行動孤立起來，侵腐其動力。當科技逐步發展為一個日愈自動化的自律系統之時，人更應該明白它只是中介而已，因而幡然自覺，更以仁義感動仁義，以德行引發德行，纔能實現羣體的道德命運。若無此種自覺，則人類恐將失落於中介系統的自律之中，泥陷而不能自拔了。

3.3　道德規範與科技發展

　　道德規範旨在用明白的、顯態的方式，來表現出自由意志或心性在面對具體情境之時，為要實現自律、發展關聯所應遵行的方式。追本溯源來說，道德基礎用雙重的方式來奠立道德規範：(1)人的存在能力（生命）是人自己的一切行動的來源，一切行動皆是人的生命實現自我與發展關聯的行動；(2)人的存在能力有其自由與關聯，也有種種外化的要求，道德規範其實是生命在外化時的自律規範和關聯規範。我們也可以說，具體的規範就是使自由意志得以表達的中介，也是使存在的關聯得以具體實現在各種具體情境（生理、心理、社會等）的中介。自由意志或心性只有在具體情境之中，纔能實現其自律性與關聯性，道德規範在此時就擔任接引的任

務，使意志或心性在外化、客觀化的實現歷程當中能夠具有圓融性、包容性和發展性。圓融性是指前後不同的行動先後相互一致，並且內在地相連相續。包容性指行動包容了最多實現的可能性。發展性則指人能由此行動而得以提升自律，擴充關聯。

　　道德基礎雖是以先天的方式而自動運作的存在能力，但道德規範則並非能以先天的方式規定、能自動運作的條文。在不同的文化情境中會有不同的道德規範。不同的文化雖然在一些重大的情境上，例如生死、友誼、愛情、婚姻……有其共同點，但一進入具體制度與行為細節，則往往有天壤之別。這些差異在文化人類學及比較倫理誌中可見之。此外，由於對於道德基礎的詮釋重點不同，接引之規範亦有異。例如，許烺光稱西方為個人主義，東方則以外勢中心為特徵[⑩]。就道德哲學而言，西方以個人主義為特性之社會規範，其實是由於在規範中強調實現道德基礎中的自律、自由，和自我實現。東方則是由於強調在規範中體現存在的關聯性，纔傾向外勢中心。

　　由於存在的關聯與感通，因而有仁愛之規範，更由於仁愛之規範而有「關懷生命、尊重生命」之規範，這在一切文化中似乎皆為普遍的道德規範，於是在消極上禁止殺害、傷害生命，在積極上提倡好生、養生、放生。但在不同的文化中卻有各種具體的差異與例外，而且各有不同的理由來予以證成，這些理由亦同樣皆富規範性。

　　由於意志與心性的自律、自由、自我實現，因而有

正義之規範，更由正義之規範而有「尊重人權」之規範。自文藝復興以來，有各種不同方式嘗試釐定何謂「人權」，並擬定一份「人權清單」。尊重人權乃普遍之規範，但在詮釋和應用的層次上，則各國家、各文化皆有很大的差異和偏離。

　　道德規範是實現道德基礎的中介，但它又具有返回道德基礎、以之為目的的特性。此種目的性並非一種預立的明確目標，而是在遵循規範的每一個行為中，皆自覺其為實現自律與發展關聯之努力。道德規範與其說是一種規定，不如說是一種召喚，一種邀請。為此，在每一次的道德行動中，必須有一種真正的道德創造。須知傳統的道德規範亦是在道德創造中構成的。道德規範適用於具體情境。各種具體情境在時間之進展中雖為獨特之事件，但彼此皆能具典型上之相似性，可以分析出易於辨認的範疇。針對同一範疇，傳統的道德規範可以提供經驗之結晶，而為當前行動之規範。但是，終究傳統規範亦只是指標性的，絲毫不能取代個人在每一抉擇中的獨特創造。道德規範只有在能被納入個人真實行動之中時，始有價值。由此可見，任何明定的道德規範多少皆含有某些非決定性，總有相當大的迴旋餘地，而且人總可以在歷史發展中增益其啟發性和適切性。畢竟道德規範並非一個封閉之系統，而是一個開放之園地。因為一方面，其所來自之道德基礎超越了任何規定和中介；另一方面，其所應用之具體情況更新不已，人必須時時重估迄今已接受之規範。總之，道德在本質上就具有新鮮感和創造性。

傳統中國哲學皆十分重視道德的創造性。無論《中庸》、《易傳》所代表的「天命之謂性」的一路，主張人應體會天命之流行，承循「生物不測」之天的創造真幾；或孟子所倡仁義內在，即心說性的一路，主張「盡其心者，知其性也，知其性，則知天矣[11]」「誠者，天之道也。思誠者，人之道也。至誠而不動者，未之有也[12]」，則是提倡「內在道德能力之創造性」。無論是前者秉承天的創造性的流行，或是後者發揮人心內在的創造性，都是主張「道德的創造性」[13]。吾人在此必須指出，這種道德的創造性，主要在於自由意志或心性既有本具之動力，並且能夠調適於具體情境之變化，因而表現為它所制定來兼顧兩者的道德規範。吾人的自由意志或心性誠然是吾人存在的根本動力，不過，今日之科技發展更製造了許多新的具體情境，因此，在今天吾人更應該發揮傳統道德哲學所強調的道德的創造力，對應新的具體情境，而制定新的道德規範，在行為上做出新的道德決定。

　　既然新的具體情境之產生是來自科技的發展，因此新的道德規範之制定當然也與科技密切相關。

　　科學提供吾人對於自然系統與社會系統日愈精確、日愈廣博的知識，甚至提供了具有規範性的行動方式。倫理道德的行動終究是人與自然系統或人造系統互動的方式之一。但是吾人與任何系統互動的正確態度，首在於認清該系統的功能法則和演進法則，並且按照這些法則來採取行動。尤其是生物系統和社會系統與人的關係最為密切，它們亦是當代大部分道德問題之所在。但這

兩個系統都是功能複雜，而且不斷演進的系統。如果我們能夠藉著科學對它們有充分的認識，並充分把握行動之情境，則我們對某生命體（例如某一病人）或某社會問題（例如青少年犯罪問題）採取行動之時，纔能在合乎該系統的功能法則與演進法則的方式下來予以引導，並且盡量減少其他干擾因素，或其他會延遲、歧離或傷害此一系統的因素。

我們似乎必須先從消極和積極兩方面來詳析科學發展對道德規範的影響，纔能明白現代社會中道德規範之實情。

從消極方面來看，科技發展搖撼了文化價值，造成意義的喪失，或海德格所謂「存有的遺忘」，其影響在道德上特別顯著。其一，是造成道德的中立態度，科技人員把人與社會當作研究之對象，而不首先慮及善惡的問題。其二，是以科技為依據之道德，對於自然與社會會採取一種干涉主義，因而有宰制（domination）的問題發生。吾人若依對某系統之功能法則與演進法則的認識，來指導某一系統的演進歷程，對凡偏離此一演進路線者便加以糾正，如此便有所謂干涉主義。干涉主義之要旨在於有意識地掌握所涉及系統的功能進行，並且使用按照科技模式計劃的步驟來取代自然的生發歷程。如此一來，過去任憑自然本性發展的道德放任主義就十分困難了。放任主義對自然歷程採取被動態度，順其自然，任憑自然或本性力量進行作用，避免干涉，以免阻擾事物的本性目的之實現。但在科技的干預之下，這一層意義的放任已難再有之。

從積極方面看來，科技對於道德亦有值得吾人留意之正面影響：擴大道德範圍，製造新的道德問題，提供新的道德價值，並且變更道德規範的決定方式。

第一、科技發展擴大了道德範圍：在這裏主要涉及了人自由抉擇並須負責任的行為範圍之擴大。只有當行為者明白其行為之後果，又能有效地控制事況之時，始能有有責任的行為可言。簡言之，責任行為乃既明知又實效之行為。若是不明不白，事物自來，毫無迴旋餘地，亦即毫無自由行動的餘地，則亦毫無任何責任行為可言。甚至即使在可以自由行動之時，卻不知何去何從，不能由自己的意向來導引事情發展之歷程，而只徒引發一個自己無力控制的歷程，則亦無真正的道德責任可言。但是，由於科技的發展，使吾人越來越認清與我們有關之事物的歷程，因此使吾人能憑藉科學知識而介入事件之中；技術之進步又提供吾人以有效之工具，使吾人能駕馭迄今難及之領域。尤其生物科技方面，例如遺傳工程、生物複製（甚至複製人），或醫學方面有關腦神經之科技，過去科學對此毫無所知，技術上更無能為力，便談不到其中的道德責任問題，但現在或將來由於科技進步，吾人對此方面如果既能知又能行，道德責任的範圍亦隨之而擴大了。單有科學與技術，尚不能全盤決定其責任，必待行為者既明知且實效地在其上做決定纔行。在科技領域擴大之時，道德的獨特性更突顯出來，因而使新的道德責任領域更向前拓展。

第二、科技的發展亦製造了許多新的道德問題：科學和技術的發展引發了兩重新的問題：一是科學與技術

的內在問題，一是科學與技術的外在問題。

首先，科技發展的內在問題，是有關科學家和技術人員的責任問題。今天，在某一範圍內具有認知或操作的專長，並非單屬個人之事，反而具有社會責任，而且是責任重大。就科技本身來說，科技已經形成了一個能自行發展之系統，能按自己內在演進的規則來發展。就此而言，科技本身只承認自己內在的發展目的。至於科技人員則一方面是科技系統發展之資藉，另一方面亦是社會系統之成員，可謂居於科技系統與社會系統之中介，有責任促進兩系統之互動。但是，科技系統之發展並不是經常地、必然地會配合社會發展的目的，尤其無法配合社會系統中某些活動本身就有的道德目的（例如政治活動直接涉及社會團體之前途）。科學家和技術人員有時亦會遭遇到科學研究和技術操作不符合於由政策和輿論所指出的社會利益之情形，甚至與之相互衝突。有些科技人員往往只顧學術興趣，罔顧社會利益，甚至會被其他惡劣勢力所利用。

其次，科技的外在問題則是指科技系統之發展與其他系統互動而後發生的問題，主要來自科技發展對於社會和文化的衝擊，尤其科技知識的應用，涉及的範圍非常廣大，諸如醫學、教育、大眾傳播、企管、休閒、軍事……等等，科技的應用有許多副作用亦會造成道德問題：例如環境與生態平衡的破壞與污染直接涉及了生命、財產與安全的問題。人口控制的科技亦會造成諸如墮胎之問題。我們對這些問題，並不能任其自然，卻需要用科技的辦法來予以解決，這也就涉及了解決時的道

德問題。

第三、科技的發展亦引發新的道德價值：科技的發展使我們能進一步控制事態，因而亦增加了我們的道德責任。如果在行動當中，人可以進行有自覺的管制，而且亦可以對行動的目標提出明確的評價，此時自由意志或心性對於自我的認識便會有所改變。自由意志或心性在這種行動方式裏面得以認識自己，因此，這些有自覺的管制便使其中使用到的科學知識和行動技術具有了道德價值。自然與社會的法則若能被合理性之人內化為行動中的具體規範，也就等於是由人自己來主動地承擔起原來自己只是被動地承受的東西。當人能夠控制環境或控制自己，而不憑運氣碰得知識，卻是審慎進行而求得的，不憑瞎碰發明技術，而是按自己自由提出的目的來設計而得，此時自由意志或心性便是一種具有實效的轉化能力。而且由於它能按自己的規則發動一連串的行動，因而亦能經過人的自覺成為一種自律能力。吾人對於科技系統的控制，雖然常是局部性的，不能滿足自由意志的全面要求，但是就其能有實效地實現自由意志的目的而言，卻具有道德意義了。

第四、變更道德規範的決定方式：科技的發展介入了道德領域，更強調道德規範的歷史性與創造性，並且更清楚地指出應該如何決定道德規範。在短暫的數十年間，科技發展使人們面對了許多新的道德問題，並且日增無減。在這些新的情境之下，吾人需要有新的道德規範。傳統的道德規範已暴露出許多缺陷，吾人亦不能單從原有的規範演繹出新的規範。新的情境之客觀性及其

中所含的法則，要求吾人的道德創造力在其中辨視出新的道德要求，而不是只求在其下來強制執行已有的規範。舉凡有人之處，就會有道德問題。一切新的情況皆會形塑人的存在能力的內在可能性，因而人必須提出道德勇氣，覺察其中的道德意涵，提出新的道德規範。科學與技術的發展使得人們需要創造規範的情況增多了好幾倍，而且要求這些新創的規範更為明晰和有效。

最值得吾人重視的現象是：科技發展促成了理性化與分工化，造成職業倫理的突出，因而職業道德在科技時代顯得特別重要。從職業道德上看來，科技時代的道德規範似乎必須有科技之知作為依據。若無科技為憑，行動時恐會魯莽從事，甚至傷及所要對待的生命或社會。其次，科學所提供的客觀知識亦可作為道德規範之支持。最後，科技對於某一系統的研究所提出的功能命題和演進命題，亦皆可以因行動者或系統本身的要求，而轉化為規範命題⑭。此時，吾人若採取科技所提供之某一規範來實現正義或仁愛，實際上就是採取某種道德立場。這樣一來，道德價值便能依照自然系統或社會系統的軌跡來獲得實現。這就是科技作為道德的依據——按科技規範來擇定道德規範——的要義所在。科技不能作為道德基礎之依據，但可以作為道德規範的依據。簡言之，職業道德的要義就在於各行業人員，例如醫生、藥劑師、工程人員、行政人員、新聞業者……等等，發揮自己的道德勇氣，振奮自己的自由意志（或心性）的自律性與關聯性，因而將專業科技知識所提供之科技規範，轉化為道德規範，來在自己所針對的（自然或社

會）系統之具體情境中採取行動，實現道德價值的歷程與結果。

除了職業道德以外，家庭道德與位格道德亦是吾人道德生活中極為重要的部分。家庭倫理關係在今日亦因社會分工與職業關係而變遷。誠如唐君毅先生所言：「父子夫婦或就業於不同之機關，故大家庭崩壞……父母子女隨職業之不同，恆分居異地，故即小家庭之家庭意識，亦必然淡薄。即夫婦關係，亦以夫或婦皆參加公共生活，又不必同處一地，所接觸之人與環境之不同，生活形態與習慣時有變化，其間之情感，自易動搖，故離婚之事必然增多⑮。」雖然家庭倫理關係迭有改變，但家庭實為人學習道德生活、追求圓滿自律與醇厚關聯的初級團體。所以，家庭的道德規範亦應有其圓滿性和理想性。因此家庭道德規範當然不必以科技規範為基礎，而應該以實現人的圓滿自律之人格，與達成仁愛關聯之人際關係為目的。中華文化傳統所提倡的夫婦貞愛、父母慈愛、子女孝敬、兄友弟恭，都仍然是歷久彌新之理想規範。不過，家庭道德並不像職業道德那般，有科技規範為依據來處理具體情境，因此更需要發揮道德的創造性，而無一成不變之公式。

最後，除了職業道德、家庭道德以外，人還可以彼此以主體相待，不再囿限於職業、家庭，甚至任何社會團體，而把別人當作一個人來看待，以「你──我」的位格關係來相互對待，發揚位格際的道德實踐。尤其在這競爭和衝突的現象充斥的科技時代，人更應發揮「四海之內皆兄弟也」的胸懷。在這由於科技的差距所造成

94

解除世界魔咒

的宰制現象特別突顯的時代中，人更應該同情相感，體他人之疾苦，關懷被忽視、被壓迫、被欺壓之人，不以之為施恩的對象，而應以之為權利之主體，以平等的態度協助其自立。人應以人性彼此相待，此不論所處之時代是否為科技時代，人所隸屬之團體是為家庭、為職業，或為國家，則恆為天經地義的規範。傳統哲人在這方面的發現，有其歷久彌新的價值。人必須發揮道德創造力，提撕道德勇氣，在日新月異的情境中去予以實現。

3.4 道德動機與科技發展

以上所言之道德規範必須要有另外一層中介，纔能結合到實際行為之上。因為道德規範本身對人沒有強制性，必須經過個人和社會的動機的接引，纔能具有實際的效力。動機使得某一個人或團體認為某一規範是有價值的，個人和團體因而會在行動之時指涉此一規範，並且據以判明善惡，舉凡違背該規範之行為皆因此而被判為在道德上站立不住。可見，道德動機的功能在於使得道德規範被某個人或某個團體所承認、所接受。動機並非道德基礎，亦非道德規範，而是使某一團體或個人得以接受某一規範之理由，亦因而使某一規範成為具有實效的，甚至嚴格到再無任何討論的餘地。道德規範為此而具有實踐上的強制性，使得它對於處在某一具體情境中的個人和團體而言，成為一種真實的價值。

道德動機使個人或團體的行動者承認並接受某一規

範系統。不過，動機的形式必須透過某些管道而得以促成，並因之而愈顯有力：

㈠透過認知系統：例如透過某種神話的形式、某種宗教信仰的教義，或隸屬於某種學說或意識形態，此時道德動機始能由權威而來。例如教友之服膺於教會之教規，或黨員由於主義而效忠黨的決定。

㈡透過象徵符號：用具體的符號來引發認知系統的效力，此一符號同時亦為看不見的價值和規範的臨在做一種具體的見證。例如祖先牌位、聖像、黨徽、國旗等等。透過這類象徵，道德動機乃秉承傳統而來，所謂的傳統就沉澱在這類具體符號之中，由於符號的呈現而激起對於傳統規範的緬懷。為此在世變劇烈，革新者意欲根本推翻傳統之時，常會以激烈到甚至用流血的方式摧毀至該傳統的最後一個象徵[16]。但是任何推翻傳統者，皆無法避免再用象徵建立新傳統，甚至會不自覺地沿襲舊傳統的象徵。

㈢透過法律系統：道德規範亦可透過某一社會之法律及其全體強制機構而具實效。法律亦可經由個人內化之歷程而成為行動之內在規範。

㈣其他的社會化和心理管道，亦可將以上的觀念、象徵和法律傳輸給個人，使其逐次內化。一些社會化歷程，例如儀式、教育、集會、大眾傳播……等等皆屬社會管道。還有如宣傳、輔導等等心理管道，皆有助於規範的內化。科技的發展亦使這類管道益形豐富。

科技的發展，促使人類對於理性的信仰愈形普遍，因而造成權威與傳統的墜毀。因此，無可避免地，一切

來自權威與傳統的動機形式，皆會逐步瓦解，甚至受到強烈的打擊。西洋近代的啟蒙運動和我國的五四運動，皆表現出此種精神。原先「大家都這麼做，所以我也這麼做」這類動機曾經賦予某些道德規範以強制性。但是現在這類動機對於受過科技教育的人，已經不再有實質的強制性。一般說來，人們開始在科技裏面找尋能用以支持他接受某一規範的動機。可見科技雖然不能提供道德基礎，但可以提供道德規範和道德動機。科技之所以能提供動機，主要在於其中常具有批判的反省。科技時代的道德動機，應該來自批判的反省。道德的反省不能化約為科技。不過，科技應該能在吾人進行的各種反省中啟發批判精神。道德的批判與反省，一方面要審度某一規範是否適合於情境的客觀要求，另一方面亦要反省其是否適合於原先自由意志或心性的道德意向。科技時代的道德，需要這種雙向的批判精神，而不能只局限於傳統規範，或只試圖從傳統規範演繹出新的規範。

　　道德的反省能夠提供吾人以道德動機。反省的要點主要針對道德基礎和具體情境兩個層次。道德的批判和反省，在形式上十分類似科技的步驟，並且可以由科技的步驟來獲得啟發。首先，自由意志或心性追求自律與關聯的意向，是道德行為的基礎與最高指導。但此一意向本身並未以明確的形式提呈出來，這正如吾人在科學上追求客觀之知，但這仍然只是一種客觀的興趣，並未明確化為任何已知的科學體系。其次，道德規範用明確的形式來表現道德意向，正如同科學假設之提出實現了吾人追求客觀之知的興趣。最後，道德的批判與反省就

類似於科學上用來檢查假設之中肯性與有效性的管制過程。以上兩者的類比之情，可以用下圖表之：

道德：有道德意向 → 創作規範 → 批判反省
科技：求客觀之知 → 提出假設 → 管制過程

　　當然，以上只是一種類比，一種形式上的相似性，但並非完全相同。這其中的要點在於兩者皆需具有批判精神。科技亦只有在本身最具批判性之時，纔足以推動其他系統去關心批判。如果科技人員只是不自覺地遵循某些既定的方法學程序，毫無批判與反省，則並不足以成為道德的批判性之啟發。道德批判之旨並不在於摧毀吾人對於傳統和權威的妥協，或破壞由於此種妥協所達致的平衡，而是在於敦促道德的內在目的性，朝向道德基礎的實現去進行提升與發展之功效；正如同科技批判之旨並不在於推翻已有之任何知識體系與技術步驟，而是在敦促吾人的科學研究導向客觀之知的最高實現。

　　道德的反省不但能養成自覺的批判，而且能養成自覺的自制。道德自制的精神在科技時代日愈重要。孔子所謂「克己復禮為仁[17]」，荀子所謂「虛壹而靜」之心，主張「心者形之君也，而神明之主也，出令而無所受令。自禁、自使、自奪、自取、自行、自止」[18]，實有其歷久彌新之義，更值得吾人在科技時代中予以發揚。

3.5　結論

　　單就道德哲學的角度來看，吾人若要在道德生活上來銜接傳統文化與現代生活，首先必須注意到科技發展所造成的新的社會結構及其中倫理關係的特性，對此吾人已在前言中略陳梗概。除此以外，我們尚須注意到科技時代人類思想之特性，並明白科技經驗與道德經驗內在的相關性，纔能把傳統文化裏面歷久彌新的道德精神用適切的方式再發揚於今日。在本文裏面，我們已經分從道德基礎、道德規範和道德動機三方面做了較為深入的探討。

　　首先，就道德基礎而言，傳統道德哲學已經深刻地把握到道德基礎就在於心性（或自由意志）之求為主宰（即吾人所謂自律性），並發揚一體之仁（即吾人所謂存在上深切之關聯性），由此而肯定最為重要之道德價值即為正義與仁愛。無論傳統或現代或未來，只要人性尚存，此二者恆為道德基礎之所在。不過，由於當代科技的發展更具體地實現了自律性與關聯性，甚至可以說科技本身的內在規律就在於自律性與關聯性，因此吾人要在科技時代來追求有自覺的道德生活，就必須用道德的自律性來作科技的主宰，並以人性的關聯性來發展科技的關聯性。

　　其次，關於道德規範，我們應該發揚傳統中國道德哲學重視道德的創造性的精神，而不能一成不變地固守傳統的道德規範。科技的發展能夠提供現代道德規範以

新的依據，因為科技上所提出的關於功能法則與演進法則的命題，皆可以被吾人轉變為科技規範命題。此外，吾人的道德心更可將科技規範點化為道德規範，而使科技行動變成實現正義、發揚仁愛的道德行動。這點在科技發展所突顯出來的職業道德生活上尤然。現代道德生活以職業道德為主。職業道德一方面需要專業科技知識之基礎，另一方面，又需要認清本科專業運作過程中的道德意涵，而能發揮道德心來予以實踐。因此，今後在高等教育、職業教育的各科系中應加強本科職業道德的研究與教學。蓋每一學科皆有涉及專業上的道德問題，例如醫事道德、商業道德、新聞道德、工程道德、行政道德……等等。各科系皆應針對這些問題予以反省研究，並開設倫理課程，編訂教材，研討原則，擬定具體情況，詳加討論，以敦促各學科作道德反省，並加強學生及各未來專業人員的道德認知。職業道德需要研究與學習，絕非身教可致其功。今日之學生即明日社會之人才，在高等教育、職業教育中應該有充分的道德研究和道德教育，在明日的社會中始能有明辨、篤行的道德認知。至於中國傳統一向強調的家庭道德並無科技規範可循，在此，傳統道德所強調的夫婦貞愛、父慈子孝、兄友弟恭等規範仍然有其理想性，但必須強調其生活、活潑、創造的一面。在現代生活中吾人更應突破職業、家族、團體隸屬的囿限，人人以人性相對待，以「你—我」的位格關係相對待，發揚「民吾同胞，物吾與也」的博愛精神。

最後，關於道德動機，現代生活無論在觀念、象

徵、法律各方面皆可以提供吾人以道德動機，而在大眾
傳播、宣傳與輔導技巧方面更提供了吾人將規範予以內
化的社會和心理管道。但是，科技時代的道德動機應該
是出自反省與批判的，在此，我們一方面必須培養自制
的精神，即傳統儒家所言「克己復禮」、「自禁自使」
的精神，另一方面亦應透過科學的研究與教育來幫助吾
人養成批判精神。但是，科技本身亦應不斷自行反省、
批判，纔能激發當代人去在其他層次的生活上進行批
判。否則，如果科技只一味地關心運作和演算，沿襲方
法學程序而毫不自知反省，則只會把我們變成毫無自覺
地受機械法則決定的科技動物而已。只有經過反省與批
判，自由意志纔能在自覺的歷程中尋回自律，重為主
宰，並與全體存在建立仁愛的深切關聯。

　　傳統中國哲學所重視者厥為立志把自然世界點化為
人文化成之世界。今日我們應繼承先賢之志，把科技世
界點化為道德世界。

註　釋

① 關於此類論斷與描述，參閱 J. Ellul, *The Technological
Society,* New York: Vintage Books, 1964; A. Toffler,
The Third Wave，黃明堅中譯，臺北市，經濟日報社印行，
1981年；H. M. McLuhan, *Understanding Media: The Ex-
tension of Man,* New York: McGraw-Hill, 1964.

② 黃建中著，《比較倫理學》，臺北，正中書局，1962年，第28
頁。

③ 周荀況撰，唐楊倞注，《荀子》，卷五，〈王制篇〉第九，臺
北，中華書局，珍倣宋版印，1968年，第8頁。

④ 對比乃本研究所使用之主要方法，關於對比的哲學意義，請參閱：沈清松撰，〈方法、歷史與存有———一種對比的哲學思考〉，臺北，《哲學與文化》月刊，八卷三期，1981年3月，第190－200頁。

⑤ 「工具理性」可溯自韋伯 Zweckrationalität 一詞，參見 M. Weber, *Economy and Society, An Outline of Interpretive Sociology,* Edited by G. Roth and C. Wittich, Berkeley: University of California Press, 1978, pp. 24－25. Zweckrationalität本意為「目的理性」，但此詞在中文似乎難以顯出與「價值理性」（Wertrationalität）之差異，因而採用英譯者之建議，（上述英譯把 zweckrational 譯為 instrumentally rational）定名為工具理性。實則「工具理性」一詞較偏哈柏瑪斯（J. Habermas）對此觀念的發展，關於哈氏之見，請參閱 J. Habermas, *Technik und Wissenschaft als "Ideologie",* in Merkur 1968, Vol. 243, pp. 591－610, Vol. 244, pp. 682－693;及其 *Arbeit und Interaction, Bemerkungen zu Hegels Jenenser Philosophie des Geistes,* in H. Braun & M. Reidel (Dir.), *Natur und Geschichte, Karl Löwith Zum 70 Geburstag,* Stuttgart, 1967, pp. 132－155 兩文。

⑥ 參見 P. A. Sorokin, *The Crisis of Our Age,* New York: Dutton, 1941, pp. 167－204.

⑦ 所謂位格的（personal）倫理關係，指人與人之間以「我———你」來相對待的關係。

⑧ 皮亞傑（J. Piaget）認為整體性（La totalité）、轉換（Les transformations），和自動調整（L'autoréglage）為結構之三大特性。參見 J. Piaget, *Le Structuralisme,* Paris: Presses Universitaires de France, 1974.

⑨ 關於一般系統理論，參見 L. von Bertalanffy, *General System Theory,* Penguin Books, 1968；關於把科技當作系統來處理者，例如厄綠爾（J. Ellul）所云：「科技不只以存

在為已足，亦不以成為今日世界的主要因素或決定因素為已足，科技已經變成系統。」J. Ellul, *Le systéme technicien*, Paris: Calmann – Levy, 1977, p. 7.

⑩ 許烺光著，張瑞德譯：《文化人類學新論》，臺北，聯經出版社，1979年，第235 – 259頁。

⑪ 《孟子·盡心篇上》。

⑫ 《孟子·離婁篇上》。

⑬ 牟宗三著：《中國哲學的特質》，臺北，學生書局，1980 年 1 月六版，第52 – 56，60 – 66頁。

⑭ 功能命題和演進命題是指描述某一系統的功能與演進之實情和法則的命題，乃涉及實然（what is）的語句；至於規範命題則是指規定人應該對於某一系統採取何種行動，如何行動的命題，乃涉及應然（ought to be）的語句。由於人的行動與自由意志之介入，便會把「某一系統實然上是按此法則盡其功能並演進發展」的實然命題轉化為「我應該按此法則來對此一系統採取行動」的應然命題。

⑮ 唐君毅著：《文化意識與道德理性》，上冊，臺北，學生書局，1980年4月四版，第38頁。

⑯ A. N. Whitehead, *Symbolism, its Meaning and Effect*, London: Cambridge at the University Press, 1928, pp. 86 – 90。

⑰ 《論語·顏淵》第十二。

⑱ 參見周荀況撰，唐楊倞注，《荀子》，卷十五解，〈解蔽篇〉第二十一，臺北，中華書局，珍倣宋版印，1968年，第5 – 6頁。關於筆者對於荀子主張心之自禁自使之看法，來自與項退結先生之討論，特此致謝。讀者可參閱項退結著：《人之哲學》，臺北，中央文物供應社，1982年，第154 – 159頁。

4

科技對藝術的影響與展望

4

藝術隸屬於文化中的表現系統。吾人在第
2章中已論及，文化是一個有機的整體，其中
包含了終極信仰、認知系統、規範系統、表現
系統和行動系統。在此所謂表現系統就是指一
個歷史性的生活團體（通常指一個民族）運用
感性的方式──例如文字、繪畫、建築、雕
刻、音樂……等等──來表現其終極信仰、認
知觀念和價值規範，甚至表現其對於全體存在
與個體生命的感受，因而形成的種種文學和藝
術（簡稱為「文藝」）之活動與成果。既然文
化是一個有機的整體，則在認知系統中的科
學，和在行動系統中的技術，兩者在現代世界
中的變革與發展，亦必然會對於終極信仰、規
範系統和表現系統造成重大的影響。關於科技
發展對於終極信仰和規範系統的影響，分別在
本書第3章和第5章中處理。本章的主旨則是從
哲學的觀點，來探討在科技的發展對於表現系
統的影響軌跡當中，最為基礎性的脈絡；並且
進而指出傳統中國文化中的表現系統有那些根
本精神尚值得在現代科技社會中予以發揚，以
便有助益於傳統和現代的銜接與融合的工作。

由於藝術是文化這個有機整體中的一環，因此，文化的一般處境當然亦會呈現在藝術之中。現代科技的發展不但改變了人類的全體存在處境，而且改變了人類所思所感的對象的全體面貌，甚至改變了對象和人的關係。在芸芸眾生當中，藝術家的心靈最為敏銳，正如一把銳利之刀，最易於游刃於時代的感受之中，但同時亦最易於折刃受損。由於藝術家敏於感受，善於表現，因此最會在其活動和作品中來顯示出時代文化與人類精神的一般處境。為此，並不一定只有寫實傾向或參與型的藝術家纔會表現時代處境，任何藝術家即使不直接用藝術語言來反映政治和社會，亦會表現出這些一般處境。正如同一個置身於飛機上的旅客，即使他不願意閱讀飛機構造簡介，不願看旅客須知，而寧願沉思於詩詞之中，這並不表示他不在飛機上，同受承載，同機奔赴。為此，我們首先必須指出在現代科技發展之下，人類心靈的一般處境，尤其是那些被易感善表的藝術心靈所把握和顯示者；然後再進而指出，現代藝術在科技發展所造成的整體變化中，有那些重大的變遷。最後，我們再論及中國傳統的藝術精神對此變遷後的新脈絡有那些仍然相關或有待發揚之處。

4.1　現代心靈的一般處境

　　吾人解析現代心靈的一般處境，在藝術家多情善感的把握之下表現出來者，有下列五項：(1)時空結構的巨變；(2)事物內在結構與人的知覺方式之變遷；(3)傳統文

化的組織原理遭摒棄，然而新原理卻尚未明顯確立；(4)
現代人生活的空虛與焦慮；(5)探索新的能源和創造新的
形式。茲論述如下：

㈠時空結構的巨變

　　無論在科學觀念或在日常生活當中，現代的時空結
構皆已大不同於近代。近代物理學認為時間和空間是兩
個不同的概念。近代的空間是以歐幾里德幾何為基礎之
三度空間，並且認為空間是無限的、同位的和同質的，
可以說是一個純粹的「包容物」，物體被安置在空間之
中，有如「被容物」置於「包容物」中一般。至於時間
則被認為是有如直線般的延續，可以任一刻為起點而用
實數計算。「同時性」在近代物理中具有絕對的意義，
也就是說，對於一個觀察者而言，如果A事件和B事件
是同時發生的，則對於全體觀察者而言，AB兩事件皆
是同時的。換句話說，如果兩個事件對於一個參考點而
言是同時的，則這兩個事件對於一切參考點而言，皆是
同時的。世界歷史就如同是由在時間之軸上連續排列的
許多垂直平面所構成，其中一個平面就代表世界在某一
時刻的狀態，而一切在同一平面上之點皆是同時的。近
代人在日常生活上亦把這立體的三度空間視如一個立體
戲臺，人物與事件皆按時間順序在其上出現、經過，有
如戲劇中之人物、場景之變換進程。

　　但是，由於科技的發展，現代科學觀念在愛因斯坦
相對論提出以後，時間和空間不再是兩個分離的概念，
而是結合為四個向度，並不再以歐氏幾何為基礎。時空

包含了無數的參考系統，在同一參考系統中為同時的兩事件，在另一參考系統中則並非同時的。時空並非統一的，而是相對的^①。在日常生活裏面，吾人生活在科技所造成的快速發展當中，時間的流逝感與幻滅感特強。過去用雙腳和馬車來衡量空間，現在則用汽車、飛機，甚至光速來衡量之，空間因而變得更為細部，但同時亦變得更為擴大；時間則隨觀察者的速度而定，並不再依統一直線進行，時間在宇宙各處流動的速度皆不相同。空間則變成活動的進行而非靜態的展示。現代人生活在「運動的空間」中，並且也經歷到「空間的運動」。

(二)事物內在結構與人的知覺方式之變遷

由於現代科技的進步，使我們更能探細抉微，因而發現事物的內在結構，在現代科學所顯示的微觀層次，大異於近代科學所把握的巨觀（例如肉眼觀察所提供的）層次。尤其是「無限小」的世界之發現所引起的知覺變革。這個層次的發現在科學界和藝術界的提出幾乎是同時的。我們很難找到證據顯示，在此一發現的過程上藝術家是根據科學家的發現而來，也許可以說，藝術家是在圖畫的研究上，而科學家則是在物理世界的探索上，分別發現了此一無限小的世界。但我們至少可以指出，科技的發展已經使物象的呈現方式全面改觀，才有可能在文化的各個方面，例如藝術、哲學、科學……上達到同樣的進展。其次，「無限小」世界之發現亦是來自人類在文化的各方面上，都感覺到有必要去分析其知覺：科學家是為了提供對於物理界的客觀資料，建立因

果假設的連鎖，並建立可用數學表達之物理化學系統；而藝術家如莫內（C. Monet）的光學表現，和秀拉（G. Seurat）的色點表現等等，則是為了解決線條和整體的關係，以便建立造型藝術的新秩序。總之，科學是為了實驗的控制和理論的建立，藝術則是為了感覺的細膩和造型的改變而仔細分析其知覺。此外，我們別忘了在十九世紀末、廿世紀初亦有哲學家柏格森（H. Bergson）提出意識的直接與件②，馬赫（E. Mach）提出感覺之分析③。甚至攝影和電影的發展亦顯示出近代以來古典的知覺方式有所不足。現代文化的各方面皆顯示出來，吾人對世界的知識或世界的意義並非是建立在一般所謂的整體或主題上，相反地，吾人必須放棄整體的外表和日常熟悉的輪廓，進行純粹知覺的分析，尤其必須注意在吾人意識中的表象。於是，細部代替了整體；相互差異的各種細節之間有選擇性之連結，取代了在三度空間中的實在事物的連結。就這點來說，我們可以認為由近代到現代的轉變，是由整體統一的秩序走向細部分析之秩序；由習慣的被動接受（例如肉眼觀察亦為被動接受之一種）走向心靈的主動建構。於是，現代人重新重視迄今被忽略之物，而放棄靜態的造型——因為那只限於在一定環境下和一定角度下所辨認的事物的表象——而代之以從各種差異的觀點來把握的有意義的片斷，試圖重構世界圖像，以便達到對於事物的內在層面的把握④。

㈢傳統文化的組織原理遭摒棄，然而新原理又尚未明確建立

　　現代科技的發展不但改變了西方文化的基本處境，而且更進而入侵於其他非西方國家之中，促使它們的文化發展產生了巨大的斷裂之痕。總之，無論在西方或非西方，傳統文化的基本組織原理皆遭到摒棄。以西方為例，西方文化自古希臘、羅馬，經文藝復興以迄十九世紀末，其文化的組織原理自根本言之有二：(1)經驗的原理：重視對於感覺的真實性的信念，以便認識存在界的物理層次，此乃一般人皆信的文化原理，可以說是實在論的原理。(2)理性的原理：重視對於理性及其法則的信念，以便認識自然和心理的內在法則，此乃有教養的人所持的文化原理，可以稱為理性論的原理。而這兩個原理皆在現代文化中逐漸遭到摒棄，甚至可以說，現代文化的許多現象皆是旨在否定此兩項原理[5]。首先，以感覺被動所受為真實的實在論原理在科學、藝術和哲學上遭到許多拒斥，現代人轉而注意事物的內在精神和對於經驗的主動建構。在藝術方面這種拒斥更採取了劇烈的形式，此點稍後再予詳論。其次，關於理性及其法則的信念，早在十九世紀末和廿世紀初，許多思想家——例如尼采（F. W. Nietzsche）、祁克果（S. Kierkegaard）、柏格森——就已經指出理性生活的限制；而佛洛依德（S. Freud）的深度心理學更指出理性與邏輯思想所在的意識只是吾人心靈生活的表層，而且並非最為優先的層次，在其下更為深厚的潛意識中尚有

慾望，佛氏認為這纔是吾人一切有意義的活動之來源，在此，理性的光明無從穿透。潛意識對於意義的慾求若不能獲得滿足，便會不經意識的控制，直接表現為肉體上的病症或夢境。現代人設法超越理性與邏輯心態而探索更為原始的動力，這是許多當代文化的基本動向，更因此而放棄理性、邏輯、真理，甚至放棄意識，認為這一切只會帶向死亡和虛無，現代人進而訴諸心理的深層，甚至尋求讓精神的原始生命能以一種自動的機制來自行表白。傳統原理已然破敗，而新的組織原理未立，因而造成了現代人在生活上的空虛與焦慮。

㈣現代人生活的空虛與焦慮

科技的發展日新月異，使人們相信它終究會把人類帶向光明的未來，但人卻因而不斷地更陷溺於墮落的現在。由科技所組織的世界，表面上似乎會阻止人返回其主動的創造性生命：大型組織的娛樂業使人沉迷於消費型的休閒活動；報紙日日以驚世駭俗的文字和圖像吸引人的注意；收音機、電視、電影更以其視聽內涵強迫吾人意識接受、充斥意識並取代其主動性的思想運作；在科技的控制下，人的思想、語言、目標與行動之進行走向機械化與物質化，使人的生命涉入固定化與慣性化；它取消了生命上昇之意志而使它只追求肉體上之滿足，只求「大量」、「強度」而不求「品質」；暴力和性愛成為一切情緒之唯二出路；現代藝術、文學，尤其是電影，似乎只助長此焰而不能尋求超越。對於以上這些喪失生命和意識的內在創造力的情境，當代人用人造品來

麻醉自己，並不正本清源地尋求解脫痛苦，而只會用更多的代替品來逃脫自己對於痛苦那久揮不去的模糊意識，用機械、暴力、速度、興奮、吵嚷來麻醉自己，甚至使用化學藥物，使其獨立於意識的自制之外而作用於神經之上，至於意識則只能承受其反作用力而已。當代人大量地使用麻醉品和鎮定劑，而且使用者並不止於那些已經生活過、受挫折、被打敗、沒出路的中老年人，甚且是那些充滿光明、充滿可能性的年輕人和孩童，他們似乎提前拒絕進入這機械的虛無主義的世界當中。如此一來，人逃避到一個虛構的生命當中，內在對自己不滿，但又促使自己的內在瓦解，到處充斥的是自暴自棄的符號，並破壞一切已定的價值、文化、建制，和秩序⑥。這不但表示了形式主義的僵化，而且顯示出消極的虛無主義。科技發展使得人生存的意義更為俗化，但俗化的價值又不能滿足人的內在創造力之衝動，因而使得現代人經常生活在焦慮之中。

㈤探索新的能源和創造新的形式

在焦慮和空虛等消極的現象之外，新的處境亦展現出積極的一面，那就是人類不但探索創造力所需的新能源，而且尋找用新的形式來表達創造力。自十八世紀開始，人類生活便有了一個新的原理：能源及其創造。舊秩序亦因此而逐步動搖，人類追求用新的形式來取而代之。新的能源使人類不再只被動地期待大地的產物，而轉向主動地提出新的發明。由煤到石油到電氣到核子的能源，在每一階段的能源發展中，社會結構亦隨之而變

遷。舊有社會結構如農村和都市皆受到重大的打擊，而組織社會的意識形態如資本主義、社會主義、共產主義亦逐漸過時。社會如此，個人亦如此。例如在存在主義或禪學的影響下，個人探索直接呈現的經驗——實存的體證。總之，無論個人或社會皆在探索更為原始狀態的能源並尋求創造更為新穎的形式。

4.2 科技時代藝術的基本特性

以上所述人類在科技社會中的一般處境亦以敏銳的方式表現在藝術家的活動及其作品當中。由於科技的發展把人類導向嶄新的存在處境，促使人用更激烈的方式重新改革已有的價值，並且用日愈大膽的方式創新造型藝術。藝術的危機正代表著時代的危機。時代的癥候正可以從藝術之所棄與所取的方向看出端倪。從最為基礎性的觀點看來，當代藝術可有以下幾點劇烈的變遷特性：(1)藝術的時空結構之巨變；(2)對傳統藝術原理的摒棄；(3)題材的更新；(4)新的創造力泉源的探索；(5)新形式的尋求。其中時空結構的變遷最為重要，因而需要比其他特性更多的篇幅來論述。茲分別申論如下：

(一)藝術時空結構的變遷

首先必須指出，我們的一切知覺和造型，沒有不是時空性質的。由於科技發展所帶動的全體文化的變遷，時空的結構不再停止於文藝復興以來直至十九世紀末的形態，卻產生了嶄新的時空結構，藝術的造型時空自亦

不能例外。以空間為例，誠如法國藝術社會學家弗蘭卡斯太（P. Francastel）所言：「如果造型空間表達了一個社會的一般行為和數學、物理、地理觀念，則一旦社會本身充分改變，以至一切理智上和道德上用以使某一空間表象明顯的那些證據亦充分破敗，則造型空間亦隨之而變[⑦]。」

　　1.首論空間：自文藝復興以來，在數學、物理、地理學等等皆表現出一致的空間觀，近代藝術亦分享此一近代的空間觀，雖然在這四百年當中有些細節上的改變，卻仍然顯示出基本上的一致性。但在十九世紀末、二十世紀初，此種一致性就發生了根本的改變。大體說來，正如前面所述，近代的空間是以歐幾里德幾何學為基礎，並運用透視的法則，來再現視覺於巨觀層次所把握的事物的表象。無論空間被認為是一客觀的感性材料（經驗主義），或一思想的表象（理性主義），或感性的先天形式（康德），它皆是一個穩定而且統一的系統。近代藝術上的空間觀，無論表現在繪畫或建築上，主要決定於兩個因素：(1)光的概念：光源只有一個而且是直線進行的；(2)物體在自然界中的相關位置。再加上引入歐氏幾何作為解析的架構，尤其重視立體的三度空間，文藝復興以後藝術造型的空間觀念可分述為以下三點：

　　第一、自然界或實在界的空間為一幾何空間，是由長、寬、高三個向度合成的立體形狀；

　　第二、在以二向度的畫面來表示三向度的立體空間之時，可以運用線條來表現長、寬、高。線條之進行在

畫面上縱會消逝，但全部消逝之線皆會集中在畫的底部的某一點上而有一究極的統一點；

第三、用彩色和光所表現之形式基本上亦與線條所表現的形式相符合，因而色彩系統與線條系統亦有統一性。

換言之，線條的進行必由寬敞而趨凝聚，因而有一最後的統一點。光線是來自一個光源，在繪畫上必須用光影法來配置色彩。以線條之散聚表遠近，以顏色之明暗表向背。近代的繪畫就在這種由線條和色彩結合而成的網絡中，來安置每一個物體和情節。達文西（Leonardo da Vinci）的光影法可以說旨在結合線條系統和顏色系統，利用一個陰影的領域來維持此兩系統在形式上的統一性。文藝復興的空間在科學觀念上雖然是以歐氏幾何為基礎，但在全體存在感受上，則是把世界作為一個舞臺空間來看待——世界的空間為一舞臺空間。人生如戲，自然歷程亦如戲，人和物體在世界舞臺上演出各種事件和現象。這個舞臺有立體（三向度）的比例、大小，和固定數目與狀態的場景，一如在西方戲劇上所見。正如海德格所指出，近代文化是一種「表象」（Vorstellung）的文化⑧。表象兼具「表演」和「代表」之意。科學和藝術用再現之符號來代表世界中的人物及其彼此關係，同時亦表演自然和社會中各種成員所發生的事件。這種表象的空間結構具有觀點的統一性——線條觀點和顏色觀點在經驗上之統一性——和立體的三度結構。此種空間觀統治了西方文化達四世紀之久，其中雖有許多細節上的變動和新因素的加入，但基

本上仍維持其一致性。

此處所謂新因素的加入，是由於題材的更新，顯出生活的空間有異。過去基督宗教藝術的主題，例如耶穌、聖母、聖家、聖經故事在幾世紀以來已告畫盡，文藝復興時又重現的希臘神話亦然。逐漸地，法國大革命、科學發展與工業革命造成的社會狀態又成為題材。但這些只能說是由於場景的轉換而加入的新因素。其次，所謂細節上的變動則是在大原則上增加一些情節，製造一些變奏。例如在十九世紀的浪漫主義時期，德拉誇（E. Delacroix）在繪畫的題材上引進了新的因素——例如「希歐島上的屠殺（Les massacres de Scio）、「自由女神引導人民」（La Liberté guidant le peuple）等等作品所顯示，其中明暗的處理非常特別，並且把圖像和觀念做新的聯結。但無論如何，這也只是在一個統一的空間架構上所做的變奏而已。此時期的藝術皆重視插曲和變奏的發展，表現在音樂上有李斯特（F. Liszt）、舒曼（R. Schumann）和蕭邦（F. Chopin）等等，表現在繪畫上有英格烈斯（J. D. Ingres）和德拉誇等等，表現在小說上則有夏舵布里揚（F. – R. de Chateaubriand）等等。人物重視圖畫性，圖像重視新聯想，極端發揮想像力，甚至連旋律、風景都予以變奏，但基本上，空間結構仍是一致的[9]。

自從印象派藝術之後，在藝術的題材方面，就表現出生活空間的變化。藝術的題材旨在展現現代人的生活和價值。藝術家不再像近代藝術一樣，以一個冷眼旁觀者的身分，客觀地運用歐氏幾何來分析並固定其感覺材

料。藝術家不再重複現實，卻想法子建立一個符號系統來表達意義。藝術並非現實的複製品或取代物，因為人在面對藝術品和面對實物之前的感受大不相同。無論繪畫、雕刻和建築的內涵如何，比起現實物來，總是少了再現的表象，而多了滿盈的意義。

現代藝術最重要的是空間結構本身的改變，針對文藝復興以來的空間觀的三點原理，我們分述其變化如下：

第一、空間不再是一個三向度的立體結構。自1830年起已有波里愛義（Bolyai）的非歐幾何出現。物理學亦漸不受制於機械力學。藝術家亦不再使用歐氏幾何的理想線條。對於梵谷（Van Gogh）和塞尚（Cézanne）這樣的天才藝術家來說，空間可能是純屬想像的，或純屬情感的，即使二度空間亦可以充分表達意義。空間不再是實物的屬性或包容物，藝術家亦不必再依統一的觀點和線條與色彩的協調來計算效果。例如：塞尚使用如圓、方、圓錘等基本形狀來重新構成空間，而不以空間為物體聚集之所。立體派（Cubism）更在空間之中引入了時間的向度，設法使之成為四向度的構造。

正如吉迪翁（S. Giedion）所指出的：立體主義給予了廿世紀的藝術最為決定性的導向[10]。不過，在造型和建築方面的革新並非一、二先驅可致其功，而是全體革新者之力。立體主義在美術中引入了時間的因素和運動的觀念，這的確是立體派藝術的重要動機，其間亦受影響於立體派的科學家朋友，例如明寇斯基（H.

Minkowski），他曾在1908年明白地說：「自今以後，時間和空間，分則消失有如陰影，合則維持真實存在[11]。」電影的發明亦引起藝術家們的注意，想法子使形象起運動。在電影圈內的研究，例如馬雷（Marey）研究動感的造型性格亦引起公衆注意；又如在哲學方面像詹姆士（W. James）、柏格森注意到內在經驗和存在根本的流逝性，這些都顯示出時間與運動已介入了空間之中。立體派最大的貢獻就在於把運動的概念和移位的概念結合起來，把古典形式的輪廓排除，在畫的平面上平置並架疊起現實的部分片斷，因而以為自己已經創造了新的向度。當然，新的向度並非在舊向度上再加一個向度，而是一種完全新的知覺體系。現代建築所重視的開放的和殊化的空間，亦呈現出嶄新的空間知覺。

　　第二、自立體派開始，現代藝術與文藝復興以來的透視法決裂，嘗試用相對的方式，從不同的觀點來感知對象，並且不再接受由一個觀點來控制其他而形成的統一觀點，卻要把物體加以解組，把每一面向同時把握，而重新予以構成。除了德勒浮（P. Delvaux）、奇利哥（C. de Chirico）、阿伯茲（J. Albers）等人刻意從事「反透視畫」，以展現詭異、神秘之畫面以外，在積極方面，當代藝術加入了時間的因素，也就是透過「同時性」和「運動性」兩個觀念，從不同的角度來呈現畫面。這點當然與科學上的進展密切相關：愛因斯坦在1905年關於運動體的電力學的論文中提出了「同時性」（simultaneity）的觀念，自此以後，當代物理學

不再把空間當作如同在牛頓物理學中那樣絕對靜態的、統一性的系統，而是從運動中的多元觀點來思考空間。為此，空間的統一性遭到摒棄，從此在建築、繪畫，甚至理論冥想中的新的空間知覺，都是一種多元結構化的空間。西方人自從文藝復興以來所主張的統一的空間觀被多元空間所取代，因為吾人再也不能從同一個觀點來給予對象窮盡的描述。對象呈現的面貌隨著知覺所在之點的改變而改變。觀察者本身必須在空間中移動纔能把握空間的諸多面貌。同質而統一的空間變為差異而多元的空間。空間不再是冷眼旁觀之對象，而是要在參與和運動中去知覺的。這點配合了後來存在主義對於存在體驗之重視，和環境運動對於主體與環境的融入之強調。新的空間知覺充滿了許多新的可能性，例如在行動繪畫、動態藝術、環境藝術中的例子。總之，空間再也不是一個穩定而且統一的資料，而是一個不斷重新塑造的經驗。空間不再是一個靜態的展示，而是在流動中的構成。

第三、現代的空間知覺，亦打破了線條的表象系統與色彩的表象系統之間的統一性。正如前面所述，文藝復興時代的藝術家獲致此種統一性的方法，便是借自達文西所提供的光影法，造出一個陰影的地帶，透過顏色之暈混來維持形式之統一性。總之，便是以顏色來為輪廓的形式服務。但自印象派起，此一原則便漸次被推翻。印象派放棄物體形式的優先性，使用色點的輪廓來取代物體的輪廓，亦即使得物體的輪廓只由較占上風的色彩來暗示。例如，梵谷用顏色來表深度、表情感。雷

諾瓦（A. Renoir）則用色彩來表現親近的對象，打破有距離的旁觀，使其所繪之對象皆如肌膚可親，可用眼、用手去觸摸一般。總之，顏色不再由線條來限定，不再是為線條服務的次要性質，它本身就具有向度與價值。顏色本身就具有空間性。雷傑（F. Léger）認為每一色彩就是光，對象的每一部分皆出現光，皆帶有光，而不是由一個統一的光源來主宰色彩，區分光影。因此他用顏色來引入多元空間、深度和距離⑫。至於畢卡索（P. Picasso）的空間世界則是由毗連和曲面的原則構成的，重視連續體與細節的並列，因此畢氏的空間更為接近銳曼（Riemann）和愛因斯坦的空間觀。總之，當代藝術認為顏色、線條本身就有其意義，不必為了表象實物纔有意義，或如康汀斯基（W. Kandinsky）所言，顏色、點、線、面……等本身內在就有其精神性（das geistige）⑬。藝術的記號本身就有意義，不必待所指的實物而後有之，這也是藝術語言在科技世界中尋求其自律性（autonomy）之必然發展。

2.次談時間結構的變遷：在廿世紀最初十年內物理學所發生的大革命，可能是自亞里斯多德以來最為徹底的，而此一革命尤其與時間觀念的變化相關。在此以前，人們認為時間(1)或是客觀之物，獨立於觀察者之外存在、發展，甚至獨立於任何其他現象之外，而且與它們沒有必然的關係；(2)或是主觀之物，不獨立於觀察者之外，乃經驗之結果或其內在的可能性條件。愛因斯坦帶來了新的時間觀，誠如明寇斯基所言：「自今以後，時間與空間，分則消失有如陰影，合則維持真實存

在。」除了這句話所強調的時空結合以外，再就是同時
性的問題，皆推翻了近代的時間觀，此乃科學觀念上之
一大革新。其次，在當代日常生活和藝術創作中，運動
和速度亦扮演越來越重要的地位。每一個人每一天皆會
經歷到迅速移動的經驗。運動之迅速改變了當代人評價
的方式，非但是速度本身，而且是事物彼此的關係，例
如古今、遠近，甚至因果的關係，皆大不同於前。大衆
傳播更使原先舊的知覺方式認為毫無關係的事物，彼此
連接了起來。科技的產品如電視、電影皆涉及了運動的
連續性，因而亦促使藝術家努力去表達人類對於速度和
運動的生理與心理反應。

　　自從立體派和未來派（Futurism）開始，藝術家
皆努力擴充視域，把「時間──空間」引入藝術之中。
上文提及的立體派較重視如此引進以後空間的表現，然
而未來派則較重視如此引進以後時間和速度的表現。未
來派最為重視科技發展和工業社會中生命的動感，它所
處理的題材多為工廠、港灣、飛機、船舶……等，特別
重視其中的運動力和速度，在處理的方法上常把物象分
解為許多線和面，來表達運動的連續與無止的進行，
「將此動作力以線條表出，加以整理、和諧與錯綜，以
之表現心中的激盪、驚亂，或愉快⑭。」未來派的繪
畫、雕刻和建築都是建立在運動、互入和同時性的觀念
上的。正如詩人馬利聶第（Marinetti）所說的：「我
們看到世界已因著一項新的美而豐富起來：速度之
美。」又說：「運動中的物象，在事實上，乃由一些振
動在穿過時間的歷程中所構成，因為這些振動是在不斷

的倍增的和變形當中，因而物象亦在不斷倍增和變形[15]。」著名的未來派雕刻家包丘尼（U. Boccioni）關於藝術所說的話，幾乎是後來核子物理所展示之思想：「我們必須從一物的核心出發，此一核心傾向於創造自己，以便發現嶄新的形式，用不可見的方式把對象同無限的可見之造型與無限的內在之造型連結起來[16]。」總之，未來派強調表現在運動狀態中之物的造型的可見面與內在面。包氏的作品：〈在空間中展開的瓶子〉正是具現此種思想的作品。一般說來，未來派的作品常以運動、速度、時間之特性直接命名。但除了未來派以外，新的時間觀亦表現在其他畫家和藝術家當中，例如杜桑（M. Duchamp）的作品〈下樓之裸體〉（Nu descendant l'escalier）亦是用數學方式來分解運動，以表現一個正在下樓的運動中之裸體人物。時間和運動中之考慮亦進入建築和都市設計之中，例如桑・厄利亞（A. San‐Elia）的〈新城〉（Citta nuova）在都市設計上，交通的設計亦需考慮不同速度的運動系統，例如人行道和車行道之區別就是基於這種考慮。

關於「時間──空間」整合的新觀念在藝術中的試驗，我們可以在畢卡索所繪的〈圭尼卡〉（Guernica）壁畫中，找到一種綜合性的撮要。該畫完成於1937年，題材是西班牙內戰時圭尼卡鎮的慘劇，全畫使用黑、灰、白三種顏色，強力顯示出整個民族的悲劇，生理、心理的痛苦以及毀滅感。全畫用同時性的觀點呈現出戰爭的一些插曲──母親帶著已死的兒子，一個女人從焚燒中的房中跳出，一頭被長矛刺透的馬，一個受重創的

戰士，斷去的手仍握著劍……，整個畫面由一個冷漠的牛頭和一盞手握著的燈主宰著。按照吉迪翁的意見，此畫具現了同時性的原理、內外空間互入的原理以及曲面和多元空間的原理[17]。它可以說是我們以上所談的時空新結構的劃時代的典型展現。

㈡對傳統藝術原理的摒棄

前文曾指出，從哲學上看來，西方傳統文化的兩個基本組織原理在於：(1)相信經驗（尤其感覺經驗）所提供的世界之真實性的實在論原理；(2)相信理性及其法則可以組織一個合理世界的理性論原理。由於科技的發展改變了人類的全盤存在處境，因此這兩個原理在當代文化的各方面，例如科學、藝術、哲學等等裏面皆遭到疑問，被放入括弧，甚至被摒棄。單就藝術這部門而言，此兩種原理之遭到摒棄，更特別顯著地和激烈地表現出來。茲分析如下：

1.現代藝術拒斥實在論原理，其實自印象派開始已見端倪，因為印象派的藝術家們早已意識到不必追隨流俗而執泥於經驗中所呈現的物象。誠如康汀斯基（W. Kandinsky）所指出，現代藝術就是以拒斥實在論原理為起點。康氏在評論莫內所繪的〈乾草堆〉（Les meules）時說：「直到這以前我都只看到自然主義的藝術……驀然，我首次遇到一幅按目錄說是乾草堆，但我卻辨認不出來，……在作品中涉及的對象雖屬不可或缺的因素，對我而言卻失去了重要性，這一切對我而言仍很模糊，我還無法預測此一發現的自然後果[18]。」自

此以後，藝術發展日變，從印象派到立體派到抽象藝術，我們越來越看不到任何在感覺經驗中呈現的實在物體。如果我們抱著觀賞再現於畫板上的實物的態度來看現代藝術，則完全不能從現代畫中獲得任何消息。在現代藝術中，即使可以見到實人實物的蹤跡，那也只是一種藉口，使藝術家能以它為起點，為跳板，而躍至造型藝術的神髓之中，甚至運用純粹形式和概念來取代實物，而把畫面純粹建立在幾何的抽象之上。今日的藝術已然與實物完全切斷關係，而尋求按照自律的規則去發展，至於對實物的再現則留給像攝影和電影等科技產品去把握了。安德烈‧卜勒東（André Breton）最清楚地道出現代藝術的此一基本方向：

「目前在厄綠亞德（Paul Eluard）、貝雷特（Benjamin Péret）的詩和厄恩斯特（Max Ernst）、米羅（Miro）、唐桂義（Tanguy）的畫中，在基本抱負上沒有任何差別。繪畫從原來只求重現自外在世界所把握的形式之關心中解放出來，卻反過來利用一切藝術所不能放棄的唯一的外在因素，也就是在內在所表象的『呈現於精神的具象』。繪畫把這個內在表象拿來與實在的具體形式相對立，而且，正如同畢卡索所為，尋求把握對象的普遍性，並且一旦有此普遍性展現出來，便嘗試進行一個最高的步驟，亦即最為道地的詩的步驟：（相對地）排除外在對象本身，而對於自然只考慮其與意識的內在世界的關係。這兩種藝術的融合在今日合作無間，以致像阿爾普（Arp）或達里（Dali）這些人無論用詩或用造型來表達，皆無甚差

異。」[19]

換句話說，在現代藝術中，原來在實在論觀點下所看到的事物逐漸逃逸，變得模糊，以致消失。代之而起的是事物的內在精神。再現的、表象的世界被放棄，現代藝術試圖剝棄表層而直溯神髓。

古典藝術用各種技法來描繪物理的實物或心理的實情，但是現代藝術卻放棄了實在論觀點，只願意把這類技法的磨練還歸到線條和顏色，並以之為目的，剪除一切不屬於藝術本性之物，使藝術成為純粹的。於是它就像一個斷線的風箏，在切斷了與地面的唯一牽連之後，突然躍昇至空虛的天空中自由翱翔一般。以蒙德里安（Mondrian）的畫為例，誠如秀佛（M. Seuphor）所評：「用線條和顏色畫出大虛空，空無，而在此空無當中有如同空無一般純粹的白色……掃！掃！掃盡一切，製造虛空……因為虛空是積極的，其中包含了絕新的種子[20]。」現代藝術努力摒除一切與舊日傳統實在論原理的關係，排除其中所沉澱的實物，試圖尋找出一個毫無假設的起點。正如在現代哲學中，首先有現象學家胡塞爾（E. Husserl）尋求一個無假設的科學（Presuppositionless Science）[21]；在現代文學中，有結構主義者巴特（Roland Barthes）所謂的「寫作的零度」（Le degré zéro de l'écriture）之探索[22]。同樣的，在現代藝術中也有一個「造型藝術的零度」（Le degré zéro de l'art plastique）之探求，企盼從此零度開始，再造新境。

因此，從表現派、立體派、抽象派……等等現代藝

術層出不窮的流派當中，我們並不願自限於他們所提出的理論或技法，我們的目的是從其中指出一個重大的方向轉變：放棄實物，走向新秩序；從一個藝術的零度出發，探索一種迄今尚未定型的表現方式。這是科技改變了人類生活的時空架構，改變了事物的內在結構以後的結果。西方古典畫家處理實物，主要是由於農業文明是建立在對於土地的耕植上；但是現代人所追求的則是隱藏在事物表面之後的能量的轉換，至於實物的表面及其運動之再現已經有充分勝任的科技產品（例如照相機）來擔任。甚至科學研究本身也由被動的觀察轉向主動的運作，也就是離開感官所傳達的資料而轉向理論——尤其數學理論——的建構。在科學中「經驗」一詞的含意再不是像洛克（J. Locke）、休謨（D. Hume）等古典經驗論那樣，指示一種被動的觀察或對於知覺內容的注意，而是一套有系統地干預現象，控制知覺內容出現的程序。在今天，科學的觀察已不再是被動地紀錄某一系統所發生的一切，而是主動地架起一套理論工具或實驗工具，來收集我們刻意要求的資訊，而把感覺經驗中呈現的內容當作只是理論建構的印證或導航而已。現代藝術亦如是：放棄感覺內容而走向從零度（空無）上的再建構，至於實物只成為一個藉口或引子而已。

2.現代藝術拒斥理性論原理：

表面上看起來，前述實在論原理的摒棄，使得現代藝術放棄感性的指涉，改用線條和顏色的抽象特質來建構出一個新秩序，無論在現代科學中放棄感官被動觀察的導向，而改用數學理論的建構；或者在方法學上放棄

歸納法之不足，而改用假設演繹法；這一切似乎會使我們覺得是希臘以來的理性主義的步步高昇。其實不然，因為廿世紀所極力要擺脫的，正是這個傳統理性論原理的桎梏。無論在哲學上，像柏格森這類哲學家對於科學的理性的反省，或在心理學上，像佛洛依德等指出潛意識的深度，而以意識層面為冰山之表面；加上現代藝術上的種種發展，皆表現出當代人對於傳統理性主義所造成的秩序投以不信任的眼光，並且嘗試打破枷鎖，試圖從更原始的源頭出發來建立新秩序。新秩序可能亦是某種合理性的成果，但絕不是傳統意義的理性的成果。

在現代文學與藝術裏面，這種對於理性主義的排斥表現得最為激烈和具體。自象徵主義開始，創作者便力求超越邏輯心態。在文學裏面，鮑德烈爾（Baudelaire）就運用一些在邏輯上顯得含混的語言，或使用一些超越精確語意以外的意象，來獲致世界中潛藏的更深刻、更隱微的意義。脫離精確、清楚的邏輯規定，而展向模糊的、不確定的層次，盡量順服於潛意識的出現。在繪畫上，莫羅（Gustave Moreau）和雷東（Odilon Redon）等人的象徵主義皆繪出一個如夢似幻之境，呼喚著潛意識的出現，可以說預示了後來超現實派宣言之旨。第一次世界大戰以後的達達派和超現實派更先後從消極和積極兩面來摒棄傳統理性論的原理。由查拉（Tristan Tzara）和阿爾普等人所倡導的達達主義（Dadaism）可以說代表了一種否定的功能（fonction de négativité），極力否定、破壞前述實在論原理和理性論原理的美學觀和價值觀，因而表現出純粹的

破壞主義和虛無主義。其後，超現實派（Surréa-
lisme）則不止於求所以破，更求所以立，因而探索佛
洛依德所昭示的潛意識的領域或夢境。由於掙脫了理性
的控制，因而進入潛意識中最為隱微難求的層次。

　　按心理分析理論來說，潛意識中的慾望是吾人所有
一切有意義的活動最為原始、最為深刻的動力。由慾望
而來的意義追求若不獲滿足就會絲毫不經意識的控制而
直接表現於夢境、肉體病症、失語症、書寫錯誤等現象
上。超現實派藝術的主旨就在於把握住表現在睡夢中、
在自動書寫、在白日夢……等所自動浮現的意念。重點
在於不要接受理性控制，而要任意義自動地展現出來。
卜勒東在《超現實派宣言》（*Manifeste du surréalisme*）
把「超現實主義」定義為：「心理的純粹自動運作
（automatisme），藉此我們或用言語，或用書寫，或
用任何其他方式來表現思想的真實功能。在沒有任何理
性控制之時，在任何美學或道德的關心之外的思想紀
錄㉓。」換言之，超現實藝術家相信在這種自動運作
中，思想摒脫了理性的控制性和自私性，得以自動純然
的展現。

　　「自動運作」（automatisme）在當代藝術中成為
十分重要的概念。所謂「自動運作」的意義在於把創作
過程中的偶然因素變成藝術的創造性的本質所在，破壞
任何有意義的或約定俗成的控制，並探索日常生活中先
於科學反省之層次中的無意行為，甚至以之為創作內
容，來突破理性的組織和控制形式。現代藝術從達達派
到超現實派到拼湊藝術（Bricolage）到新達達派

（Neo-dadaisme）到行動藝術，皆以不同程度，不同重點來強調「否定性」、「偶然性」、「自動運作」、「日常性」等概念。

總之，當代藝術雖然派別林立，理論紛紜，技法繁異，目前尚難在積極方面給予一個系統的整理，賦予理論的統一性，更難預測其未來的發展，但至少有一點可以確定的，就是他們皆在消極方面一致地擺脫舊日的實在論原理和理性論原理，並探索一個更為原始的、零度的起點。

㈢材料和主題的更新

科技的發展，發現並製造了許多新的材料，可資藝術創作使用。此外，科技的發展改變了人類全體存在的處境，因而亦提供給藝術創作許多新的題材。

首言材料（material）：當代藝術在材料上受科技的影響最為明顯可見。這點尤其在建築上最為大家所熟知：由於鋼筋水泥、金屬骨架等的使用，使建築超越了巨石、木頭、磚塊等材料的限制，而更可發揮自由的藝術想像力，大膽創作，不但在外形的設計上，可以涵蓋巨大空間，造型特異，在彈性上和力學上盡隨設計家的差遣；而且在內部的裝潢佈置上，亦由於各種合成材料的使用而在表面處理上極盡美感能事。加上燈光照明與空氣調節之使用，使人類能夠擁有一完全獨立於外在環境，並盡量適合使用者的心理、生理需要的人造環境。人的外在環境雖然不得不屈服於自然的變化之下，但是人造環境則可由人自動調節。新材料的產生亦改變了建

築的進行方式，例如成品建材和巨型起重機械的使用，改變了建造的速度和勞力的結構。建築堪稱為科技與美學結合的典型代表。

至於造型藝術，亦由傳統的畫筆、剪刀……等而代之以噴槍和電弧的使用。繪畫和雕刻亦不只在帆布、石頭、銅料……等傳統材料上製造出形式和顏色的效果，而且開始使用科技的產品。例如：波普藝術（Pop Art）使用通俗的科技產品或廢料，譬如可口可樂空罐；歐普藝術（Op Art）則利用光學上的原理與效果；雷射藝術更是吾人用科技的尖端材料來做藝術創作之一例。至於像電視、電影這類影像藝術更占據大部分人的生活，甚至影響他們的情感和對於生命意義的詮釋。

在音樂藝術裏面亦有新的音料供創作使用。起初音樂家們只用錄製、剪接自然音和人造音來擴展原來受古典樂音限制的領域。其後，由於電子科技允許吾人製造出新的合成音，因而開創出無止境的可能性。電子音樂使吾人打破古典調性和音色的限制，而能按照一定指數來自由變化或確定吾人所要的樂音。對於新的音色的掌握需要我們把音響學和電子學結合起來。如果加上電腦的程式，吾人甚至可以創造材料，而不止於使用材料。晚近所謂電腦音樂顯示出，電腦程式加入了藝術領域，改變了藝術創造的本質：藝術不再只是直接在材料與形式的綜合上所做的努力，只品評其中感覺與情感的特質，而且更是一種程式原理之設計。在此，藝術似乎亦是一種全面決定的必然原理的創作，但在程式預先的全

面決定之中，似乎又允許偶然和自動效果的產生，可供藝術家發揮其創造性的想像。這可以說是現代藝術在發展自己的本質時，憑藉著它與科技的結合而走出的新方向。

科技的發展對於藝術創作不但積極地提供了許多新的材料，同時也提供了許多新的創作題材，亦即藝術創作所要表達的主題。首先，造型藝術或文學為了表達合乎現代社會特性之題材，自亦不能忽略科學與技術。例如在文學裏面，科幻小說便是一個典型的例子。科幻小說把科學知識變成文藝想像構作之題材，這點即使在科學上亦有其功勞，因為它不但能使廣大讀者熟悉科學概念，因而有其通俗化科學之功勞，而且亦可在想像中探索某種科學假設若在目前的實質條件下不太可能實現或僅屬臆測者，則在何種條件下纔可能實現；此外，科幻小說亦經常反省所設想的未來科技情境對於人類生存條件的影響與人類可能有的反應，甚至反省人類在其中的實存感受[24]。

科技的發展改變了人類的全盤存在處境，在消極方面所造成的人類心靈的空虛與焦慮，悲慘與害怕，甚至人類在這種處境中的摸索，都成為現代藝術的主題。因為藝術家心靈的敏感，使他們比任何人更尖銳地感受到這些存在性的處境。為此，當代繪畫的主題常顯示出一種破壞性的否定。在現代繪畫中常見的具像為夜、月、死亡、魅魎、夢魘、阻礙……等等，常見的主題則是空無、孤獨、焦慮、被棄、悲慘、害怕……等等。例如在厄恩斯特的畫中，人似乎沒有任何光明和意義。世界由

動物、植物和岩石所統治著。人再也不知道什麼,只焦慮地感覺到,一切都遭到威脅。在兒童的漫畫和科幻電影中充滿了超現代的科技產品和原始的爬蟲。在哈同(Hartung)和馬丟(Mathieu)的畫面中,白色空間被封閉了起來,被一些沉重、黑暗、冷酷無情的形式所隔開,或被撕碎、侵犯、流血,但卻沒有任何深度,也沒有開放和出路。莫尼也(Jacques Monnier)在評論吉亞哥美提(Giacometti)的雕刻時說:「在冥想這一作品之時,人會感到暈眩;由空虛所生之暈眩,空虛是吉亞哥美提的原料。他把雕刻推到極限,推至絕境以至自我否定、自我毀滅。人還剩下什麼?一個到了虛無界限的人物,這個虛無之雕刻與荒謬接壤,它是否就是絕望之雕呢?」莫氏在評論穆勒(Robert Müller)的畫時又說:「他所畫的每個動物皆服從我們所不知的律法,並且向吾人的想像力挑戰;它似乎逃離吾人的能力之外,它對我們有敵意,使我們張皇,我們好像變成了原始人站在一個陌生、無法解釋、充滿精靈的世界之前,必須向它討好。」[25]

　　由於科技發展造成人類全盤存在處境的改變,使人存在於其間的負面感受愈發突顯出來,並且被藝術家們所捕捉,成為創作上的主要題材。現代人在摒棄了實在主義和理性主義,返回潛意識的源頭之時,主要的感受就是虛無和不安,但在其中亦醞釀著更原始而尚未成形的動力。現代藝術在這虛無的起點要再覓新生的力量,要在沙漠之中見蓓蕾之放,要在光禿的物質中見生命之初。

㈣新創造力泉源的探索與新形式的創發

現代藝術並非只有破而不立。我們若仔細檢查，便會發現，現代藝術顯示出一種大破而後大立的基本動機。在傳統的殘垣敗壁之下，現代藝術舉起的正面之旗有二：其一是新的創造力泉源之探索；其二是新形式的創發。

正如前節所言，現代藝術在達到空無與不安的境地之後，所要感受和汲取的，是一種更為原始而尚未成形的創造力的泉源。單就藝術本身而論，藝術家在體會到空白、虛無、窒息之時，自然亦會渴求一種空前未有的力量，來衝破舊殼，展現新生。不過，這並非藝術家的特權，因為對於創造力的探索也是全體現代心靈的普遍渴望。這普遍的渴求和科技的發展亦十分有關。因為，首先，科技的發展不但指出了物體表面之下能量的變換和組合的歷程，而且科技本身的發展亦需要更多的能量來予以推動。其次，由於在以科技為主導而發展的社會和文化中，諸般事物繁雜而多變，在在都需要更多的創造力來應付，纔不會淪沒於不可知的變化歷程當中。無論科技發展、政治經濟、藝術創作、道德行為、甚至日常生活皆需要我們有更新鮮、更活潑的創作力去參與。藝術家當然亦感受到這種迫切的需要，並表諸藝術創作之中。

西方藝術家在這種新的創造力泉源之探索有意或無意地推動之下，開始進行以下兩種方式的運動：(1)走向其他文明，亦即所謂遙遠主義（Exotisme），不再只

肯定唯有一個古代的希臘、拉丁文明，而且肯定有埃及、米索布達米亞、遠東等不同於歐洲傳統的既遠且古的文明，在這種遙遠主義的風潮影響之下，西方藝術開始受到像日本藝術、非洲藝術這類「其他泉源」的影響。日本藝術影響到西方的裝飾藝術、繪畫和雕刻，像米勒（Millet）、盧梭（Théodore Rousseau）、馬奈（Manet）、戴嘉（Degas）、莫內（Monet）、梵谷（Van Gogh）、勞特烈克（Toulouse－Lautrec）、卡撒特（Mary Cassatt）等人皆曾受日本風格影響。德布西（Debussy）的音樂至少亦曾受印尼的木琴音樂的間接影響。(2)走向原始文明，亦即所謂原始主義（Primitivisme）：認為越是少受文明洗禮的藝術越為真實——這點其實是十八世紀法國哲學家盧梭（J. J. Rousseau）的思想——因而開始重視兒童藝術，因為兒童是我們每一個人都經過的原始時期，兒童藝術正是表現出這種新鮮的創造力的作品；其次，也開始重視原始民族藝術，因為原始民族代表了人類集體的幼年期，有一種未經科技文明洗禮的原始衝力尚存其中。自1906年開始，黑人藝術便廣受西方藝術家和收藏家的重視，尤其受到像馬諦斯（Mattisse）、弗拉棉克（Vlaminck）、畢卡索（Picasso）等人的重視，並對他們有相當的影響。

由於以上遙遠主義和原始主義兩者的結合，更造成像高更（Gauguin）等人遠離希臘以來的「理想美」傳統，而走向如爪哇、高棉、大溪地等較原始地區，尋求新的靈感，探索新的創作動力。

現代藝術這種返回源頭的**關懷**，想要返回藝術的純粹狀態，企盼一種未受理智和文明洗禮的創造力，促使它走向四種方向：原始藝術、兒童藝術、癡狂藝術、粗野和非形式藝術（l'art brut et informel）。對於這些派別的探討並非本文的主旨，但我們可以指出，它們都是同樣出於現代藝術這種尋求新的創造力泉源的衝動。即使藝術家服用化學藥劑，例如LSD等，亦只是一種藉外力的方便來達到這種原始創造力的下策罷了。至於像法國藝術家盧梭（Henri Rousseau）筆下那些原始的森林、濃黑的枝葉、具有粗壯胳臂的兒童……，開發出一個原始、清新的處女地，返回了原始的生命衝力，這些不正是現代藝術心靈所企求的嗎？

其次，現代藝術亦在科技發展的暗示之下，逐漸創發出新的藝術形式，這實在是科技發展對現代藝術最為積極的貢獻。不但是科技所產生的新材料會引發新的藝術形式，而且科學觀念和分析方法，亦能啟發新的藝術形式。例如，數學常是許多現代藝術的啟發動機（motif inspirateur），這在音樂裏面表現的尤其明顯。古典音樂的創作規律是按照調性音樂的原則來制定的，這些原則就表達在和聲、對位的規則中。自現代以降，由於科技發展的影響，不但創發出更豐富的音料，而且促發了新的創作規律，使音樂獲取了基本上與古典音樂不同的新形式。比如德布西的全音音階，荀白克（Schoenberg）的十二音作曲法和許多前衛音樂，皆打破了調性音樂中的和聲規則之限制，取消了協和與不協和在觀念上的對峙，並且加入了許多數學式的思考方

式。現代音樂的先知瓦雷茲（E. Varèse）曾說：

「當前電器、聲波等等方面的改良，為我展開了一切嶄新的途徑。然而，這些工具顯然不該叫我們思考如何複製現存的聲音，相反地，卻要我們以全新的觀念導致全新的成果。……目前所使用的平均律系統，對我而言已屬陳腔爛調，就以音樂表達我們的情感與思想而言，它已不敷使用，亦無以滿足我們形成新的表達形式之需要。平均律系統用武斷的規律來限制我們，然而新的途徑卻使我們對音響和邏輯的法則能有無限的遐思 [26]」。

建築乃科技與藝術的結合，其中新形式的創發最為明顯。現代的建築首先是由於功能主義的實事求是而獲得革新，於是產生新的形式，在設計上處處皆考慮到實際的功能，並設想新形式來盡這些功能。其次，由於科技發明的設備介入了建築設計，亦導致新形式的誕生。例如，一座多重功能的綜合大樓之設計，勢必動用詳密的科學分析，甚至訴諸電腦參與作圖。摩天大樓、流線型建築等皆為地面上平填了許多空前未有的新形式。無論部分念舊的人對它們再如何詆毀，這些聳立的巨型構造正顯示出藝術與科技結合所產生的嶄新形式。

除此以外，流線型的汽車、飛機，各式新型器物的設計，不但是技術條件的結果，而且也代表了這個時代在形式的創造方面的新境界。動態的形式到處出現。現代人的眼光和心靈處處皆有新的要求，不但是為了滿足速度方面的需要，而且其中亦顯示出現代人對於新形式的慾望。像貝斯奈（Pevsner）所雕的「開放的圓柱」

（Colonne dévelopable），或嘉寶（Gabo）所繪的
「線型構造」（Construction linéaire）這一類的造
型藝術，既展現出流線型的結構，又富於數學性的趣
味。又如李寶德（Lippold）的抽象雕刻，它所表現的
是環繞在一個重新尋回的重心之周圍，有震動的、不可
抗拒的光線放射，這不正是預示了科技時代未來的藝術
型式的模樣嗎？總之，新時代的新形式雖然尚未完全定
型，但我們似乎已經可以嗅到它所走向的新方向。

4.3　科技時代有待發揚的中國藝術精神

　　科技發展改變了人類文化的全盤脈絡，對於文化中
的表現系統——藝術——亦對其中的時空結構、其對傳
統藝術原理的態度，其中的材料與主題，創作力泉源和
創作形式等等，皆有根本上的影響。吾人在上文中對這
些基本的影響已盡力做了完整的分析。這些根本影響亦
顯示出現代人在尋求新的文化型態時的基本方向。我國
自鴉片戰爭以來，日愈受到西方科技的影響，至今仍處
在文化的轉型期，藝術自亦表現出轉型期的特性。在文
化的轉型期中，如何銜接傳統與現代，就變成今日國人
十分重要的工作。一方面我們要表現文化的創新性，但
另一方面亦須把傳統文化的精髓重新發揚於現代社會之
中，表現文化的連續性，以便維持文化自我，而在現代
科技的紛紜世界中保存我國作為一個文化主體的身分。
　　不過，這並不表示傳統的文化精神可以在現代世界
裏面重演和重複，因為每一時代皆有其文化精神，過去

的精神並不一定能重現於今日。這種文化精神的獨特性在藝術上尤然。誠如康汀斯基（W. Kandinsky）所言：「每一藝術作品皆是其時代的兒女，而在許多時候，它又是吾人情感的母親。因此，每一個時代的文化皆會產生它自己的藝術作品，絕不能予以重複。任何重生過去藝術原理的努力至多只能產生死胎的藝術[27]。」不但西方文化在科技本身的衝擊之下，其原有的藝術原理遭到摒棄，在中國亦發生類似的青黃不接，甚或拒斥傳統的現象。因此，復興傳統文化並非要以重複的方式來表現傳統中國藝術的原理。不過，如果我們細審實情，便可發現，在中國傳統藝術中有一些基本精神，不但不會因為科技的發展而作廢，而且，如果不以重複的態度對之，卻以創造的方式予以轉換，則更可表現中華文化的連續性。吾人若依據上節的解析，來對照中國傳統藝術精神，至少可以提煉出兩點歷久彌新的真理：(1)中國傳統藝術的時空結構顯示出：任何客觀世界——即使是科技世界——亦需經過人類的存在與精神的再詮釋，才能成為宜人的生活世界（Lebenswelt）；(2)中國傳統藝術所表現的開放而整全的人文主義（Open and integral humanism）是歷久彌新的藝術創造力之泉源。茲分述如下：

(一)中國傳統藝術的時空結構與宜人的生活世界

中國傳統藝術中的時空結構，表現了中國人的藝術心靈的恆常的一面，並不會因為科技之發展而變成陳腐過時，卻是任何時代的中國藝術家皆應屬心留意的。唯

有如此，纔能保全中國藝術之連續性，維繫中華文化之自我。

1.首先，綜合言之，中國藝術中的時空結構皆是表現人的生活體驗的時空，而非表達實物的客觀結構的時空。換句現象學家胡塞爾（E. Husserl）的術語來說，中國藝術上的時空是表現「生活世界」（Lebenswelt）的時空，而非科學上的數學時空或物理時空[28]。如果是屬於後者，當然就會因為事物內在結構與吾人知覺方式之變遷而過時。但如果是屬於前者，則吾人終究不能不居住於生活世界之內，生活世界雖亦會因為科技的介入而改變，但其為人的生活世界則恆如一。這表示任何客觀的世界，即便是科技世界，亦皆需經過人的主體的詮釋，纔能成為人的生活存在的一部分。中國藝術所表達的皆是這種經過的人的生活與體驗詮釋過的時空。例如：「江山扶繡戶，日月近雕梁」、「大壑隨階轉，羣山入户登」、「江山重複爭供眼，風雨縱橫亂入樓」這些詩句都是表現出中國人生活世界所詮釋過的時空。無論如何，人總得重新詮釋其生活中的一切因素，而且把科技也納入生活世界之中，賦予意義。因此，生活世界的時空仍有其歷久彌新之義，不會因為科技之發展而淘汰。

中國藝術的時空並不只是生活世界的時空，而且亦是經過人的精神境界轉化過的時空。中國藝術的時空既非現實事物的結構，亦非現實生活的結構，而是用精神的高度成就來提升現實、轉化現實的結果。換言之，中國藝術是經歷了精神轉化（spiritual transformation）之時空，誠如孟郊所謂：「天地入胸臆，呼嗟生風雷。文章得其微，物象由我裁。」又如莊子在〈逍遙遊〉中所言，精神應該有如大鵬，超脫而起，怒而飛，博扶搖直上九萬里，抵達寥天一之處，乃見「天之蒼蒼，其正色邪，其遠而無所至極邪，其視下也，亦若是則已矣[29]。」正表現出在此精神至境所見之世界圖像。誠如今人徐復觀之言：「若不從現實、現象中超越上去，而與現實、現象停在一個層次，便不能成立藝術[30]。」莊子正道出了中國藝術家的心意，一定要把精神提升到對現實無所待之境，而能與天地之精神獨相往來，「上與造物者遊」，始能真切體驗天地之大美。范寬所言「師古人不如師造化，師造化不如師心源」亦表示藝術家不能依於外力，而須直參自然本身，但若要直參自然本身，還需自己的心靈能達到精神的根源之境。

　　值得吾人注意的是，在中國人的思想中，時間和空間是並連而非分離的，因而它頗類似現代物理中相對論的時空，而不似古典物理中時間、空間分離為二之觀念。中國藝術家皆體認到自己是立身於大「宇」長「宙」之中，生活在由時空所交織而成的巨大而又親切的境域（horizon）之中。當代美學家宗白華似乎頗能把握此點，他說：「對於他空間與時間是不能分割的。春夏秋冬配合著東南西北。……時間的節奏（一歲十二月二十四節）率領著時空方位（東南西北等）以構成我們的宇宙。所以我們的空間感覺隨著我們的時間感覺而節奏化了[31]！」宗氏此言不但指出中國藝術中時空的相

結合，而且指出時間優先並率領空間。吾人以為，在中國藝術中，時空並不必然因為時間之統率而結合，但一定是在生活世界中結合，因而構成生活世界之時空，則是可以斷言的。

2.其次，以下分別討論空間與時間在中國藝術中的特殊性格：

(1)就空間來說，空間在中國傳統藝術中並不一定就沒有透視法或幾何結構，不過中國人更重視由藝術家的觀察秩序與心靈境界來轉化這類結構。清朝畫家鄒一桂曾說：「西洋善勾股法，故其繪畫於陰陽遠近不差錙黍，所畫人物屋樹皆有日影，其所用顏色與中華絕異。布影由闊而狹，以三角量之。畫宮室於牆壁，令人幾欲走進。學者能參用一二，亦具醒法。但筆法全無，雖工亦匠，故不入畫品[32]。」鄒氏此言並不就代表中國藝術中不尊重幾何結構或完全忽視三向度之空間——例如山水畫中之亭館及樓閣，界畫中之建築，吾人皆能從中分析出來類似的空間構造——而只表示中國藝術家別有心眼，重視由生活世界和精神境界來轉化具體空間。至於所謂「筆法」，一方面固然顯示出生活世界與精神境界的轉化作用；另一方面亦表示具現此種境界的運筆技巧，所謂「筆隨心轉」是也。由於中國藝術家別具心眼，使得具有科技史研究價值的界畫反而不受重視，卻以表意境之潑墨山水為上品，此中誠有缺點，然而中國藝術既不以機械照相為目的，故任何科技產品自亦無法取而代之，而恆有其價值在。

中國藝術中的空間不但是一種生活的空間，而且是

根據藝術家心靈主體發現物境之秩序而構成空間。吾人以宋朝畫家郭熙所言之三遠四可之說來立論，則三遠之說正指出此種發現之次第，而四可之說正指出其為一種生活空間。首言三遠之說：「山有三遠，自山下而仰山巔，謂之高遠。自山前而窺山後，謂之深遠。自近山而望遠山，謂之平遠。高遠之色清明，深遠之色重晦，平遠之色有明有晦。高遠之勢突兀，深遠之意重疊，平遠之意沖融而縹縹緲緲……此三遠也[33]。」宗白華先生在評論此段文字時認為吾人「抬頭先看見高遠的山峯，然後層層向下，窺見深遠的山谷，轉向近景林下小邊，最後橫向平遠的沙灘小島[34]。」宗氏的評論正是從觀察的次第來詮釋郭熙之言。不過，吾人更可進一步解析，指出此三遠正顯示出在畫面上的空間乃畫家發現景物之次第，在觀察的運動順序之下，把幾個不同時間中發現的周遭之山水重重面相並現出來，因此它並不限於一個統一的觀點，甚且可能是數個觀點之匯集，其中不但顯示出觀察的運動，而且顯示出畫面在表現上的「同時性」，這正是十分現代的空間觀念。其次，論及所謂的四可：「世之篤論，謂山水有可行者，有可望者，有可游者，有可居者，畫凡至此，皆入妙品；但可行可望不如可居可游之為得，何者？觀今山川，地占數百里，可游可居之處，十無三四，而必取可居可游之品。君子之所以渴慕林泉者，正謂此佳處故也。故畫者當以此意造，而鑒者又當以此意窮之。此之謂不失其本意[35]。」按吾人之詮釋，此處「行」、「望」、「游」、「居」，皆為宜人的生活方式，而其中「游」與「居」

為最充實親切之生活，這表示中國藝術之空間，是以人可在其中生活的觀點，來重新詮釋自然的景色，其為生活之空間殆無疑義。就今日而言，即使科技所建造之世界亦需吾人再用「可否生活其中」的角度來重新予以詮釋，纔能產生適宜於人居的科技文化。

最後，空間由於經過了精神予以轉化，因而顯得靈虛遍潤，生動活潑。正如「春路雨添花，花動一山春色，行到小溪深處，有黃鸝千百；不忍殘紅猶在背，翻疑夢裏相逢，遙憐南埭上孤篷，夕陽流水，紅滿淚痕中。」此詞所描繪之意境，前半言空間之生動，後半言主體之情懷，兩相浹化，而見空間乃中國人營情寄意之所，其中主客相互酬答，互有往還。由於藝術之想像，有限之空間遂含無窮之勢用；由於精神之轉化，盈實之空間遂成沖虛綿緲之意境。

(2)就時間來説，中國藝術是十分強調時間感的，這一方面是由於中國人一向認為時間的轉變正代表了風氣之轉移，在不同之世代自有不同的藝術創作。劉勰《文心雕龍‧時序第四十五》所言可為代表：「時運交移，質文代變，古今情理，如可言乎！……故知歌謠文理，與世推移，風動於上，而波震於下者[36]。」這裏所言時運交移或時代推移，都是人文的生活世界之轉變，因此，其中所涉及的時間當然亦指生活世界之時間，而非日月星辰鐘錶之時間。其次，另一方面，則是因為物象在不同的時間中就有不同的展現，因而人對事物的感受亦有不同的模樣。劉勰《文心雕龍‧物色第四十六》言此最為精當：「春秋代序，陰陽慘舒，物色之動，心亦搖

焉。蓋陽氣萌而玄駒步，陰律凝而丹鳥羞，微蟲猶或入感，四時之動物深矣。若夫珪璋挺其惠心，英華秀其清氣，物色相召，人誰獲安！是以獻歲發春，悅豫之情暢；滔滔孟夏，鬱陶之心凝；天高氣清，陰沉之志遠；霰雪無垠，矜肅之慮深；歲有其物，物有其容，情以物遷，辭以情發[37]。」劉氏此論，明示由於時間之不同，人與事物的藝術關係亦有異，時間可以說是人與事物建立往還關係的場域和關鍵。由於時間的韻律，人和事物有一種極為內在、極為親切的對談和交往。因此，劉勰在〈物色第四十六〉的贊中特別點出了人與物在時間中發生的這種內在辯證：「山沓水匝，樹雜雲合。目既往還，心亦吐納。春日遲遲，秋風颯颯。情往似贈，興來如答[38]。」中國藝術心靈所見的人與物的親切關係，正是在時間之中的「情往似贈，興來如答。」妙哉此論！

中國藝術中的時間並非直線的相續（linear succession），而是循環不已的過程；時間並非一空洞的容器，而是創進不止的歷程。按《易經》而言，時間是兩個雖不相同但又相繫的原理──陰與陽──交互循環，創進不已之歷程，所謂「一陰一陽之謂道」是也。孔穎達曰：「易者變化之總名，改換之殊稱，自天地開闢，陰陽運行，寒暑迭來，日月更出，孚萌庶類，亭毒羣品，新新不停，生生相續，莫非資變化之力，換代之功。」其中「寒暑迭來，日月更出」一語正指出時間循環之進行，而「新新不停，生生相續」一語正指出時間創進之歷程。我國當代哲學家方東美在〈生命情調與美感〉一文中對此有極為精闢之疏解：「余則曰：趣時以

言易，易之妙可極於『窮則變，變則通，通則久』之一義。時間之真性寓諸變，時間之條理會於通，時間之效能存乎久也。轉運無窮，往來相接謂之通，通之為言交也，交也者，綿延賡續也。喪而復得，存存不消，謂之久，久之為言積也，積也者，更迭恆益也。……生命之創進，其營育成化，前後交奏，其進退得喪，更迭相酬，其動靜闢翕，展轉比合，其萎瘁盛衰，錯綜互變，皆有週期，協然中律，正若循環，窮則返本[39]。」方東美先生在此明白道出了時間的四個特性：流逝性、創新性、連續性和累積性，而四者總攝之於生命的創進無已，真可謂道出了中國心靈對時間的根本看法。若吾人能心懷此種時間觀，自然而然會導向一種開放的人文主義，指向一個符合科技時代所需要的嶄新的創造力的泉源。

㈡中國藝術中的人文精神與新創造力的泉源

　　當代藝術正在追求一個更為原始的創造力，但此一創造力卻又緲不可得，因而使得當代藝術顯得徬徨與錯亂。在中國藝術傳統中，一直有一個開放而且整全的人文精神，實在可以為當代藝術提供一個清新的創作力之泉源。中國藝術中之人文精神並非如希臘普羅太哥拉斯（Protagoras）所謂「人是衡量萬物的標準」，亦非希臘藝術所謂：「以人體來設想所有性質」，或「以人形來表現眾神」。中國藝術中的人文精神一方面向著自然的原始生命力開放，要在其中汲取宇宙生生不息的動力；另一方面又要發揮精神的理想與勢用，來創造一個

充滿生趣的作品，來參與天地的創生歷程，與之共同創造。方東美先生說得很中肯：「在中國藝術中，人文主義的精神，乃是真力瀰漫的自然主義結合神采飛揚的理想主義，繼而宣暢雄奇的創造生機。」「以人類精神的活躍創造為特色，所以他們能夠將有限的體質點化成無窮的勢用，透過空靈的神思而令人頓感真力瀰滿，萬象在旁，充滿了生意活香⑩。」

　　由此可見，中國藝術中的人文精神不是封閉的，而是向著宇宙生生不息的歷程，向著人的精神潛能而開放的。原始儒家認為，宇宙之美在於其中生生不息、創造變化的歷程，和在歷程中遍佈的盎然生意，以及由各種個別的生命表現合為全體的和諧景象。由於宇宙的變化，纔能感到新奇性；由於不斷的創造，纔有充實和歡悅之情；由於整體的和諧，纔能有躍動中的休憩與甜美⑪。所以，在宇宙或自然中的新奇、充實與和諧是儒家藝術創造力之客觀依據。就道家而言，老子不但肯定「天下萬物生於有，有生於無」，而且肯定，在宇宙中「一生二、二生三、三生萬物」的生生不已的過程，是來自一個玄之又玄、奧妙無窮的根源。此一創造力之根源虛而能應，妙用無窮，所以老子以「谷」、「神」、「不死」稱之。「谷、神、不死，是謂玄牝，玄牝之門，是謂天地根……綿綿若存，用之不勤。」「虛而不屈、動而愈出」⑫。可見，老子認為，在層層相對之有的源頭，是一個空靈的精神境界，它針對相對之有而言是無，但是此無並非形器之無，因它又具有無窮的創造力，能生發一切作品。中國藝術創作之源就在於能以宇

宙生發之源為根據，發為不盡的創造行動，必須要能如李白所言，「攬彼造化力，恃為我神通」，如此一來創作之神思纔能不盡不竭，如火之始燃，泉之始湧，而無江郎才盡之虞。

中國藝術中的人文精神不但是開放的，而且是整全的，因為它召喚人類精神之全體投注。儒家有鑑於宇宙的創造與和諧，便要激勵人心，起來與天地共同創造。所謂「共同創造」的動力，就在於體會宇宙生生之德，進而發揮人內在的廣大同情心，把這廣大的同情心去感通於天地人物，則天地人物莫不彰顯美感。這點正符合了王船山所謂「君子之心有與天地同情者，有與禽魚草木同情者，有與女子小人同情者，有與道同情者[43]。」由此可見，就儒家而言，藝術創作首先必須要在創作過程當中，感受生命的喜悅與充實，如此纔能有所謂「充實之謂美」；其次，人應該在同情與感通之中，體察天地人物各自之內在生命。總之，藝術家在創造與感通之中，不斷感受內在、外在的變化與和諧，纔能擴張藝術的豐富性和深度。

至於道家的藝術觀，則要人在內心裏面超脫一切相對之執泥，而讓開一片心靈的空白，達到王弼所謂「不塞其源、不禁其性」的境界，此時空靈的大道，連同其無盡的創造性和多樣性，自然而然地會在心靈的空白處呈顯，而供應藝術創作者無盡的創造力。正如同莊子的〈逍遙遊〉所表示的，人的精神應該從一切有限的有之中超脫解放，如同大鵬一怒而飛至九萬里的高空，在寥天一之處看到上天與下地同樣展現美好。莊子進而在

〈齊物論〉中指出一往平等的精神，肯定萬物莫不有其個性，而藝術家的職責就在發現之，曲成之。「莊周夢蝴蝶，蝴蝶夢莊周」的物化境界，正現出一片人與自然融洽為一，渾然無別，光輝燦爛的藝術想像的黃金時代。

　　總之，在中國藝術這種開放而又整全的人文精神支持之下，中國藝術家在現代社會中纔能有一日新又新的創造力之泉源，在生命力的充實與活躍之中，不但不會感到科技時代的虛無與焦慮，而且更能駕馭科技工具來創造新的藝術形式。現代藝術家亦應發揚中國藝術的時空結構所透露出來的消息，用藝術精神來重新詮釋科技世界，使其成為宜人的生活世界。

4.4　結論

　　以上吾人透過哲學的觀點來討論科技對於藝術──文化中的表現系統──的根本影響，分別討論了科技時代人類心靈的一般處境，科技發展所造成的藝術變遷的基本特性，以及在這種新處境和變遷之下，中國傳統藝術精神的現代意義。哲學的思索極有助於藝術活動的自我瞭解。目前有些藝術工作者偏頗地排斥哲學，實在是由於視野太過淺近所致。其實，哲學的訓練和反省大有助於藝術工作者瞭解自己的創作所處在的時代環境，創作的技巧和觀念所秉承的基本原理，藉以達致藝術的自覺，獲得批評的依據，並瞭解何謂真正的承襲與創新。從哲學的層次看來，我們纔能真正明白藝術創作的時代

訊息。

　　吾人綜合科技時代藝術的特性與中國傳統藝術精神，特別突顯出兩個重要觀念：一個是「參與」的觀念，一個是「行動」的觀念。這兩個觀念正顯示出當代藝術與傳統中國藝術相互符合，亟待吾人予以發揮的精神。

　　首先談「參與」的觀念。所謂「參與」對於藝術家而言，就是把心靈投注於作品當中，去建構出一個有意義的世界來。這也就是我們在上文所指出的，中國哲學家一向重視，要用人類的精神成就來轉化現實，來建構出一個有意義的生活世界，此即《易經》所謂：「觀乎人文以化成天下」之旨。因此，藝術家不能太汲汲於參與社會，唯有首先把心靈投注於作品，在作品中建構出有意義之世界，此時藝術家纔能真正有貢獻於社會，也纔有憑藉去進一步參與社會。

　　當代哲學思潮對於近代西方文化的根本假設——表象思惟——作了許多批評，其積極的目的就是要脫離表象，講求參與。例如近代繪畫透過歐氏幾何和透視的空間結構，把世界上的人與物再現於畫面上，此種講求再現的表象思惟在今天都一一被當代藝術所否定了。因此，如果再以這種再現世界或人物的表象觀點來看當代藝術，則無法了解後者的意義何在。如果要瞭解當代藝術，就必須讓心靈參與到藝術作品裏面。

　　但是，心靈是需要相當的修練和琢磨的。藝術家在創作的行動中展開自己的心靈，此一心靈當然不能太過幼稚，否則只徒反應現代人的焦慮而已。藝術家的心靈

是非常敏銳的，他對於世事容易感觸，其敏銳度就像一把鋒利的劍，容易傷到別人，也容易傷到自己。尤其是科技時代的世界，瞬息萬變，資訊來源愈多，藝術家的焦慮也愈嚴重。因此，心靈的陶冶對於現代藝術家而言是必須的。中國哲學中，一向講究心靈的修練和琢磨，無論是儒家的「明明德」、「盡心」、「致良知」，道家的「致虛極、守靜篤」，或佛家的「明心見性」……等等都是主張在實踐的歷程當中，提升心靈的境界，以至止於至善。只有不斷提升心靈的境界，纔能以簡御繁，免除現代人的焦慮。在中國哲學思想的啟示之下，藝術家應該打破在現代機械化生活中「刺激──反應」的行動方式，致力於顯發內在的光明之德，纔能把由直接反應所造成的干擾和焦慮簡化，還原為一單純的清澈境界。

其次談「行動」的觀念。當代哲學的主流就是講求實踐的行動哲學。現代文化無論科技或藝術都以行動和創造為本質。科技和藝術的行動使當代人感受到自己好似柏拉圖的〈提勒烏斯篇〉（ Timaeus ）所述的戴米奧吉神（ Demiurge ），後者是在行動之中結合了形式與質料，因而創造了世界[44]。首先，科技的行動是以科學理論為形式，以技術所處理的材料為質料，並在運作性的行動中將兩者結合起來，創造了科技世界。其次，藝術的行動是以藝術家的靈感和觀念為形式，以各種創作材料和題材為質料，而創造出作品的世界。克羅齊（ B. Croce ）的美學觀認為藝術乃完成於直觀，至於執行直觀的創作則屬剩餘，此種觀點在今日已經難以成立[45]。

因為當代人以為，即使吾人先有某種直觀或觀念，畢竟只有在行動中創造之時，才有真正的藝術可言。

行動並非自動運作或任何直覺式的反應。藝術家應該以心靈的提升和觀念的反省來轉化原先太過直覺式的反應。所謂「自動運作」（automatisme）並不就是真正的行動。藝術家若以自動運作為行動的真諦，似乎是假定了在不自覺的潛意識中有極珍貴的藝術內涵。其實恰恰相反，這樣做等於是把藝術家自己當成是潛意識的奴隸。因為如果是任憑潛意識直接而無自覺地操作，藝術家只是毫無自制地放縱潛意識，則藝術家便可以服用各種迷幻藥物來完成創作。實則這僅只是化學藥物反應造成的自動運作，並非真正的藝術創作。

因此，真正的藝術行動還需要相當的自覺及心靈的陶練，用心靈的光明來轉化潛意識的無明。當然，在創作的過程中，相當程度的自動運作亦是有益的。例如我們起初或可以毫無控制地甩出一些顏料，任憑色彩按材料的特質自動形成某種結構。但是此時心靈必須馬上進行反省，把握此種自動結構所建議的意義。如此在反省和自動的交互運作之下，可望形成一個有意義的作品世界來。如此重新詮釋過的「自動運作」便需要一種高度的精神成就作為支持。莊子所言的「技進於道」，老子所言的「善行無轍跡」亦可以說是一種高深的自動運作，但是不同點在於這是一種向道看齊，高度自覺的自動運作，而不是向潛意識看齊，毫無自覺的自動運作。

總之，在中國哲學的啟發之下，藝術家的參與和行動是為了創造出一個充滿意義的世界，而不是為了毀滅

世界，使人類復陷於焦慮和空虛之中。

註　釋

① 關於愛因斯坦相對論的時空觀，詳情請參閱：A. Einstein: "Principielles zur allgemeinen Relativitätstheorie", *Annalen der Physik*, Vol. LV, 1918, p.21. 又見A. Einstein, *The Principle of Relativity, A Collection of Original Memoirs*, New York: Dover Publications, Inc., 1952.

② H. Bergson, *Essai sur les données immédiates de la conscience*, Paris: Presses Universitaires de France, 144 édition, 1970.

③ E. Mach, *Die Analyse der Empfindungen*, Jena, 1906, translated by C. M. Williams and S. Waterlow as *The Analysis of Sensaton*, Chicago, 1914. 中譯本：馬黑著，張庭英譯：《感覺之分析》，臺北，臺灣商務印書館，1971年10月臺一版。

④ P. Francastel, *Art et Technique*, Paris: Denoël/Gothier, 1979, pp. 177 – 179.

⑤ 關於此點，請進一步參閱 R. Huyghe, *Sens et destin de l'art*, Vol. II, Paris: Flammarion, pp. 254 – 258.

⑥ R. Huyghe, *Formes et Forces*, Paris: Flammarion, 1971, pp. 420 – 428.

⑦ P. Francastel, *Etudes de sociologie de l'art*, Paris: Denoël/Gonthier, 1970, p. 193.

⑧ 關於海德格對近代的「表象」文化之批判，特別參閱海氏所著 "Die Zeit des Welbildes" 和 "Hegels Begriff der Erfahrung" 兩篇文章，收集於 M. Heidegger, *Holzwege*, Frankfurt am Main: Vittorio Klostermann, 1972, pp. 69 – 192.

⑨ P. Francastel, *Etudes de sociologie de l'art*, p. 198.

解除世界魔咒

⑩ S. Giedion, *Espace, temps, architecture,* Vol. II, Paris: Denoël/Gonthier, pp. 112－119.

⑪ S. Giedion, *Espace, temps, architecture,* Vol. II, p. 120.

⑫ F. Lëger, *Fonction de la peinture,* Paris: Denoël/Gonthier, 1965, pp. 85－98.

⑬ W. Kandinsky, *Concerning the Spiritual in Art,* translated by Sadler, New York: Dover, 1977, pp. 27－45.

⑭ 劉奇偉著：《現代繪畫理論》，臺北，雄獅出版社，1980年，第65頁。

⑮ S. Giedion, *Espace, temps, architecture,* Vol. II p. 121.

⑯ *Ibid,* p. 121.

⑰ *Ibid,* pp. 124－125.

⑱ 此段評論引自 R. Huyghe, *Sens et destin de l'art,* Vol. II, p. 254.

⑲ A. Breton, *Position politique du suréalisme,* Paris: Denoël/Gonttier, 1971, pp. 131－132.

⑳ 秀佛此段評論引自 R. Huyghe, *Sens et destin de l'art,* Vol. II, p. 255.

㉑ 參閱 E. Husserl, *Philosophie als strenge Wissenschaft,* Logos I (1910), pp. 289－314.

㉒ 參閱 R. Barthes, *Le degré zero de l'écriture,* Paris: Edition du Seuil, 1953.

㉓ 卜勒東此段話引自 *Du réalisme au surréalisme,* Vol. II, Paris: Edition Alpha, p. 311.

㉔ 有關科幻小說的系統性研究，參閱 R. Scholes & E. S. Rabkin, *Science Fiction: History, Science, Vision,* London: Oxford University Press, 1977.

㉕ R. Huyghe, *Sens et destin de l'art,* Vol. II, pp. 264－266.

㉖ O. Vivier, *Varèse,* Paris: Edition du Seuil, 1975, p. 83.

㉗ W. Kandinsky, *Concerning the Spiritual in Art,* New York: Dover Publications, Inc., 1977, p. 1.

㉘ 參閱 E. Husserl, *Die Krisis der europaischen·Wissenschaften und die transzendentale Phanomenologie,* Den Haag: Martinus Nijhoff, 1976. 亦請參考本書作者的專文 Vincent Shen, *Life-world and Reason in Husserl's Philosophy of Life, in Analecta Husserliana,* Vol. XVII, Holland: D. Reidel, 1984, pp. 105 – 116.

㉙ 《莊子集釋》，郭慶藩輯，臺北河洛圖書出版社，1980年臺影印初版，第4頁。

㉚ 徐復觀著：《中國藝術精神》，臺北，學生書局，1973年1月三版，第103頁。

㉛ 宗白華著：《美學的散步》，臺北，洪範書局，1981年8月臺版，第39頁。

㉜ 宗白華著：《美學的散步》，第26頁。

㉝ 《中國畫論類編》，臺北，河洛圖書出版社，1975年臺影印版，第639頁。

㉞ 宗白華著，《美學的散步》，第43頁。

㉟ 中國畫論類編，第632 – 633頁。

㊱ 劉勰著：《文心雕龍》，臺南，平平出版社，1974年臺影印再版，第671頁。

㊲ 劉勰著：《文心雕龍》，第693頁。

㊳ 劉勰著：《文心雕龍》，第695頁。

㊴ 方東美著《生生之德》，臺北，黎明文化事業公司，1979年，第133 – 134頁。

㊵ Thomé H. Fang, *The Chinese View of Life*，馮滬祥譯，《中國人的人生觀》，臺北，幼獅文化事業公司，1980年，第142、144頁。

㊶ 關於中國哲學中對於藝術與美感之討論，詳見本書作者所著：《存有與價值──多瑪斯存有哲學「超越屬性」與中國價值哲學「精神價值」綜合比較研究 》，輔仁大學碩士論文，1975年5月，第126 – 131頁。

㊷ 以上所錄《老子》章句，分別抄自《老子》第五章、第六章。

解除世界魔咒

㊸　王夫之著：《詩廣傳》（召南），河洛圖書出版社，1974年影
　　印初版，第10頁。

㊹　Plato, *Timaeus,* 27d – 30b.

㊺　B. Croce, *Aesthetic,* translated by D. Aislie, New York,
　　1922, Chap. 2. 該書有中文譯本：《美學原理》，朱孟實譯，
　　臺北，正中書局，1959年6月臺一版，第二章，第13 – 22
　　頁。該譯本將Intuition一詞譯為「直覺」，本文改譯為
　　「直觀」。

第
4
章

科
技
對
藝
術
的
影
響
與
展
望

5

科技時代的宗教與終極信仰

5

5.1　前言

　　宗教表現人類的終極信仰，乃文化中重要
的一環。即使在科技昌明的時代，宗教仍然是
撫慰心靈的一種憑藉。甚至可以說，越是高度
的科技社會，越有光怪陸離的宗教現象：除了
像天主教、基督教、佛教、回教……等這些傳
統的大宗教以外，我們還聽聞到其他不勝枚舉
的新興宗教與密會、教義、儀式等等。宗教現
象雖然繁多不可勝數，但是，吾人可以肯定，
任何宗教若要對當代人有意義，就必須面對當
代人的精神處境。不過我們若深究所謂當代人
的精神處境，例如表現在科技上的求真與批判
的精神，不斷求超越的精神，並且時時感受到
界限狀況等等，這些基本上可以說都是具有宗
教特質的處境。這兩方面的互動，正表現當代
社會中聖與俗的互相穿透與交互辯證。一方
面，在科技世界的世俗中人都不斷地以批判的
精神，追求真實存在的展現，又以不斷的超越
歷程，邁向新的生命意義；另一方面，各宗教

又必須從其神聖的傳統中下降，也採取科技世界的批判態度，來檢討自己所要傳播的意義，進而參與現代世界的建設工作。人一方面必須面臨界限狀況，不斷超越前進；另一方面又必須不斷返回世界，體察現代人的問題。現代人的這種雙重處境，只能透過一種寬廣兼又深入的哲學思想，始能予以批導疏通。宗教必須瞭解社會、參與社會，纔能抒發當代人的終極信仰；而社會又必須在宗教中瞭解自己的精神的運動規律，表現自己內心深刻的需求。但是，宗教與社會的相互溝通，則必須透過哲學思索的媒介，纔能雖參與而不泥陷，極高明而道中庸。

我們若細加觀察，便可以發現，當代宗教信仰問題的基本糾結，乃在於當代人一方面承襲了某個宗教傳統，隸屬於某些宗教團體，因而與其同時代人或同一信仰團體有一種共同隸屬感；但同時，在另一方面他又必須表現出一種獨立批判的態度，亦即必須對時代、社會和宗教團體採取距離。究實言之，歷史的進展規律，就在於採取距離與共同隸屬的基本運作：一方面每個個人、社會、或文化團體皆必須在採取距離中表現自己的差異性，奮力實現有別於其他人的真實自我，始能真正有貢獻於歷史之創造；另一方面又必須與其同時代、同社會之人，或所承受之傳統，甚至人類全體，有深刻的聯繫，感受一體之仁，而參與共同的命運。唯有當個人或社會能真正擺脫一切束縛和依賴的危機，尋獲其真正自性，實現其真實目的，始得真正完成其存在意義；但同時，也唯有當個人、社會或國家感受到自己與其他

人、與其他社會，甚至國際社會中的密切聯繫，始能使自己的存在有肯切的相關性。總之，人必須既能採取距離，又能共同隸屬，纔能真正推動歷史的發展。歷史也唯有當其中的每一構成分子皆能真正地採取距離，肯切地共同隸屬之時，始能發現其豐富的強度。

非但一般人或一般信徒是如此，每一宗教的思想工作者，例如神學家們，也有這種雙重的感受，一方面感到自己隸屬於一個宗教傳統、一個信仰團體；另一方面又必須在自我的經驗成長中追求真實的體驗，用批判的精神來探尋宗教經典裏面所要傳達的訊息，這樣纔能符合現代人的理性要求。

現在，連接與協調這雙重感受的工作，就落在哲學家身上。現代科技雖然秉具批判的態度、實證的精神，但其中卻有宗教的含意；傳統宗教雖主虔誠的信仰、超越的訊息，卻也必須返回世間參與世界的建設。哲學的任務之一，就在於舖陳當代人這種基本的對比情境。以下我們首先從哲學觀點來討論當代人的終極信仰之處境，再進而討論科技與宗教的互動和科技時代的終極信仰，並進一步把當代人的經驗與宗教經典的訊息合而觀之，以便為當代人的終極信仰尋找出路。

5.2　科技時代終極信仰之處境

吾人在導論中已指出，所謂終極信仰是指一個歷史性的生活團體中之成員，由於對於人生與世界之究竟意義的終極關懷，而將自己生命投向的最後根基。由於科

技在現代社會中之發展，導致了此一根基之搖動，更震撼了吾人對於究竟意義之關懷，產生了意義之危機。現代人愈益意識到自己面臨意義的危機，而且傳統價值分崩離析，無力主導個人生活與行為。其中最明顯的是權威的危機，再沒有一個具體的人物形象，或思想體系可以維繫任一社會團體的凝聚力。消極而言，這表示傳統的意義型態或社會的凝聚型態已經無力主導新生的社會結構。積極而言，這表示當代人正在找尋一個真實的意義核心，一個真實自性，一個新的安定之點，換句話說，在找尋一個當代人能夠接受的終極信仰。由於人類的終極信仰是與它在認知上、道德上和存在上的取向息息相關的，以下我們便就認知、道德、存在三個層面來談當代人之終極信仰的處境，此亦正是宗教思想家、神學家們所共同隸屬的時代之精神處境。

㈠在認知層面上

宗教信仰有其認知之基礎，各宗教亦皆有其教理以證成其信仰。認知層次之變化自會影響宗教信仰。當代人在認知層面上的雙重處境，一方面是承接了自啟蒙時代以來的潮流，主張脫離傳統與權威的壓制，爭取獨立自主和理性思想的自由，脫離傳統的宗教信仰，轉為信仰理性；另一方面，當代人又特別體會到理性的貧乏與幻滅，而重新尋求更為動態的、更為豐富的思想與信仰的方式。

在這個對比情境中，當代人對於歷史的傳承的一面，是受自啟蒙時代以來對於理性的側重。啟蒙時代的

典型思想表現在休謨（D. Hume）和康德（I. Kant）的哲學裏面，尤其表現在康德的一篇短文：〈對「何謂啟蒙？」問題的答覆〉[1]。這篇短文可以說把啟蒙時代的精神發揮得淋漓盡致。康德在這篇文章裏面鼓勵同時代的人要有勇氣去使用自己的知性，破除建制和權威的保護作用，敢用合理方法來研究一切。平常我們閱讀康德的三大批判（純粹理性批判、實踐理性批判、判斷力批判），總覺他的文字艱深苦澀，但康德在這篇討論啟蒙的文章裏卻表現得十分風趣，充滿機智與諷刺。康德指出：有很多人的心智一直停滯未成長，因為他們都認為，我有一部經典，就可以代替我的知性；我有一位導師，就可以代替我的良知；我有一位醫生，就可以為我決定我的食譜。我只要過得去，就可以不必思想，自有別人會去費心勞力。一切的環境與權威皆叫我們不要思想、不要推理。軍官說：「服從命令，不要思想！」商士說：「趕快付錢，不要思想！」教士說：「趕快祈禱，不要思想！」但是，康德認為：所謂「啟蒙」即進入光明之意，唯有知性是人類真正的光明，必須勇於使用才好。康德鼓勵其同時代的人要敢於使用知性能力來考查一切[2]。總之，啟蒙之人不但應解脫傳統的束縛，而且必須依據知性能力去發展一套合理的行為模式。

啟蒙精神不斷流行發展，到了十九世紀更有些人認為自然科學就是理性的真正發揚，唯有以實證之精神，拓展自然科學，始能保障人類的進步，實現一個有責任的、合理的社會。

這種崇尚理性的精神亦促使宗教界使用理性的思考

方式來解釋、整理其教義。不但俗世中人追求理性的光明，而且連以信仰為重的宗教，亦開始破除過去對於經典那種依據權威的複述方式，或其他不合理的詮釋方式。於是，無論聖俗兩界皆崇尚理性之光。此即韋伯（M. Weber）所謂「解除世界的魔咒」。這種態度影響及當代的神學家，就有柯克斯（H. Cox）和范布倫（P. van Buren)等俗化神學家所謂「理性之人類終於成熟」（The rational man finally comes of age.）的說法③。

但是，當代歷史層出不窮的悲劇史實，終究證明這種純粹理性的世界終究為一幻想。當代的思想家們亦逐漸超越近代主義中啟蒙的幻想，並斥之為神話。正如高達美（H. – G. Gadamer）所説：啟蒙運動摒棄傳統，斥之為非理性，而獨尊理性，反使理性思想走入貧困之境，如患貧血症然④。大抵上，當代思想家們皆肯定理性無法孤立地運作，必須承接傳統，甚至必須汲取來自理性以外的其他泉源。現代人要檢查各種幻想，連理性的幻想亦在檢查之列。尼采已經指出一切幻想皆是生命力的表現，強力意志的外顯。佛洛依德（S. Freud）的心理分析更特別指出，在吾人意識層面的理性運作並非吾人最原始的指意活動，其實是潛意識的慾望在指揮吾人的意識層面之活動。在吾人有意識的追求意義的行為下面，即在潛意識中，有更原始的指意活動。拉崗（J. Lacan）說：「潛意識的結構有如語言」⑤。正如語言的指意（signification）是由「能指」（signifiant）與「所指」（signifié）構成。同樣，潛意識中的慾望

亦為一種最原始的指意活動，指向別人、別物。慾望如同語言，但卻是別人、別物的語言，有如別人、別物在我內說話，因為慾望的動力是指向別人或別物，而不像近代哲學所縈懷的笛卡爾（R. Descartes）式的「我思」（Je Pense）。慾望乃在吾人生命底層中最原始的追求意義的活動。如果此一基本指意活動不獲滿足，便會不經意識的控制，而直接表現為肉體上的病癥或言語上的失語症。身體病癥或失語現象可以說是一種符號，代表了內在追尋意義的能力受到困擾的狀態。此外，存在主義之父祁克果（S. Kierkegaard）亦憎惡理性神話，而主張人應該認識自己的限度，努力奮鬥，實現真實的自我——即真正的個體。再者，法蘭克福學派亦批判近代以降的唯理傾向，認為後者反倒把理性導入歧途。該學派指出：科技理性走向物化，把人當物看待，競求控制，欲一切納入掌握。這種物化的理性，是一、二次世界大戰種種悲劇的深刻原因。法蘭克福學派指出，近代科技，自啟蒙時代開始，所相信的理性便是講求計算的「工具理性」，而忽略在吾人的語言系統和象徵系統中所含藏的否定能力，漫把人類化成馬孤舍（H. Marcuse）所謂「單向度的人」，（one-dimentional man）[6]，即只生活在一個平面上的人。人唯有脫離這種工具理性的控制，始有真正的自由。

總之，現代人在認知上的基本困境，在於一方面有近代所遺留下來、啟蒙運動所提倡的敢於使用理性，敢於推翻一切建制與傳統的精神，此種理性與批判之精神，對於傳統宗教信仰有消極的破壞作用，使人們脫離

宗教之束縛，甚至逼使宗教本身亦走向理性化。但另一方面，現代人又感受到在理性意識境界之下有更原始的追求意義的活動，再加上科技理性弊病叢生，終於覺悟到一個只由理性來建造的世界，終究只是幻想。此種覺悟又導向一種對於宗教信仰的新的希索，使現代人對於宗教在生活中之意義又有新的肯定。

(二)在道德層面上

宗教信仰常是某些行為規範之來源，宗教團體亦常藉某些道德規範來維繫內部的和諧，可見宗教信仰與道德規範息息相關。行為及其準則之改變，自會影響宗教信仰。現代人不但在認知上有困境，而且在道德行為上，及行為所應遵循的準則上，亦感受到深刻的衝突。首先，在過去，道德原是維繫於個人所屬的社會團體，個人的行為必須忠實於並服從自己所隸屬的團體的要求。個人之所以如此做，如此相信，是因為個人所屬的社會，或所隸屬的信仰團體，例如某一宗教，如此相信並如此做。

但是，在科技研究與理性態度的影響之下，現在任何思想家、任何研究者的行為，不再是忠實於團體的權威與規範，而是必須服膺於「知識分子的良知」。其實說穿了，所謂「知識分子的良知」也就是該知識分子所隸屬的學術團體所共認的方法學步驟。當代的知識分子皆必須把一切言論和行為立基於經過嚴格管制的方法，從已知的方法開始，一直到求出新的論據，於其間，心裏必須隨時準備接受新的方法規範和有新的論據支持的

結論。

　　單就宗教思想家或神學家而言，過去神學家在道德上忠實於以下兩者：首先，他必須忠實於自己的信仰團體，他的一切言論皆是以身為該宗教團體的一分子的身分來發言；其次為了向當代人重新詮釋自己所屬的宗教傳統中的訊息，他會藉用一些有益的學科（例如文學、史學、尤其哲學）等，這些學術團體也就是他在道德上第二優先的忠實對象。但是，現在學術的發展使一切都改觀了。當代神學家分享了當代人的學術道德，亦皆要求自己的任何言論皆需有相應的論據。大家都深知，單憑宣布自己的信仰何在，並不解決問題，也不提供別人以有力的論據。相反地，每一思想者皆必須奉獨立研究者的行為準則來做為自己的道德模式。當代基督教神學家田立克（P. Tillich）便曾表示要用自己的神學反省，來面對當代人的道德模式。但是，他的意思並非開倒車，返回舊日的模式，而是要以學術為基礎來提出一個嶄新的模式，希望這新的模式能更符合任何真誠的研究者的實際經驗。在當代的思想家中，有很多類似田立克這樣的努力，正指出時代訊息如此。

　　總之，當代的學術道德往往會促使一個真誠的研究者對於自己的信仰採取一種批判的態度。當然，所謂批判不只是消極的批評，而是要用一種開放的心胸來研究，並且隨時準備新的論據，隨時注意當前大家所討論的問題。人必須不斷開放，不斷超越，尋求更高的真實，這就是當代人的新處境。正如《洞見：人類智性研究》（ *Insight: A Study of Human Understanding* ）一書

的作者隆納根（B. Lonergan）所言：「應多方注意，應聰明敏銳，應求合理，要有責任，尋求發展，且在必要的時候，另尋改變。」（Be attentive, be intelligent, be rational, be responsible, develop and, if necessary, change.）這一段話正把當代人的道德處境淋漓盡致地表達出來了⑦。

最後，我們必須注意，任何道德規範都隸屬於一個歷史傳統。當代人亦特別意識到這一點，而有所謂歷史意識，亦即意識到自己的存在是歷史性的。啟蒙時代過度側重理性，批判一切傳統，認為傳統乃不合理的束縛，人必須發揚理性而擺脫傳統。但是，正如高達美（H. - G. Gadamer）所指出的，這種反傳統的態度，反而導致理性的發展偏差，使理性思想步入貧乏之境。其實，我們每一個人、每一個社會都是立足於某一個傳統之中，由於有了傳統，纔使我們能對這個世界開放，對這個世界採取態度。我國自五四以來的反傳統的思潮，亦使文化與思想的發展產生偏差。在一切傳統之中，以語言的傳統最彌足珍貴，由於有語言傳統纔使我們知道如何給這世界命名，知道如何用語言來調遣世界，吾人的道德價值與道德規範亦需透過語言的傳統而流傳下去。其次，現代人在意識到自己隸屬於某一個傳統的同時，亦意識到自己的傳統並非獨一無二的傳統，而只是眾多傳統中的一個而已。在我所隸屬的傳統以外尚有許多其他傳統，我們必須對之開放。而且這許多別的傳統亦自會吸引吾人注意。吾人說過，歷史意識在人文世界中所造成的革命，遠較牛頓物理或相對論在自然

世界中所造成的改變為烈。今日種種意識形態之爭、世界觀之爭、道德觀之爭，可為佐證。無論如何，對於歷史傳統，我們一方面應能發揚自己的傳統，另一方面亦須向其他傳統開放，吸取其中的精華。即在道德上與宗教上亦是如此。今日吾人對於西方的態度，正應尋求如何與之相遇，並進而成對比之局，共申當代歷史之強度。

㈢在存在層面上

宗教思想家，一如哲學家、史學家、社會學家等等人文科學工作者，都能幫助社會瞭解自身，宗教思想家亦能幫助社會瞭解其中最深刻的追尋意義的動力。但是，目前宗教思想家們亦分享了其他學術工作者的理性傾向，因而促成宗教內部思想動力之俗化。這種俗化運動之真義乃在於尋求真純之自我，而對於不真純的自我之現狀與可能性加以批判。再深究之，此種俗化之傾向亦隱含了一種對於存在的意義的看法：認為人的思想與行動的意義就在於此世。人類存在的目的就在於自然和歷史之內。當代人認為其生命與行動之意義就在於此世，不必在另外一個世界中找尋天國，若真的另有天國，亦必與此生活世間不相違背。此點是了解當代神學思想的關鍵。

弔詭的是：當代人一方面認為此世即生命意義之所在，但同時這個世界上所存在、所發生的一切又不能滿足現代人追求真正存有的慾望。在哲學史上，希臘哲學提出「什麼是存有？」但近代知識論則進一步提出：

「什麼是真正的存有？」自從西方近代科技世界發皇以後，人就希望能用科學理論與技術程序來解釋並控制真正存有的出現。但越求控制，就越感到慾望不止，於是更感到焦慮、不安。科技人這種焦慮不安的現象，早在近代科技由於牛頓物理學的成就而發達之時，就被哲學家感受到了。近代哲學初期，由洛克創始的英國古典經驗論，基本上是對於牛頓科學做的一種哲學思索。洛克所著《人類智性論》（*An Essay Concerning Human Understanding*）可以說是奠定經驗論的知識論基礎之巨著。值得注意的是，洛克在此書中花了相當長的篇幅討論人類慾望不安的情境。他指出：不安乃人類行動的動力，不安是為求慾望的滿足，但是人在求得以後，就不覺得有何新奇，於是新的慾望又起，再追求別的目標。結果，此世的一切存在與事件永遠無法滿足他，人就永遠處在焦慮不安的狀態[8]。洛克早在科技初盛之時，就已敏銳地感受到這種情境，但在科技越形發達的今日，依然如此。例如，沙特（J. P. Sartre）在所著《存有與虛無》（*L'Etre et le néant*）亦指出人的意識為一種為已存有（être pour soi），乃一個虛無，當他追求外在的在已存有（être en soi），一旦獲得之後，便加以無化，得到的仍是虛無[9]。這種不滿足帶來的不安與焦慮，也在其他許多思想家的作品中表現出來，尤其表現在每一個人的日常生活當中，人人時常都可以體驗得到。

人一方面企求在此世找尋意義，另一方面亦感覺到此世任何事物皆無法滿足其對意義的追求。這種衝突最

明顯地表現在所謂的「界限狀況」上。人在生病與死亡這些自然現象前感到自己生理上的無可奈何，在痛苦與罪惡的經驗之前感到心理上或道德上的無能為力。面對這些界限狀況，人求超越之心便油然而已。此外，吾人在科學研究中亦感受到科學的限度，知道科學不是萬能的，在科學理論中充滿許多漏洞。界限狀況顯示了在時間中出現的事物與事件皆有限度，亦顯示人在時間中尋找超越的契機。

人在批判和超越時所企求的是真實的展現。在科學方法裏面，人憑藉各種嚴格的推理程序所尋找的，也是真實的存有。科技的方法雖然導向組織與控制，但是人透過科技方法所企求的並非只是組織與控制，而是希望在組織與控制之下能有真實存有的展現。除了科技以外，人在文化活動中或在日常生活中亦企求有一真實的面容能在自己面前呈現，尋找「一個鍾愛的面孔」出現己前，而且能與他建立一種馬丁‧布伯（M. Buber）所謂「我與你」的關係。此一情況正顯示出當代人對存在意義的終極關懷的基本處境。

吾人既然企求真實之存有在時間中顯現，但實際上，界限經驗又告訴我們這一切呈現皆不能滿足我們，因而只徒然顯出吾人在時間中的無奈。那麼，吾人應如何在時間中尋求存有的顯現呢？當代德哲海德格（M. Heidegger）在《存有與時間》（ _Sein und Zeit_ ）一書中即關心「存有如何在時間中顯現？」的問題。海德格認為我們必須採取現象學的方式，即透過言說，使那能自行展現的存有，能依自己的方式來展示自己。意即我們

不可妄自作意，擋了存有顯現的來路，反而應能任其顯現。但存有之顯現，必在本真的人的此在之中。海德格分析此在（Dasein），可得三層原始的展現結構，吾人應真實地面對之，藉以參與存有展現之機，而不應逃避，甚或墮入非本真的情況。按海德格的解析，人存在結構中展現存有的三個層次是這樣的：

1.境遇感（Befindlichkeit）：人皆是被存有投射到在時間中的某一情境中，但是人在其中就會發現自己的歷史處境而有所感知。這種基本的感知是一種向存有的開放，也是存有透過此在的結構來彰顯的第一個原初層次。存有必須在時間中彰顯，而人則必須在境遇感裏感受存有彰顯之消息。譬如現代中國人必須能發現自己處在中國現代史文化危機的關頭，有所感受，斯願振奮而起，此即道之彰顯之初動也。

2.理解（Verstehen）：人雖立足於由過去所造成的歷史情境，但同時亦可把握到未來的種種可能性。人具有實現自己存在的能力，並能予以發展，所謂理解，即在把握存在的可能性（Seinskönnen）和整全意義（Bedeutsamkeit），這是人存在結構展現存有，而存有透過人來顯現的第二層次。存有之顯現亦為意義之所由出。蓋意義乃某物得以被吾人理解之可能性全體，且能在被吾人理解之後予以明説者。意義既為一種整體性，便不可納入某一科學——例如數學——的規格之中，否則便會使其變得更為狹窄。人對於意義整體的理解乃一種原初性的、開放性的把握，但尚未特定為某一種明確的意義，甚至尚未發展為某種特定計畫的內容。

特定的計畫內容、明確的意義和判斷或命題皆是從這個原初的理解引申出來的。這種原初的理解就是人在時間中對存有開放，而使存有開顯為意義的第二個層次。

3.表詮（Rede）：我們人在境遇感中對於過去之已是所造成的情勢有所感，又在理解中對於未來的能是或可能性全體有所把握，便可進一步予以明說，以表達這境遇感和理解，並溝通大家共同的境遇感和共同的理解。表詮並不一定要使用語言，除了語言之外，傾聽和靜默亦可充分表達意義。能懂纔能聽，只有明白意義者始能傾聽。傾聽表示人對於存有開放，亦即對自己存在的可能性開放。同樣，一個人在交談裏面保持靜默，往往比絮絮不休更能使人明白。唯有真正有話可說的人纔能保持靜默。如何在靜默中充滿意義，達到所謂「無聲勝有聲」，此可謂表詮之化境[10]。

從境遇感，經理解，到表詮，正表示存有在時間中透過此在的存有理解而顯現，步步開展的歷程。存有在歷史中之彰顯，就是透過此在的結構及其時間化歷程，逐步明朗化地呈現。由海德格此段思想的啟發，吾人深刻了解到，任何宗教訊息，任何思想理論皆可通過這三個步驟來紮根在吾人的生命中，如此纔能真正落實，真正與吾人的真實生命和生活世界相應，也纔能真正促使存有在時間中展現。

以上，吾人已經從認知面、道德面、存在面來點出現代人的精神處境。我們要指出，基本上這是一個對比的情境：現代人一方面必須採取距離，另一方面又須共同隸屬。唯有採取距離，始能突顯其批判精神、道德勇

氣與真實存在；同時也唯有共同隸屬，始能汲取傳統的豐盈，連接道德的社會面，並且以共同存在來彰顯存有。任何學術，任何實踐，任何宗教訊息皆需兼顧這兩面的張度，上下迴向，始能有益於人類，有功於歷史，有顯於道樞。

以下，我們要進一步分析科技與宗教的互動，和科技在現代人的終極信仰中之意義。

5.3　科技和宗教之互動與終極信仰

從歷史上看來，西方近代科技的出現，對於傳統宗教信仰，尤其對基督宗教，有決定性的影響。誠如科學史家巴特菲爾德（H. Butterfield）在所著《近代科學之源起》（*The Origins of Modern Science, 1300 – 1800*）一書中談及近代科學革命時所說的：「它使得自基督宗教興起以後的一切相形見絀，它使得文藝復興和宗教改革退縮成為僅具插曲的地位，只是中世紀基督宗教系統中的內在變動而已[11]。」自十七世紀以降的近代科技發展，不但改變了吾人的物質生活，而且革新了吾人的認知、道德，甚至整個存在上之處境，其要義吾人已在上一節中詳加解析。總之，近代科學帶動了各種機械發明，改善了生產、交通與生活方式，並改變了吾人對於生命、宇宙，以及人在宇宙中之地位的看法，使吾人的思想方式大異往昔。如此一來，科學與宗教在現實歷史中不免相互衝突。

科學與宗教之衝突最先表現在新天文學與基督宗教

原有的宇宙圖像彼此的摩擦。波蘭天文學家哥白尼
（N. Copernicus）提出了「太陽中心説」之假設，與
傳統基督宗教信奉的宇宙圖像「地球中心説」相互衝
突。哥白尼的假設受到當時所有宗教權威的嚴厲批判，
不論舊教與新教各派彼此在神學上有多少差異，都起而
一致對付此一令他們感到有威脅的異端。其後，伽利略
（Galileo）更為太陽中心説提出了由望遠鏡而獲取的
經驗資料來予以證實。但伽利略本人卻因此受到宗教法
庭之制裁。起初，教會當局建議伽利略將其研究心得視
為一種「方法」，而不是宇宙的「真相」。但伽利略則
堅持他的看法是「真相」，而不只是「方法」而已，為
此終難免受到制裁。此事往往被爾後的反宗教者取來做
為批判宗教之依據，認為由此可見宗教是反科學的。其
實，當時的宗教界也是依他們所認為最為理性的方式來
處理伽利略的案子，然而宇宙觀和理性觀的改變是最為
困難、最為緩慢的了。對當時的宗教權威與神學家們而
言，他們的確很難相信由一管金屬望遠鏡所獲取的經驗
資料，就足夠把一個由久遠的神聖傳統所認可的宇宙圖
像予以推翻，因為兩者在當時的理性觀中比重相當懸
殊。對傳統宗教而言，此一制裁的目的並不在於反科學
或反理性，而是在確保一個他們所審慎接受的宇宙圖像
和理性觀。當後來一切證據顯示出哥白尼和伽利略所假
設的新説之理性成分之後，基督宗教權威亦接受了太陽
中心説。

　　如今，由於科學哲學的進展，我們得知，即使是伽
利略的發現，在今天看來也只是一種局部建構的圖像，

而不是「真相」本身。但伽利略對自己的科學發現的忠誠，令人敬佩。從伽利略一案看來，我們至多只能説此時宗教和科學的互動屬於消極的拒斥時期。當時宗教信仰所承認之認知系統對於科學的認知系統予以拒斥。因為此時科學的認知系統不見容於神學思想，而當時的宗教權威在認知系統中的主宰力仍然十分強而有力，雖然已經遭到由科學的認知系統而來的挑戰，但仍然試圖保存其權威，而且有足夠的力量來執行其權威，因而能強烈地拒斥科學所提供之認知系統，甚至產生了宗教裁判這類現象。

當然，其後基督宗教逐漸明白了科學認知系統中的真理，也就接受了太陽中心説的宇宙觀。十七、八世紀英國大科學家牛頓提供了一個自然科學的宇宙圖像的偉大綜合，此一自然科學之大勝利隨後亦被基督宗教所接受，即使十九世紀時達爾文進化論的提出，曾經對聖經的詮釋造成很大的震撼，但亦逐漸被許多宗教思想家接受為一種可行的假設。即使本世紀愛因斯坦相對論的提出，亦不再被宗教界當作是不可接受的，反而都在一定的層面上肯定其價值與真理。宗教在認知系統上的步步退讓，正是代表了宗教與科學互動的批判期的來臨。自拒斥期過後，神學開始承認科學亦有其部分的正確性，但仍然致力於指出科學仍有其限度，認為科學的真理無法取代信仰的真理。不過，對於科學的讓步，無可避免地便導致了宗教團體對於神學的重新評價，因而亦在自我批判中意識到神學本身亦有其限度，因而不得不承認認知系統的多元性。

批判期一直延續至今。但在今天，宗教信仰似乎有了新的契機，此一新契機亦是對比性的：一方面宗教信仰幾乎已經完全喪失了它在認知系統上的地位，完全讓位給科學的認知系統。甚至神學家們亦使用合乎科學要求的方式，或是使用心理學、社會學、人類學等社會科學的方法與成果來解析宗教；另一方面，就在宗教信仰失去在認知系統上的領導地位之時，卻又還回它本來的面目，成為人類在終極關懷上的引導。人們並不因著科學的認知系統而滿足，卻感到人生的意義仍有其最後關懷所在，這個終極的信仰是無法由任何的科技發展所取代的。雖然科技的發展造成了美國經濟學家蓋布瑞斯（J. K. Galbraith）所謂的「富裕社會」（affluent society），使人們不再因物質的窮困而尋求宗教的安慰，轉而求助於科技的明確性與有效性。科技亦提供了一個更為合理、更具發展性、更為久遠的宇宙圖像，並攻擊一切未經批判之權威，替代了舊日宗教信仰在認知系統中的功能，甚至使人懷疑啟示宗教的可能性。但是，人仍然是人，仍然必須探索生命最後的意義，仍有其終極之關懷。宗教信仰並不是非理性的，而是超越理性的，它代表了人在理性之上的最後的投注。人們仍然需要宗教信仰。

科技時代人們隱微地仍有其終極信仰，但在表面上，人們常是以檢便宜的方式來投注其信仰，那就是信仰科技，把生命的意義、人類的命運交託在科技手中，以科技為信仰的對象。於是，科技原先只是人類理性的產物，現在又成為非理性信仰所投向的新神祇。科技驅

逐了宗教、哲學，甚至人文信念，卻又起而代之，成為新的神明，新的信仰。對於此種現象，貝底亞也夫（N. Berdyaev）說得最為清楚：

> 「科技的問題已經成為人類及其全體文明之命運的問題，在這精神顛沛的時代，不只舊日的宗教信仰遭到震憾，而且十九世紀的人文信念亦遭動搖，文明人的唯一強烈信仰，在於技術科學的力量及其無限之潛能。科技是人類最後之愛，人類願意為她而改變自己的形象。」[12]

科技之所以會具有新神明之地位，吾人推究其因，首先是因為人們盼望科技能具有解放的功能，期望透過科技的發展，不但能達到物質的豐饒，而且可以促成社會的自由與平等，甚至解答人類所想知道的一切問題，完成人類一切的願望。關於科技的解放功能，亞里斯多德早在二千三百年前便已有所預見，他在《政治學》一書中說：

> 「只有在一種條件之下，領袖不再有僕人，而主人亦不需要再有奴隸，這個條件就是：每一工具能夠承命或度意而善盡職務，一如荷馬所描寫的戴達魯斯的石像，或海法斯圖所製造的古鼎一般，他們自動自發地為神明而戰鬥，宛如自動織布的梭，和自動彈奏的琴一般。」[13]

亞里斯多德在此把人類獲致真正的平等與解放，解除任何主奴關係的希望，寄託在科技發展所造成的全面自動化社會，實隱含深意。科技似乎是人以能捉摸得到的方式獲得解放的唯一途徑。

但是，我們必須進一步探討，文明人對於科技的信仰究竟表示了什麼？科學與技術替代了昔日的神明，自己成為一個新興的無名無姓的神明。人由過去農業社會踏入了現代科技社會，其主要的意義在於亞里斯多德所謂的由自然（phýsis）走向技術（techné），或貝底亞也夫所謂的由有機體（organism）走向組織（organization），從自然而然的生長走向人為的建構。總之，是由自然的、有機的生命走向組織的、控制的生命。藉著科技，興起了一種嶄新的存在界，此乃人透過科技的控制所組織、所建構的作品。誠如貝底亞也夫所言：

> 「基督徒的世界終局論把世界之轉變同聖神的行動連結起來，但科技的世界終局論卻期待著透過機械來徹底擁有並宰制世界之轉變。」[14]

科技成為部分現代人之信仰對象的最深刻意義，就在於它使人類感覺到自己擁有驚人的力量，提升了人的權力與擴張之意志，但同時又毀滅了一切個體性和獨特性，使人類邁向無名無姓的權力。隱藏在科技崇拜之下的是人類對於尼采所謂「強力意志」（Wille zur Macht）的崇拜，或對於人類主體性（subjectivity）

的崇拜。吾人曾經論及，海德格曾指出科技發展最深刻的預設就是主體性的哲學和表象的形上學。海德格嘗謂，隱藏於人類進行試管嬰兒的科技試驗之下，最為深刻的衝動，就是人類想製造自己的主體性[15]。因此，科技崇拜中最深刻的含意就是一種狹義的人文主義，也就是海德格在研究柏拉圖的真理觀所指出的：「以人為宇宙之中心，又以理性為人之中心。」[16]

對於科技之信仰並不能使人獲得真正解放，因為人類自此以往反而役於物而不能役物。但是，此中含有深意，在於人類崇拜自己的主體性，步入封閉的人文主義。人崇拜自己的產品——科技，其實只代表人類對於自己的崇拜，也就是在崇拜自己的強力意志，崇拜自己能宰制一切的幻想。正如歐威爾（G. Orwell）的小說《一九八四》中所言：「我們對別人的死活是沒有興趣的，我們完全只對權力有興趣。我們並不對財富、或奢侈、或成長、或幸福有興趣，祇對權力、純權力有興趣……權力不是一種手段，而是目的……我們是權力的僧侶，上帝即是權力。」[17] 總之，科技代替了宗教，是以權力之上帝代替了仁愛之上帝。

由此看來，科技的發展會使人們的終極信仰之對象，由原先的超越對象——例如上帝、老天爺——轉變為內在的對象——亦即此世的對象，甚至變成人自己本身。人的主體性取代了原先的上帝。其次，科技發展亦使人們對於自己的終極信仰之知覺減弱，使其只對此世可獲得、可控制的對象有所知覺。我們若以有自覺之終極信仰為顯態之終極信仰，以無自覺的終極信仰為隱態

之終極信仰，則科技之發展會使人們原先有的顯態之終極信仰變成隱態的終極信仰，即使所謂文明人對於科技之信仰亦只表現為對科學理論和技術實效的追求，而不意識到其間亦隱含著有一種信仰的投注。這種情形正如海德格所謂的存有的遺忘。人們不但遺忘了存有，而且不意識到有此遺忘。由於科技發展，世界俗化了。終極信仰由超越轉為內在，由顯態轉為隱態，這就是所謂俗化的根本特性。

當然，此種俗化的傾向在社會菁英或知識分子和在一般百姓或普羅大眾是不同的；知識分子的俗化是由超越之信仰對象變成內在之信仰對象，由顯態變為隱態，於是走向科技的客觀主義、理性主義，甚至由於患了「遺忘存有」而走向虛無主義。但是民間的信仰卻仍然保持著其超越對象，例如神明、或上帝，而且對於自己的信仰活動亦相當有意識地進行，因而保持相當顯態之信仰。不過，民間信仰亦難免經歷一種俗化的歷程。這種俗化，首先在於用功利主義的眼光來看待人與超越界的關係。所謂迷信，正是功利主義的信仰方式。一般老百姓並不從事科技研究，僅只坐享科技的成果，往往用金錢與享樂的觀點來看待科技。現代科技社會所造成的忙碌生活與心靈空虛，使人們轉而求助於神明，但仍然用同樣的功利眼光來看待人與神明的關係。其次，民間之信仰雖然相當程度屬於顯態之信仰，但這種顯態之知覺一方面迷於功利思想，他方面蔽於膚淺的自省，以致於往往僅有熱誠，而無真正的自覺，因而亦不能顯豁出真正的終極信仰。

總之，在前文的解析之下，人類的科技發展，顯示出在人們對科技的信仰中，含有一種對於人的主體性和權力意志之內在的和隱態的信仰。不過，科技時代人類心靈的終極信仰還有賴吾人做進一步的解析。

5.4 當代人的經驗與宗教經典之訊息

我們必須進一步對當代人之終極信仰做哲學反省。這個問題牽涉龐大，在此我們只能根據我們一貫的思路，提出幾個重點來討論。

首先，我們必須指出，對於終極信仰做哲學反省，其思想泉源有二：(1)為各宗教的經典；(2)為當代人共同的經驗和語言。一方面，歷史上人類已經有過的深刻經驗，皆由各種經典來做見證。宗教經典中所載各種事件、言語及象徵符號，皆是宗教經驗之見證。宗教經驗之所以可貴，蓋因其觸及了人類歷史中的深刻經驗之底層。但是，另一方面，歷史不僅有其傳承，而且有所創造。歷史的創造性在今天就表現於當代人的經驗及語言上。當代人的經驗與語言透露了時代的訊號，顯其爭妍鬥豔，見其繁富美好。所以，一方面我們在研究宗教經典之時，可以見到傳統在信仰上、教理上、神學上、象徵上和實踐上的各種表現。這些表現固然有其歷久彌新之意義，有值得傳達給當代人的消息，但自另一方面觀之，這些可貴的消息之傳佈，亦需通過對於當代人的境遇的疏解。此即布特曼（R. Bultmann）所謂「宣道」（Kerygma）之意[18]。在宣道之時，自然要涉及對於

當代人的經驗的反省，必須要能符合於當代人的經驗，能使用並轉化當代人的語言。但是，吾人在反省當代人的經驗，使用當代人的語言之時，亦須追尋當代人的經驗和語言中所見證的，與歷代經典相互印證的共慧命，必須發掘在當代人的經驗和語言中對於意義的探尋和規定。

其次，若欲連結宗教經典之意義和當代人的處境，非有哲學思想不為功。我們曾指出，傳統與現代是一個採取距離與共同隸屬的對比關係。一方面連續性，另一方面亦有斷裂性。在斷裂中有連續，在連續中有斷裂，以致構成歷史的張力。對比哲學的思想工作主旨即在舖陳這種對比關係，希冀透過對比的運作來釐清真象。

從哲學上看來，前述的「宣道」就有新的意義。如果我們不加入對比的哲學思考，那麼「宣道」只能建立像田立克所謂的「消息」與「情境」的關係。田立克認為：經典有消息要去傳達，但是所傳達的消息必須應用在現代人的情境上始有意義。依田立克在《系統神學》（*Systematic Theology*）中之見解，神學家的任務乃在宗教經典所傳達的「消息」中找尋答案，以便答覆在當代「情境」中所提出的問題。換句話說，現代人在當代情境中提出許多問題，這些問題的答案唯有在經典所透露的消息中始能找到[19]。但是，從對比的哲學思考看來，吾人若要嚴肅地對待當代人的處境，除了要發揮其中所提出的問題以外，也要以開放性的、批判性的態度，來對待當代人所嘗試提出的答案。此外，我們在經典所含蘊的消息中，也不能只片面地看到一切問題的答

案，而且要以開放而批判的態度，在其中發掘問題。蓋各時代之人，依照其時代的經驗典範，必會對人類的某些基本經驗提出某種型態的問題。問題的提出亦正表示在經典中顯示出人類經驗的超越性。我們在佛教、基督宗教等宗教傳統的經典中皆可以發掘出不同型態的問題典型。這些典型的問題亦正指出人類經驗中超越自身的動力。有時候，在一偉大的問題面前，答案反而顯得不重要了。哲學的思索教我們無論在宗教經典或在當代人的經驗中，都不但可以發掘到問題，而且可以找到答案，吾人皆應予以批判性的瞭解，纔能深入明白人類經驗的動力。以下我們分別解析當代人的經驗與語言中所含的意義投向，以及各宗教經典中所含之訊息。

　　㈠日常經驗與科技經驗中之意義投向：對於當代人的共同經驗而言，哲學必須使用現象學的方法，來描述在日常生活、日常語言，以及現代科技經驗裏面所含的深刻的意義投向。首先，我們可以依據現象學方法，在日常生活層面，分析出人在先於概念之前，先於論證思惟之前已有的更原初的指意活動，用現象學家胡塞爾（E. Husserl）的術語來說，就是意識的指意性（intentionality）。更貼切地說，這就是海德格所指出的由境遇感、經過理解、到表詮的意義浮顯過程。任何科學、任何概念與論證皆必須紮根於此，方能與吾人的生命整體相互呼應。此外，在吾人生活中有許多特別的經驗給予我們震撼，甚至使我們脫離日常生活的平庸情境，而進入真實的存在感受之中，此即存在心理學家馬斯樂（A. H. Maslow）所謂之「高峯經驗」（peak experiences）：例如成功得意的經驗、愛的經驗等等都是高峯經驗。尤其是愛的經驗，使我們感覺到只有此時此刻，這愛的剎那纔是真實的，與此相形之下，周遭的一切都變得虛幻不實。其次，還有像生病、罪惡、死亡等雅斯培所謂的界限經驗，使我們感受到自己在生理上、心理上和道德上無能為力，感受生命之無可奈何，頓覺此生茫然，周遭世界亦頓成虛幻。總之，無論從人在概念思惟之前就有的原初指意活動而言，或就人在高峯經驗或界限經驗中所表現出來的超越性而言，現象學的反省都給我們指出，在現代人的日常生活中所隱含的深層經驗，正是宗教性的。在現象學反省之下，吾人日常生活的種種似乎化成了許多象徵符號，指向人類經驗的宗教層次。

　　用現象學的方式，我們亦可解析當代人經驗中最顯而易見，也最占用現代人心思的一層——即科技世界的建構。我們若深入分析，便發現現代科技亦是對於存有的一種計畫：要用表象（representations）來控制真實存有的顯現。現代科技世界亦為一種象徵，象徵著純理的流行。而且，科技在實質上亦是一種行動，因為無論科學或技術皆越來越側重運作面，只有在運作面上纔能達到其解釋世界並改造世界的目的。詳言之，在科學研究中，我們一方面要求嚴格而能發展地建構一套理論命題體系，另一方面又要求這些理論命題必須能夠用經驗內容來予以驗證，此即理論與經驗事實的相符應。這就是以符應為真理（truth as correspondence）。符應的真理觀假定了理論是實在界（reality）的表象。

所謂「表象」兼含外交上的「代表」，與戲劇上的「表演」之意。首先，科學家用科學理論來代表實在界發言與行動，並且這種代表方式，會使科學理論反過來影響實在界。近代表象思惟之發端，亦為代議政治之肇始，實有其時代訊息的特殊意味。其次，科學理論也是用縮影的方式，盡力設法忠實地重複上演自然事件彼此的關聯性。科學理論之所以需要驗證，是因為我們必須查驗這個代表，這個表演是否合乎經驗中的事實。進而言之，我們可以指出，在這種符應的真理觀之下，假設了一種統攝的真理觀（truth as integration）。科學理論在代表、表演實在界時，等於對吾人散漫無秩序的知覺內容做了一種排列和統攝。而且，由於統攝知覺內容而得的初級理論命題還可以再經轉換、形式化、概括化、系統化等運作程序再納入更高級的命題，予以更高層的統攝。這種統攝活動不斷地進行，就顯示出科技從行動的角度對於存有的看法和計畫。實際上，我們無法用一個具體的知覺內容來驗證一個抽象的理論命題。因為理論命題太普世，而知覺內容太過具體，大小懸殊，無從對應。在實際的科學運作上，我們並非直接用知覺內容來驗證理論命題，而是把較高級的理論命題，透過邏輯的運作導衍出較次級的命題，再透過詮釋的運作，以有經驗（知覺）內容符應的語言來詮釋此一次級命題。所以，科學的程序其實都是理論統攝的進展。知覺本身已經是抽象的結果，因為它已抽離生命機體內非意識性的運作與預備而不顧，只取其意識層面可用簡單的注意行為予以肯定或否定的表面性質。知覺的內容既然

已是抽象的結果，也就屬於表象的領域，而成為理論的一部分。科學程序中的知覺更是抽象的產物，因為我們在實驗室中往往要用極為縝密的預備過程，控制知覺產生的步驟，使知覺的結果能對次級理論命題發生詮釋的作用。而且任何理論命題皆可透過形式運作，向上納入更高的命題中，做更高的統攝。

按照以上現象學的描述和分析，我們可以發現，科學的進行程序包含了一種對於存有的看法：不要讓存有顯示其原始的本然面貌，任其以豐富的衝力把我們帶到生命奧妙之運動中，任深刻的韻律將吾人帶走，卻要以越來越精密的理論體系，來代表與表演存有的顯現；唯有在理論的控制之下，存有纔能穩定地、真實地顯現。近現代科學透過理論的建構和發展，使純理（logos）得在自然（phýsis）中光榮獲勝；似乎唯有純理的顯現，纔是真實的存有。

總之，在現象學描述之下，當代人的日常生活及日常語言，科技經驗及科技語言，皆顯示出當代人追尋意義的各種不同型態。在當代人的經驗及語言中，潛藏了一種對於真實存有的顯現的強烈追求和期待。

㈡宗教經典中之訊息：哲學對於宗教的經典，可以使用詮釋學的方法（hermeneutic method）來闡明各經典中所包含的象徵在各宗教傳統中的歷史意義，以及這些象徵對於人類的永恆意義。每個宗教經典中皆包含了豐富的符號、儀式、事件等等，從詮釋學的觀點來說，我們都可以把它當作一些象徵（symbol）：在一些字面、直接、可見的符號之下，隱藏著一個精神上

的、間接的、不可見的意義[20]。詮釋學所尋求的就是如何由符號及其結構中釋出它們所指的意義。符號由於結構而連結、轉換，結構當然就決定了一部分的意義，所以我們可以用文字學、語意學等來探討這一層次的意義。其次，除了由文法結構所決定的意義之外，經典中的符號亦指涉一個意義的世界，即一個由個人或團體的生活經驗在歷史中凝聚成的世界。這個世界既然是在歷史中凝聚成的，便有其歷史傳承的一面，我們首先就必須要設法還原其歷史的面貌，指出其歷史的脈絡來。在這點上，詮釋學少不了要使用歷史批判法，來還原出這個由符號指涉的世界之歷史構成。換句話說，就是在該宗教傳統的歷史脈絡和文化脈絡裏面，重建這些符號的真實意義。但是，這個由符號所指涉的世界並不只有其歷史意義而已，而且有其恆久的意義。蓋由於語言的距離化作用，任何文字符號在構成之後，便有其獨立的恆久價值。人的意義必透過文字符號來表達始能傳之久遠，但文字符號一旦構成之後，便脫離原作者、原讀者、原寫作情境的束縛，而含藏一獨立的可能世界，此世界恆可被後來世世代代的人予以詮釋[21]。因此，符號不但有其歷史的意義，而且可以獨立於歷史意義而有恆久的意義。任何可能出現的讀者皆可以在其中讀到對自己的處境十分貼切的意義，皆可以由這文字符號的世界所開展出的種種可能性中，覓得一個嶄新的生活於此世的方式。

　　例如，我們在大多數宗教經典或哲學經典中都可以找到一個「上去——下來」的象徵。由於它普遍地出現

在各宗教經典及哲學思想，甚至在神話或童話中，我們可以肯定，這「上去──下來」的象徵，對於全人類的經驗十分重要。我們在《舊約》中看到，雅各伯夢見天梯，在梯上有許多天使由人間上去通往至高神處，另有天使從至高神處下來降往人間。佛經上亦言上下兩迴向，人必須智悲雙運，首先由凡夫、羅漢……等逐級上昇，直至證得「實相非相」的實智，然後發大慈悲心，持方便智，返回人間。在柏羅丁（Plotinus）有神秘傾向的哲學中，亦言萬物自太一流出，並回歸太一。柏拉圖（Plato）在《理想國》（*Republic*）第六書的洞穴比喻中説到：人應出離洞穴到陽光普照之下，睹見萬物本來面貌，但此時立即想起穴中伙伴，思下去救助他們[22]。此外我們在許多原始民族的神話或童話裏面亦看到類似「上去，取得某特殊物或訊息，再下來」為公式的傳述。這個象徵的普世性，正指示著人類經驗的動力中一個重要的真理：人不但要能不斷超越，求得真實的顯現，而且必須把這由真實顯現而得的光明帶返人間，照亮別人。

從哲學反省宗教，我們可以肯定，人類在宗教上所表現出來的，就是找尋真實存有的顯現，即一個「鍾愛者的面容」之出現，唯有在這真實顯現前，始有真光，始有真實的喜樂；但人若獲得光明，還須返回當前世界，照耀別人，與別人共享這光明所帶來的喜樂。換言之，宗教必須以真實存有顯現為基礎，來參與這個世界和人類歷史的建構。

賀德齡（Hölderlin）在其〈返鄉〉（*Heimkunft*,

An die Verwandten）一詩中有這樣一段：

> 真的，這就是老家，故鄉的土地。
> 你所尋找的，是如此貼切，迎著面而來，
> 恰如浪子返回麥浪推擁的家門，
> 張望著，尋找你所鍾愛者的名字……㉓

　　所謂「老家」就是我們所來自的源頭，亦為我們一生所尋找的真實展現。只有在光明中的真實展現纔堪當吾人的源頭，但這光明是如此貼近，卻又如此遙遠，我們的一生似乎都是這樣一個化遠為近、求返源頭的過程。這光明的源頭纔是我們所真正所鍾愛的，也唯有我們所鍾愛的，纔永遠不會消失。但是，我若得抵這光明之源，終究還必須返回這光明所照耀的世間，正如尼采在《查拉諸士特拉如是說》（*Also Sprach Zarathustra*）一開始對太陽所言：

> 「偉大底星球，倘若不有為你照耀之物，你的幸福何有？十年間你照上我的崖穴，想必你已倦於光明，倦此修途，設若未曾有我，及我的飛鷹和長蛇。但每日早晨我們等候你，把取你的豐餘而向你祝福。看呵！我厭足了智慧，如採取了過多的蜜的蜜蜂，我需要向我求索之手。我願意贈與、分給，直使人羣中的智者重歡其愚庸，貧者更欣於富足。於是，我必須降至深淵，如你在夜間之所為，沒入大海而猶布光明於彼土，你這豐盛底星球！我必須

像你一樣墮落，如我欲往之人羣所云。」[24]

宗教即在尋求光明，但若求光明而不能返此世照
耀，則亦不成其為光明。哲學反省使吾人追索真實存有
之顯現，但這真實存有之顯現亦須能與社會人羣共享。
能上求光明之源，下返人間普照，則文化始得深入，而
高明方能落實。

5.5 結論

從以上的研究，吾人可以歸結出以下幾個要點：

(一)終極信仰在現代世界的基本變遷，與人類在認
知、道德和存在三個層次上由科技所造成的情境息息相
關。吾人曾經指出，此一情境在根本上是一種對比的情
境。因此，科技之發展一方面造成了許多負面的衝擊，
另一方面亦突顯出積極的新展望。

(二)科技的發展會使人們的終極信仰，由超越之信仰
對象，轉變成為內在之信仰對象，由顯態的信仰方式轉
變為隱態的信仰方式，因而加強了俗化之歷程，甚至以
科技本身為信仰對象，推究其隱，則實乃對人類主體性
本身及其權力意志之信仰。

(三)但是吾人用現象學之方式來解析當代人的日常生
活經驗和科技經驗，又發現其中隱隱然有一不斷尋求超
越之動力，指向生命之終極意義或世界之真實存有的開
顯。

(四)吾人再用詮釋學來解析宗教經典中所蘊含之訊

息，又可發現其中不但有超越向上，尋求真實存有，探尋光明之源的邀請，而且含有再下來拯救現象，光照普世之要求。

這四個論題所包含的複雜意義不但指出了當代人的心靈之困境所在，而且亦為吾人指出了一條新的出路。茲總結為以下三點：

㈠首先，當代人在終極信仰上的偏失所造成的心靈上的困境，主要在於一方面失去超越的終極信仰對象，僅存內在的信仰對象，至於對科技的信仰所代表的意義亦僅只是人類以理性為核心的主體性，和走向宰制、爭鬥的權力意志；另一方面，則在於當代人只有隱態的信仰方式，亦即對於自己內心的信仰動力不能有所自覺，只能被動地隨波逐流，甚或以任何外在的、低俗的價值來替代內在的信仰對象。當代人只有純屬內在且毫無自覺的終極信仰，人的心靈一方面對此感到不滿，力求超越；但另一方面卻在現實生活上以更低俗之價值來取代之，難怪現代人要時時焦慮不安了。若要化解不安，提升心靈，則在終極信仰上，首先，當代人不能再僅止於內在之信仰，且應顯化其超越之信仰，由內在而超越，求一既內在又超越之信仰；其次，不能再盲目而無自覺地信仰，卻必須化隱態為顯態，從不自覺轉向自覺，如此現代人的心靈始有光明之出路。

㈡其次，人在科技時代的終極信仰既然是內在的和隱態的，則我們只能從內在出發，援引向上，從隱態出發，幡然自覺。中國傳統哲學所提供的智慧，大多是從人的內在出發，引致自覺，逐步擴而充之的步驟。因

此，中國哲學所提供有關達致終極信仰的步驟，很值得現代人的參考。例如，孟子在〈盡心篇〉中所言：「盡其心者，知其性也。知其性，則知天矣。存其心，養其性，所以事天也。殀壽不貳。修身以俟之，所以立命也」。孟子肯定人內心具有良知良能，以及四端善性，若能從此出發，發揚此內在心性與天之密切關係，擴而充之，便可以立命事天。又如宋儒程灝所言：「敬以直內、對越在天」，「只心便是天，盡心便知性，知性便知天」。在中國哲學中可以找到許多類似的言論，其要義皆在於肯定人的存在與天內在地相聯繫，此種人天的內在聯繫，正顯示人內心中有不斷超越的動力，若能擴而充之，以至完全實現，則人便能由內在而超越，由人而達致於天。中國哲學中皆肯定人與自然、人與別人、人與天有內在關係，能內在地相感通。對此種內在關係之感通即是仁。若對此內在關係不能感通，便是麻木不仁。因此，人必須對內在所含的超越動力有所自覺，纔能下學上達，完成仁德，以免由於不能反求諸己，毫無自覺，而陷於不仁之地。人需先有自覺始可進而通向超越，這是中國哲學給我們現代人的終極信仰一個最好的指針。

(三)任何宗教皆必須仔細體會，當代人的經驗與語言中所顯示之追求超越與自覺的動力，並進而促使他們能以自有的動力，由內在而超越，由不自覺而自覺，使其由於終極信仰而獲致豐富之內心生活。這不但可以透過生活的體驗和文化的陶冶而得以獲致，而且可以在各大宗教及其經典中尋獲指標。例如基督宗教的信仰，就顯

示出其終極信仰的對象——上帝——一方面既是超越的，另一方面又內在於萬物和萬民之中。人一方面是有限的生命，但另一方面卻又在上帝的懷抱中獲得無限的希望。上帝雖屬全知全能，但絲毫不會妨害人內在的自由。簡言之，基督宗教的終極信仰的要義，在於有自覺地體會到仁愛之中的一種既豐富又緊張的經驗。中國哲學所言之誠明、盡性、仁愛……等等亦旨在指向此種既內在又超越的豐富的心靈生活。吾人若能發揮中國傳統文化與世界各大宗教中所隱含的精神富藏，誠可為科技社會中逐漸乾枯的心靈帶來柔潤的甘霖。

註 釋

① I. Kant, "Beantwortung der Frage: Was ist Aufklärung?" in *Schriften zur Anthropologie, Geschiktsphilosophie, Politik und Pädagogik*, 1, Herausgegeben von W. Weischedel, Frankfurt: Insel Verlag, 1964, pp. 53 – 61.

② *Ibid*, p. 53.

③ 參閱 H. Cox, *The Secular City*, New York: Macmillan, 1965; P. van Buren, *The Secular Meaning of the Gospel*, New York: Macmillan, 1963.

④ H.-G. Gadamer, *Wahrheit und Methode, Grundzuge einer philosophischen Hermeneutik*, Tübingen: J. C. B. Mohr, 1965, pp. 250 – 275.

⑤ J. Lacan, *Ecrits*, Paris: Seuil, 1966, pp. 524, 838.

⑥ 參閱 H. Marcuse, *One-Dimensional Man*, Boston: Beacon, 1964, esp. pp. 170 – 199；又見 M. Horkheimer & T. W. Adorno, *Dialectic of Enlightenment*, esp. pp. 29 – 42；關於法蘭克福學派之歷史，參見 M. Jay, *The Dialectical Im-*

agination: A History of the Frankfurt School and The Institute of Social Research, 1923 – 1950, Boston: Little Brown, 1973. 該書雖提及哈柏瑪斯，但只寫到一九五○年，因而其後該學派在哈氏之下的發展並未專門處理。

⑦ B. Lonergan, *Method in Theology,* New York: Herder and Herder, 1972, pp. 53 – 55, 231 – 232.

⑧ J. Locke, *An Essay concerning Human Understanding,* Edited with an Introduction by P. H. Nidditch, Oxford: Oxford University Press, 1975, pp. 249 – 272.

⑨ J. P. Sartre, *L'Etre et le néant. Essai d'ontologie phénoménologique,* Paris: Gallimard, 1943, pp. 56 – 81, 635 – 660.

⑩ 以上關於境遇感、理解、表詮三者之解析，參閱 M. Heidegger, *Sein und Zeit,* Tübingen: Neomarius Verlag, 8th edition, 1957, pp. 134 – 166.

⑪ H. Butterfield, *The Origins of Modern Science,* 1300 – 1800, New York: The Macmillan Co., 1951, p. viii.

⑫ N. Berdyaev, "Man and Machine", included in *Philosophy and Technology,* Edited with an Introduction by C. Mitcham aud R. Mackey, New York: The Free Press, 1983, p.203.

⑬ Aristotle, "Politica", 1253b 30 – 1254a, in *The Basic Works of Aristotle,* Edited with an Introduction by R. McKeon, New York: Random House, 1941, p. 1311.

⑭ N. Berdyaev, "Man and Machine" 同註⑫，p. 207.

⑮ M. Heidegger, "Die Phýsis bei Aristoteles", Francfort-am-Main, Vittorio Klostermann, 1967; traduit en francais, in *Question* II, Paris: Gallimard, 1968, p. 206.

⑯ 參閱 M. Heidegger, *Platons Lehre von der Wahrheit,* Berne: A. Francke A. G., 1947.

⑰ G. Orwell, *Nineteen Eighty-Four,* Text, Sources, Criticism, Harcourt: Brace & World Inc., 1963, p. 116

⑱ R. Bultmann, "New Testement and Mythology" in *Kerygma and Myth: A Theologcal Debate*, ed. Hans Werner Bartsch, trans. by Reginal H. Fuller, New York: Harper & Row, 1953.

⑲ P. Tillich, *Systematic Theology*, Vol. I, Chicago: University of Chicago Press, 1951, pp. 3 – 11.

⑳ 此乃呂格爾所賦予「象徵」之定義："J'appelle symbole toute structure de signification où un sens direct, primaire, littéral, désigne par surcroit un autre sens indirect, secondaire, figuré, qui ne peut être appréhendé qu'à travers le premier" 參見 P. Ricoeur, *Le conflit des interprétations, essais d'herméneutique*, Paris, Edition du Seuil, 1969, p. 16.

㉑ P. Ricoeur, *Interpretation Theory, Discourse and the Surplus of Meaning*, Texas: Texas Christian University, 1976, pp. 37 – 44.

㉒ Plato, *The Republic*, 514a – 519c.

㉓ Hölderlin, *Poèmes (Gedichte)*, Collection Bilingue, Paris: Aubier/Montaigne, 1943, pp. 314 – 323. 所引詩句由沈清松中譯。

㉔ F. Nietzsche, *Also Sprach Zarathustra*, 本段譯文採自中譯本《蘇魯支語錄》，啟明書局編譯部譯，臺北市，啟明書局，1956 年臺一版，第1頁。

解除世界魔咒

當代科技思潮與反科技運動 6

6

6.1　前言：問題的脈絡

在當代思潮中有兩個主要動力：一方面科技日新月異地前進發展，使得人類許多的腦力和思想，為了科技或環繞著科技而凝聚、而消耗；另一方面則悲天憫人的人文關懷後勁猶存，繼續留意人的精神潛能和人性尊嚴，對於科技所造成的有違人性之後果，多所指責與批判。本文就在這個脈絡之下來思考當代的科技思潮和反科技運動。如果我們要恰當地評價科技，就不能只片面地停留在科技內部來看，或只停留在科技外部來看，卻必須內外兼備，公平審視。因此，首先我們必須正視科技本身的價值，從科技活動的內部來同情地瞭解科技。然後吾人再就唱反調的反科技運動，看看從人們對科技的抱怨當中能暴露出科技有那些缺點。為什麼本身具有正面價值的科技也會具有負面價值呢？那是因為科技本身也具有倫理和政治上的意涵，在吾人明白反科技運動之前，需先予以探討。如此，在正反兩面的意義皆顯

豁之後，吾人纔能更為正確地評價科技。

　　本文以下將分四個部分來處理此一重要的主題：

　　㈠當代思潮對於科技活動的內在詮釋

　　㈡科技的倫理與政治意涵

　　㈢審視當代的反科技運動

　　㈣根據以上脈絡重新評價科技

6.2　當代思潮對於科技活動的內在詮釋

　　當代思潮中對於科學的內在解析，不願再停止於傳統上把科學當作一種「純粹為知識而知識，不必有任何實際牽扯」的看法。這種看法的科學觀遭到許多當代人的批判，主要由於有許多人假借為知識而知識之名，遂行個人私慾，甚至有戕害人文之實。當代人越來越感受到科技與權力的結合之嚴重性。其實，一切真實有效的知識，同時也就是一種權力，這種想法與近代科學的發皇，同其久遠。近代科學運動健將培根（Francis Bacon）說：「知識就是權力。」可見，在西方科學源起之時，已經有思想家隱約地預見它日後與權力結合的潛能了。問題在於：雖然科學一定與權力有關，但是長久以來，它一直被大部分的哲學家和科學家們解釋為一種純粹默觀、無假外求的認知活動——也就是一種純粹為知識而知識的活動。這種想法根源自希臘以來的哲學傳統的「理論」（theoria）概念。正如亞里斯多德（Aristotle）在《形上學》（*Metaphysics*）一書中所言：「並非因為能夠實踐而更有智慧，而是因為擁有理

論本身，並且認識原因[①]。」在此傳統中，理論（theoria）和實踐（praxis）的分割自始便被奉為是理所當然。這種想法亦被科學家有意或無意地接受，甚至成為藉口。

到了今天，知識的合法性似乎有由哲學轉移到科學的傾向。雖然此種合法性的轉移（transfer of legitimacy）十分嚴重，但似乎仍然未成定局。因為在科學活動當中仍然含有哲學的基礎：即使有許多人認為可以用科學的名義把哲學拋在一旁，但他們似乎完全沒有意識到，自己所用來證成科學的依據，正是哲學一直用來證成自己的理想：例如「真理」、「理性」等等；而且在科學中有一些詮釋性的概念——也就是科學用以詮釋自己的活動之概念，例如「理論」（theory）、「抽象」（abstraction）、「經驗」（experience）、「感覺知識」（sensible knowledge）、「邏輯一致性」（logical coherence）、「相符」（correspondence）等等，都不是由科學內部產生的，而是借自哲學。不過，以上這些概念都在科學發展的歷程當中，獲取了新的內涵。至於這些新內涵究竟如何，很多科學家並無自覺。其實這些概念仍有待反省與釐清。例如在科學活動中「理論」一詞已大不同於希臘哲學。在希臘哲學中理論指稱一種純粹為知識而知識的，針對普遍性的默觀方式。但在現代科學中，「理論」則指謂一個或一組具有數學、邏輯的構造和一致性，並且屢試不爽，尚未在經驗上證明為偽的命題。又如，在科學活動中，「感覺知識」已大不同於古典英國經驗論。在英國經驗論哲學

中，「感覺知識」指稱透過感官直接而被動地獲取的有關研究對象之資料；但在今日科學活動中，「感覺知識」卻指稱透過理論的設計，場地的預備，和儀器的架設所主動建構出來的，吾人對於研究對象所想索取的知覺內容。

今天科學所遭到的批評，主要並非針對科學研究活動本身，因為此一活動已獲得大部分人一致的尊重，視之為對真理的探求與人類的福祉極有貢獻的重要活動。實際上，現代思潮所批評的實乃傳統所謂純粹為知識而知識的科學觀念，認為科學本身就是價值，無須顧及實際生活以及對社會的影響。終究說來，現代思潮所批評的是切除了與實踐、與社會之關係的希臘之「理論」概念。

自從廿世紀以來，思想界嘗試提出一些較符合實情的對於科學的詮釋，盡量看緊科學實際上的運作來建構一套科學哲學。無論邏輯實證論（Logical positivism）或由波柏（K. Popper）所倡導的批判的理性主義（Critical rationalism）都是如此。他們的不斷努力亦構成當代科學哲學的主要成果骨幹。

邏輯實證論者和波柏等人都極力劃清科學語言（scientific discourse）和非科學語言（non - scientific discourse），尤其劃分科學和哲學的分界所在。這點表示他們不再把科學當作一種純粹為知識而知識的、默觀的（speculative）活動，而是運作性的實踐——無論是理論（形式）的運作或是實驗的運作。他們極力想解決的問題便是分界的問題（The problem of demarcation）：究竟科學的理趣與哲學的理趣分界何在？究實説來，這其實是在追問科學的科學性（scientificity）何在的問題。究竟那一種特性使得某一學科或某一方法成為科學的呢？邏輯實證論者提出了可證真原則（The principle of verifiability）[2]；波柏則提出了可證偽性（falsifiability）[3]做為答案。我個人認為，在此大致涉及了兩個層次的問題：經驗層次和理論層次。首先，在理論層次，科學必須使用嚴格的邏輯或數學的演繹步驟來從事科學理論的建構。其次，在經驗層次，科學必須運用有組織、有效控制的實驗過程，來從事經驗資料的獲取，而不只是靠單純的觀察。而且，理論和經驗兩者具有辯證性的互動關係，因為一方面，理論必須有經驗實例的詮釋（interpretation）；但另一方面經驗資料亦必須納入理論體系之中，始有認知上的積極意義。因此，我們不同意邏輯實證論所言的證真原則，因為事實和理論分屬不同的認知地位（一個別、一普遍；一具體、一抽象），兩不相對應，因而事實不能檢證理論為真。像卡納普（R. Carnap）等人所主張的可證真原則，認為若有經驗事實，便可檢證某一理論為真（verification），其實並無邏輯上的必然性，因為肯定後項，並不必然肯定前項。〔（p→q）・q〕→p並非正確之推論。相反地，我們可以接受波柏的説法，認為經驗的實例可以否證理論命題。因為正如否定後項式的推論所明示的：〔（p→q）・（−q）〕→−p，例如：假如牛頓的慣性定律是真的（p），則某一物體就必然按慣

性定律而運動（q）。設若我們能觀察到某一物體不按慣性定律而運動（－q），則可以否證牛頓的慣性定律，指出其為偽（－p）。此種證偽，具有演繹上的必然性。不過，事實對理論並非只有消極的證偽關係。我們可以進而指出：事實對於理論具有積極上的詮釋關係。所謂「詮釋」就是指賦予某一理論命題以一實例之意。

　　值得注意的是：無論邏輯實證論者或波柏都注意到了科學活動內在進行的步驟，因而提出對於科學活動的「內在分析」，而有別於從歷史與社會角度而來的外在分析。我們尤其必須注意波柏所謂的「科學活動的內在邏輯」。波柏所關心的問題，其實就是科學的內在動力問題：科學知識如何由於內在動力而變遷、發展、進步呢？他認為科學的演進不能用科學家的心理或對社會的實效來解釋，而只能用知識論的方式，尤其以邏輯解析為核心的哲學方式來予以解釋。就此而言，波柏認為科學基本上是「問題導向」的：科學在解決問題的過程當中，最重要的便是推測（conjecture）和駁誤（refutation）兩個步驟。科學家在面對一組問題之時，首先以推測之步驟來提出嘗試性的理論，做為解決問題的假設，然後再透過實驗的步驟來駁誤，排除不當的假設，然後導出問題的新層次，再重新提出新的假設，從事新的駁誤歷程。簡單說來，科學是依一種「嘗試──錯誤」的步驟摸索前進的活動，其中沒有一個迄今未被駁誤的理論具有絕對的真理，但是唯有證偽的歷程本身具有前述的演繹之必然性[④]。

波柏對於科學的內在邏輯之強調，引導他肯定了「第三世界」，此一觀念頗具哲學上的豐富潛力。其主要意旨在於肯定：除了人活動於其中、科學家所致力研究的客觀物質世界，和吾人能感能思的主觀意識世界之外，還必須置定一個有別於前兩者而由理想對象構成的第三世界。此一第三世界雖由人所造設，但卻享有獨立於人之外的地位。在此第三世界中，有語言、各種符號系統、各種由語言構成之理論（無論神話、哲學、宗教，或科學的理論），尤其是各種科學的概念和科學理論[5]。波柏肯定科學理論所在之第三世界有別於物理世界和意識世界，因而十分類似於黑格爾所謂的客觀精神，它不同於自然和意識，而自有其存在上的獨立地位。此種形上的設定，替科學的內在邏輯奠下了知識論和形上學的基礎。

不過，今天的科學研究都是透過科際整合方式來進行的。波柏（Karl Popper）的駁誤法或證偽論（Falsification）雖然能提供某一學科內部或某一研究方案內部的研究步驟，但並無助於科際整合研究，因為每一學科或研究方案都可以不斷透過推測，提出嘗試性的理論，並不斷進行駁誤或證偽，藉以排除錯誤。既然自己就可以使用否證，並無需與其他學科合作，也就無法用證偽法做為與別的學科進行科際整合研究的知識論策略。

就科際整合的知識論策略而言，晚近的新維也納學派——由哲學家華爾納（F. Wallner）、物理學家皮希曼（H. Pietschmann）、心理學家古特曼（G.

Guttman)、歷史學家布魯納（K. Brunner）和科學
組織學者費雪（R. Fischer）……等人組成，本人亦為
其成員之一——主張建構實在論，提倡以外推
（Verfremdung, Strangification）為科際整合的知識
論策略。由於各個別學科常封限在自己的微世界中，不
適合於科際整合。為此，建構實在論提出外推策略
（strategy of strangification），主張每一學科中
人應設法走出自己，透過外推藉以進行互動與反省。
外推策略可以分為：(1)語言的外推（linguistic
strangification），藉此研究者把自己在本學科的重要
發現與論題翻譯為其他學科可以理解的語言，讓別的學
門瞭解自己的發現或主張；如果翻譯不通，則應轉而反
省本學科的方法與原理，及其限制。(2)組織的外推
（organizational strangification），將某一研究或
學科從發展所在的社會組織中抽出，放置於其他社會組
織與文化脈絡中，看是否仍能行得通。一學門在進行這
兩種外推時所遭遇到的阻礙，往往顯示本學門在知識論
原理與社會組織上的限制，並藉此種反省再求擴大。如
果不懂得反省，科學至多只能說有了建構微世界的技
術，卻談不上有知識。

此外，建構實在論並不同意波柏所主張的三個世界
理論。建構實在論認為，每一門學科因著特定的研究方
法、語言和知識進路，皆各自建構各自的「微世界」
（Microwelt, Microworld），而全體微世界之總和，
可稱為「建構的實在」（Realität, constructed
reality）。至於科學活動所在的環境，亦為科學活動

所假定的對象，稱為「實在自身」（Wirklichkeit, Reality Itself），此一區分頗類似康德「物自身」與「現象」的分別，但不採取康德先驗哲學的假設。此一實在觀克服了邏輯實證論反形上學之弊，不過，它雖然肯定了環境的實在性，但仍認為科學只能建構微世界，認為不同學科應多彼此互動，共同形構更健全的「建構的實在」。

不過，我在《儒家、道家與建構實在論》（Vincent Shen, *Confucianism, Taoism and Constructive Realism*, Vienna University Press, 1994）一書中指出，建構實在論的兩層實在論仍有必要加以檢討，因為科學的建構有好有壞，對環境的影響有優有劣，為此，顯然不能將「生活世界」等同於「客觀環境」。我認為必須在「實在本身」與「構成實在」之間，用「生活世界」來予以中介。生活世界一方面有吾人建構之實在，另一方面亦有實在自身。科學必須回應實在本身來維護並發展生活世界，而不能只顧建構而已。「建構的實在」、「實在自身」與「生活世界」構成了新的三重實在。我以三層實在論替代了建構實在論的兩層實在論。此外，我在該書中亦修正了建構實在論對外推的看法。詳細請看該書，茲不贅。

波柏的理論與建構實在論在解釋科學時雖然十分成功，但在解釋「技術」（technology）時就不十分靈光。主要原因在於技術所涉及的因素更為複雜，不能單憑知識論的解析就能遂行。雖然如此，當代思潮認為，「技術」中所包含的思考方式，亦如科學一般，必須考

慮其中促進變遷、發展的內在動力，纔能恰當地予以明白。斯柯林牟斯基（Henryk Skolimowski）指出，若要解析「技術」中所含有的思考方式，就一定要考慮到「技術進步」（technological progress）的觀念。所謂「技術進步」，就是在生產某種產品之時，該產品的實效之增進[6]。一項產品的實效包含了耐用、精確、省時、美感，以及經濟等等。因此，技術的思考並非一種純屬知識論的思考，而是正如波蘭哲學家柯塔賓斯基（Tadeusz Kotarbinski）所謂實踐論（praxiology）的思考。實踐論是從實效性的觀點來分析行動，屬於規範性的一門學科，主旨在從吾人行動所追求的價值及其獲取的程度來評價吾人的行動[7]。例如：採取某一新的生產技術，便能減少成本（經濟性）而維持實效（耐用、省時、美感、精確等等）；或者維持同一成本而提高實效；或者既減少成本又提高實效等等，都可以視為是技術進步。因此，技術不能僅視為是科學的應用，或等同於工程而已，因為它本身傾向進步，而且其思考的方式就在於實際思考傾向進步的內在動力。當然，以上這些實效的價值都與整個社會的經濟和文化範疇息息相關，也因而使技術所涉及的問題遠比科學複雜得多，因而不適用於一條鞭的、太過單純的科學解析。

晚近由於系統理論的發展和成功，亦被當代思想家們用來解析科學和技術。系統理論的基本精神可以說相當程度地延長了波柏等人所提出的內在解析。從系統理論看來，科學是一個演進中的系統，技術亦是。兩者由於具有共同的屬性（例如現代科學和技術皆同屬運作

性），因而結合成為一個更大的系統──科技系統。就此觀點看來，科技系統可以視為獨立於它的生產者人類之外的一個自律系統，有其內在的法則，而只就外在於系統的方式來與人類相關。科技系統不但有自己成長的內在法則，而且會以此成長法則來強加在其他系統之上，利用它們來成就自己的成長。此種解析純然不顧及人的主觀感受，而只顧及客觀運作的形式。因此，所謂其他的系統──例如人力資源──並不被視為心靈或意識，而只管把人的頭腦，視為能製造資訊的一種機器。系統理論在解析科技的變遷與發展之時所使用的關鍵概念，便是「自動組織」，此一概念在今天頗為成功。就此看來，科技系統就像一切複雜系統一般──例如某一生物系統──皆按照自有的內在結構和內在動力而進行自動組織並自動複雜化。這當然不表示科技系統絲毫不借用其他系統的資源──例如人力資源。相反地，正是由於它與其他系統的互動，科技系統纔得以日愈擴充，更形複雜化──其中尤其以人類頭腦系統和物質材料系統最為重要。這種想法十分類似於波柏所言三個世界的關係，但更為清楚和系統化，因此我們前面才說它延長並發展了波柏的觀點。總之，科技系統在與其他兩系統的互動中不斷擴充發展，而且此種互動亦說明了科學的經驗面和理性面的意義。科技的理性面所包含的邏輯構造和運作形式實與科技系統和意識世界中的理智結構之互動有關；至於其經驗面的實驗和資料的建立則與科技系統和物質材料世界的互動有關[8]。

　　此種對於科技內在動力之詮釋乃屬科學性的，不再

限於傳統哲學的格局。它不但能說明科技本身的變遷發展，而且可以使我們明白科技與人類社會、科技與自然世界的關係。話雖如此，系統理論的科技觀仍然未被廣為接受。仍然有許多人從人類學的觀點來描述和詮釋科技，其實這只是針對人類對科技的所作所為——無論是以科技為工具或發展科技的種種作為——但絕不是針對科技本身。換句話說，這種人類學的觀點談的不是科技系統本身，而是科技系統與人類系統的互動或科技系統對人類系統之回饋。一般對於科技的批評，主要是針對科技系統與其他系統（例如人類社會或自然世界）的互動，而不是針對科技系統本身。但是，當代思潮對於科技的內在解析則主要集中在科技系統本身的內在動力、組織與複雜化之法則，而不注意到它與其他系統的互動。

當然，生而為人，我們便不能只從科技系統本身來看問題，卻也必須進而從人類學的觀點來予以考慮。就人學的角度而言，這些互動關係就變得非常重要。科技的倫理與政治意涵就在此種考慮之下突顯出來。

6.3　科技的倫理與政治意涵

自從第二次世界大戰以來，世人愈來愈警覺到科技對於社會生活的衝擊。借用系統理論的話來說，自彼時起，科技系統與人類社會系統的互動，日愈密切。在這種大趨勢之下，我們越來越覺察到，在當代社會裏面，科技已經變成了一種倫理問題和政治問題。綜合言之，

有以下五點值得吾人特別注意：

㈠科技發展造成武器與戰爭上之後果：最令世人震驚的第一件大事，便是投在長崎、廣島的原子彈，毀人無數，更致令城市破敗，大地焦枯。須知在當時原子彈乃最尖端科技之產品，涉及到新物理中的一些理論觀念——尤其愛因斯坦的相對論——以及當時最為精密的實驗設備和步驟。但其結果卻是一個驚世駭俗的末世大屠殺。自此以後，國際間產生了不斷的核子軍備競賽，其後雖有限武談判，總免不了在冷戰中的有控制的恐懼之感。即使在後冷戰時期，核子陰影仍未稍減。無論如何，原子彈、核子彈的存在已經是一個事實，而且其數量有增無減，就好似真的懸掛在我們的頭上一般。即使我們在繁榮與昇平的生活表面下努力遺忘此一事實，但它的陰影可以說不時會侵擾到每一個人的意識邊緣。

值得吾人注意的是：自 1905 年愛因斯坦提出 $E = MC^2$ 的公式，直到第一顆原子彈爆炸，也就是由純理論的構思到技術上之執行，其間只有四十餘年光陰。更驚人的是，從第一個原子反應爐的建立——在當時只是十分傾向理論性的物理實驗——到原子彈爆炸的驚人悲劇，其間只有兩年的差距。基礎研究與實際應用的時間差距愈來愈縮短。尤其在國防、軍事科學方面更是如此：從原子彈、氫彈、洲際飛彈、衛星到各種心理性、生物性的武器研究……等等。對於這類科學研究的合法性及其限度的問題，變成了當代社會中爭論頗多的一項主要問題。

㈡科技發展造成生態環境上之嚴重後果：自從五〇

年代開始，尤其自六〇年代以後，大家越來越注意到生態環境問題的嚴重性。由於科技過程點狀或面狀的介入，對於自然生態的平衡造成非常嚴重的後果。面狀的生態破壞最為典型的例子是埃及的阿蘇安（Assouan）巨壩，它改變了整個尼羅河谷的生態環境，嚴重影響整個地區的氣候，甚至波及埃及的農業，殃及三角洲附近水域的生物。此外，點狀的破壞更是隨處可見，例如硬性化學物質和工廠廢水造成河水污染，使得河中魚類浮屍水面。城市中由於汽車和工廠造成的空氣污染與噪音提高到不能忍受的程度。這些現象已經波及鄉村。這類的污染並不僅限於生物的層次，而且更有心理層次的污染。在商業導向的電影、電視、報紙等視覺的傳播媒介當中，充斥著色情與暴力，擾亂了我們想像的領域。而且心理的沮喪與挫折日愈增加，心理上的不平衡越來越擴大，鎮靜劑的使用量日愈增大。醫藥進步，但卻怪胎百出，顯示成藥的大量服用影響了下一代，若以此推演下去，我們可以預見遺傳惡化之未來。更嚴重的是在大量藥劑撲殺之下，已形成超抗力之細菌，造成許多災害。這些都不僅止於想像的領域，而是屬可預見之領域。最後，還必須加上一筆：由於科技的進步，死亡率減低，人口不斷增加，但原料資源似乎傾向零成長。現代科技的終究後果，似乎並未把人帶向人間天堂，卻是把人帶向陰霾之未來。

（三）科技發展納入政經體系：今日世界各國的工業發展、經濟成長，以及國家實力的增強，多少皆有賴於科技的研究與發展。工業界也不再滿足於引進別人的科技

新知，卻設法自己設立研究發展部門，推動與自己相關的科技研究，並且透過建教合作的途徑，引導大學研究機構從事符合自己目標與利益之科技研究。科技關涉到國家實力，當然就關涉到政治。因此各國皆關心科技發展，擬定政策，設置機構；各國政府皆大力注重研究與教育，並且透過直接（例如設置公立大學、研究機構或實驗室）間接（例如各種津貼、補助）的步驟，將教育和研究的導向與權責納入政府的控制之下。

於是問題來了：究竟政府所強制的科技政策與研究發展導向是按照人民的「公共福祉」的要求而制定的？或者是工商業界在操縱，導使政府制訂符合其利潤意圖的政策？即使科技的發展沒有任何的不良後果，我們有何客觀標準來保障工商業界的意圖符合於公共福祉？此一問題又引起另一問題：究竟誰有資格認清公共福祉的客觀而實際之要求？

在資本主義國家中，工商業界的目標在於利潤，因而只生產可出售圖利的科技產品。對他們而言，營利是最為根本的判準。所謂可出售圖利的科技產品，當然要有有支付能力的需求來相對應，始能有利可圖。有些需求誠屬自然需求，但有些需求則可經由廣告來挑逗和維繫，這種被引發的需求越來越形普遍：例如透過各種廣告、分期付款、銷售手法、售後服務等刺激購買汽車、電視機、家用電腦等的需求。至於公共的需求，例如恰當的都市計畫，公共醫療保健設施，或適切的教育體制等等，就很難尋得客觀而有效的判準來予以引導、推動。

在集權主義國家當中，更無法保障工業的發展與科技的研究發展能滿足公共福祉的需求。在這些國家中的科技發展，往往只為了滿足當權者在軍事、國防、強權……等各方面的需求，並據此來置定其研究上的優先次序。

總之，科技幾乎已經全然被納入整個經濟與政治體系當中，並由後者來訂定科技發展的目標。政經系統雖然提供科技系統的發展以資助，但亦進而控制科技的活動與導向，甚至利用科技的成果。因此，在今天再談科學是一種客觀的、無所求的認知活動，對於價值而言是中性的，對於行動的目的而言是超然的……等等，這些說法於今不但大錯特錯，而且全屬幻想。繼續宣揚如此的科學觀，恐會遮掩了科技實際的意義，因而使這種看法本身變成一種意識形態，而其中隱藏的目的則在於使科技在現代社會中的真正功能隱而不彰，使人們不能正視科技本身的價值，而成為被其他目的所利用的藉口。

㈣科技變成意識型態：科技不但會成為政經權力的工具，而且依照哈柏瑪斯（J. Habermas）所指出，亦會成為一切先進資本主義體制在意識形態上的掩幕彈。換句話說，科技變成使先進資本主義社會中的一切現象藉以合理化之觀念上的依據。科技取代了過去神話和宗教的地位。科學曾對這兩者大加批判，但其結果則是取而代之。如果缺乏自我批判，則一切的批判終究會半途而廢，反而自立為神明。須注意的是，科技的這種新角色不僅在先進資本主義（私人資本主義）國家為如此，而且在其他已採取國家資本主義的社會主義國家亦是如

此⑨。

　　科技究竟如何取得這種意識形態之角色的呢？答案是：因為它提供了一種理性的觀念，但社會進而濫用此種理性觀念，以科技為藉口，叫人們相信在經濟和政治層次所採行的各種辦法，都是合乎此種理性的要求。既然科技本身有其內在價值，則一切自命為具有科技之理性者，似乎亦順理成章的都變成合理的了。「理性」（rationality）由科學轉換到經濟，再由經濟轉換到政治，於是就產生了把科技扭曲為意識形態的後果。

　　在此我們必須略微澄清「理性」一概念。首先，我們不可忘懷屬於哲學層次的理性，吾人可以稱之為整體的理性，它所講究的是既合於宇宙又合於人生的整全意義，我稱之為「講理」。其次，有一科學層次的理性，屬於局部的理性，只適用於科學經驗——即指由理論建構與系統實驗所構成的經驗。在康德哲學中我們可以找到「整體的理性」與「局部的理性」兩者的區分之哲學依據。康德（I. Kant）曾經區別理性（reason）與知性（understanding）。康德的理性較接近我所謂「講理」，它指向全體，因而形成「靈魂」、「世界」、「神」三大理念。「靈魂」是吾人心理現象的全體化；「世界」是自然現象之全體化；「神」則是全體有條件之存在物的總原因。但這三大理念並沒有感覺內容做為支持，因為吾人的感覺資料都是片面而局部的。所以，理性雖然指向全體，卻必須放棄以感性直觀為支持。至於知性，則是在科學活動中所運作的智力，其中包含了種種先天概念及其邏輯構造，它們可以結合到由實驗所

得的感覺資料上，而形成合法的科學知識——例如牛頓物理體系——，但這些知識究實說來僅止於現象界，因此是局部和有限的。科學的理性是局部的理性[10]。

詳言之，康德認為知性是判斷之能力，或法則之能力，藉之吾人始能綜合現象。科學活動之進行乃一種綜合的進行途徑，利用知性所含的範疇體系而在現象中顯豁出系統關聯，成立理路之網絡。至於理性則高於知性，因它是原理的能力，指導人對於知性的運用。理性中所包含的三大理念，正如前面所言，皆屬整體化之原理。不過，康德認為，理性不但有理論之運用——即對知性有指導作用，此外，它還有實踐之運用，而所謂實踐之領域，就是一切因著自由而成為可能的領域，也就是屬於自由的要求及其實效的範圍。理性在實踐運用中所指向的目標就在於建立起一個道德世界。對康德而言，所謂道德世界是指一個符合道德法則的世界，也就是合於理性之人的自由所能是，並合於道德法則的必然性所應是之世界。康德企望能在此道德世界中把理性的理論面和實踐面統合起來，這就是所謂哲學的理性，它是一種整全的理性，不但就自然言為整全，而且就倫理言亦為整全，而且更要以倫理上之整全理性來包容自然上之整全理性[11]。

基於上述的考量，吾人應該區分「理性」（rationality）和「講理」（reasonableness）。在科技中運作的，也就是康德所謂的「知性」運作的特性，吾人稱之為「理性」；至於整全的理性，則我寧願

以「講理」稱之，無論其在理論層面、倫理層面，或兼顧二者。

實踐理性的提出，使吾人進入了行動的範圍，而不僅止於理論的範圍。康德的哲學要旨在於從道德的行動世界來統合科學的理論體系。這種哲學的行動解析，的確有其深刻的見地。

不過，值得注意的是，今日科學思潮方面亦已提出對理性行動的解析。此種科學的理性行動解析，旨在把理性的行動當作選擇的行動來處理。華爾胥（Walsh）在其所著《公理選擇理論》（Axiomatic Choice Theory, 1971）中，用公理系統的形式建構出一套理性的行動之理論，其中最重要的概念為喜好（preference），可得性（accessibility）、選擇（choice）等等。所謂「喜好」指當事人在面對多種不同事態或對象之時，可以表示其所較喜愛的和較不喜愛的，而建立起一系列喜愛或不喜愛的次第。所謂「可得性」一詞在此乃一般直覺性的用法，指示一個當事人所能實際實現的事態。至於「選擇」則指一個人能主動決定實現某一事態而不實現另一事態，獲取某一對象而放棄另一對象。

華爾胥所建構的公理系統包含了七個公理，在直覺上皆簡潔可喜，合起來共同表現了理性行動：所謂理性行動即是合乎此全體公理之行動，根據此一公理體系，吾人可以導衍出以下的理論：「在全體數量有限而且可稱為可得事態的不同選擇對象當中，A事態會被選出，若且唯若在全體事態當中沒有其他事態比A事態更被喜

好。」這話看起來似乎十分平淡無奇,不過吾人必須注意的是:此一公理系統的建構完全避免了以前所謂的功利或價值的觀點,不再追問「喜好是如何成立的?」「可得的事態是如何被當事人排列成好惡次第的?」等等問題。在此,「理性」的概念只歸納到「行動的一致性」這一個條件。吾人可將之表達如下:「假如你喜好事態A更甚於其他事態,而且假如事態A是實際可得的,那麼,若且唯若你選擇事態A,你的行動纔是理性的。」換句話說,理性的行動要求評價的行動與執行的行動相符一致。

由此可見,在哲學上對於「講理」的深宏而肆之看法,在科學的理性觀上就變得非常窄狹。對於科學而言,理性只是評價與執行的一致性。我們若進一步加以解析,便可以發現,這種窄狹的理性觀和傳統的目的觀或價值觀之間存在著一種二元對立之勢。這當然與實證主義者所主張的事實的秩序與價值或目的的秩序之間的二元分裂息息相關。總之,它們分割了獲取目的之行動與這些目的本身。我們可以無誤地指出:在這種科學的理性觀中,一切屬於目的或價值的秩序皆被摒棄在外了。

根據以上的解析,吾人較易於解釋在實際上如何由科學向政治滑動,以及科技如何變成意識形態的現象。簡潔言之,吾人可以將此一過程解析為以下三個階段:

第一:在科技的範圍中,吾人所崇尚的是所謂理性知識,由具有邏輯和數學構造的理論以及系統實驗所得的資料兩者的互動所構成。

第二：在理性知識的角度下，成立了某種理性行動的格局，並透過此一格局而將理性知識的條件轉嫁於行動之上，要吾人的行動全盤服膺其管制。

第三：把此種理性行動的格局應用到實際的行動上，用以詮釋和指導行動，於是乎產生了遵行理性條件之政治以及按照科技原則來指導的政治。

但是，由於科技的理性觀必然摒棄價值與目的的秩序，不再予以考慮，因此使得科技不但會缺乏創造目的和價值的想像力，而且會以科技的步驟遮掩了其他更為低劣的目的和價值。然而，在涉及歷史發展與百姓福祉的政治決策上是不可能避免目的與價值的。於是，科技步驟往往會成為低劣的政治價值或目的之藉口，變成了具有遮掩作用的意識形態[12]。

(五)科技發展造成知識與生活之分裂：為了明白反科技運動形成的原因，還必須考慮到第五個要點，那就是由於科技的發展，致使吾人生命中潛意識的基礎大受動搖。

首先，自然科學的發展乃立基於越來越複雜的人為步驟——**邏輯數學之運算**和**實驗儀器之控制**——而批判並摒棄吾人在直覺中所獲得的自明性，因此動搖了吾人日常生活中的穩當基礎。以宇宙論的歷史為例：在古典希臘已經有理性的宇宙論，但基本上它是建立在人們對於世界仰觀俯察的知覺之基礎上的。換句話說，古典的宇宙論乃哲人們對於知覺中自明的資料直接加以理性建構的結果，其中當然不乏巧思。相反的，自近代科技發皇以來的宇宙論則是建立在高倍數的儀器以及其他間接

研究的辦法上面，逐漸用既人為而且複雜的宇宙圖像，取代了原先直覺的宇宙圖像。更精確地說，透過科技的理論和實驗，人類擁有好幾個人造的宇宙圖像，迄今尚無法絕對客觀地予以取捨[13]。

於是乎，在日常知覺中形成的世界觀與科學所建構的世界觀之間有了二元分裂的情形。大概是為了克服這種分裂的處境，才導使本世紀有胡塞爾（E. Husserl）的現象學，提倡返回事物本身，使吾人能克服道術之裂，再窺世界與意識之整全。胡塞爾的現象學發展到最後，在其名著《歐洲學術危機與先驗現象學》（ *Die Krisis der europäischen Wissenschaften und die transzendentale Phänomenologie* ）中，主張返回知覺，以之為人類經驗的真正根源，並以之為任何科學的理性建構的唯一保障[14]。

無論如何，自然科學在吾人生活中所引入的二元分裂的情形在本世紀仍然繼續延伸，有增無減。總括說來，科技所帶給我們的是一種分析的、化約的、機械的人生觀。首先，分析的人生，因為自此吾人對於生命的瞭解必須先經過將生命體分解為部分，再觀察各部分之間互動的步驟始能獲致。其次，化約的人生，因為吾人在科學中嘗試把心理現象化約為生物現象，再把生物現象化約為物理、化學現象，始能獲得科學性之解釋。最後，機械的人生，因為一切科學性的解釋皆遵循因果之格局，從前件走向後件，絕不能訴諸任何目的論之解釋。（若訴諸前件的作法失敗，就大膽訴諸於偶然。）

自然科學對於宇宙觀與人生觀有以上之後果，然而

更嚴重的則是人文科學在本世紀的發展所造成的震撼。在此，我們尤其指的社會學、心理分析等，哈柏瑪斯所謂的「批判科學」。物理學為我們指出，在吾人日常的宇宙觀、對顏色的視覺等等，其中有許多幻覺的成分。同樣的，這些批判科學為我們指出在吾人意識中的許多妄識。社會學中的意識形態理論為我們指出在社會結構中的妄識；心理分析為我們指出在個體無意識中的妄識。意識形態是基因於社會結構和階級關係，乃社會集體的妄識。唯其為妄識，是以具有實效。一旦引起自覺的批判，則意識形態便會漸失其魔力。個體無意識則為個人之妄識，其中所含之動力，遠勝過吾人意識階段的理性知識。吾人往往受無意識以及慾力之推動而不自知。由此可見，社會學和心理分析在吾人的集體層次和個人層次中劃分了「生活」與「知識」的二元分裂，其對吾人之影響，遠較自然科學更為嚴重[15]。

　　哈柏瑪斯把這類科學當作是解放的工具，想透過它們的批判功能來促使吾人從幻覺或妄識中獲得解放。不過「解放」一詞也是相當歧義的：問題在於吾人對於真理的看法如何，吾人是否承認應該在真理中來解除妄識，脫離扭曲的世界觀與人生圖像。例如，哥白尼的天文學使我們從托勒密（Ptolemy）的天文學所提供的錯誤的宇宙圖像中解放出來。或者，我們不承認有任何真理，而所謂解放只是不斷地從任何依附的狀態中解脫出來，則此時所謂「批判」只具有完全消極的、否定的功能，在否定依附與迷障之中求解放，但它本身不再提供任何積極的真理圖像。問題在於人類總需要有某種真理

的概念，即使只是一種指導性、規範性的真理，而非本體論的真理觀也好。總之，如果沒有真理，人是很難達到真正的解放的。

6.4　當代反科技運動之審視

在明白科技的倫理與政治意涵之後，我們可以進而討論當代的反科技運動。自從二次大戰以後，便有許多反對科技的潮流興起，在五〇年代到六〇年代之間擴充發展，到現在仍然波瀾洶湧，未嘗止息。

其實這種對於科技的反動首先是從科學圈內開始的，因為科學家最先警覺到科技所含之不幸的後果。進而，此種反動逐漸擴大，波及廣大羣眾，其中最惹人注意的是：反科技的運動與美國嬉皮、學潮、反戰、反現代社會，甚至反西方文明的潮流相結合。吳大猷先生在〈從嬉皮學潮到反科學思潮的萌芽〉一文中，對於此一現象的來龍去脈有十分簡潔的敘述：

「近年來美國許多青年知識分子，對目前社會制度，甚至對西方文明，發生疑問。這要比因厭戰而對若干情形的抑悶而作的（嬉皮及學潮）抗議，要深刻多了。……當美國青年，從嬉皮而學潮時，美國社會的『反科學』思潮，也隨著萌芽。目前美國的科學和技術，在各國可以說居於領導前鋒地位。……但在這科學技術高度發展，社會繁榮的美國，同時仍有若干嚴重問題之存在。在社會方面，……

所謂『商業主義』的過度發展，支配社會風尚；……
社會上犯罪案的增加等。在政治方面，……龐大國
防工業的發展；軍方與工業對政府在國防上決定政
策的左右勢力的抬頭等。這些情形的存在，使有些
人感到美國政府致力的工業和技術的發展多於社
會。更有些人，感覺人類在科學技術方面的邁進
速而且遠，而在社會政治方面的智慧，則瞠乎其
後。」⑯

平心說來，此一運動中，反科技的部分較屬局部，
而反西方文明、反現代生活方式的潮流則較為壯闊，至
於嬉皮、學禪、《易經》熱等等則皆僅為其附屬的現象而
已。這其中含有在傳統和目前的生活方式之外，創造另
一種生活環境，甚至開拓人類其他的可能性的想法。不
只如此，此一運動還採取了革命性的態度和行動，指向
另一種社會的建立。它所形成的廣泛的抗議態度，又回
饋到科學圈內，震撼了不少科學家的心靈，引發他們注
意到自己的專業倫理和更廣泛的政治問題，甚至對科學
本身發生了疑問。

以上整個運動雖然都被冠以「反科技」，但其實此
中可以區分出幾個不同的階段：

第一階段：主要強調科技問題中的倫理方面，尤其
是科學研究者的專業倫理問題，以及社會從事科學研究
與運用時的倫理問題。

第二階段：問題擴大，從倫理轉向政治，從而提出
有關科技的政治問題，亦即從政治引導集體命運的角度

來看待科技與整體社會的互動關係。此時我們看到有許多較屬於社會學性質的著作出版，解析科技與工業機構、軍方、政府等的關聯。

第三階段：出現了更廣泛的推動輿論的運動，在特定的時間和地點，針對特定對象來動員群眾參與行動。例如各種反核子示威，以及各種包圍核子中心，或反對設立核廠的抗議行為。

其實這類反科技的行為，自近代科技發皇以來，層出不窮。例如吾人在名數學家巴斯卡（Pascal）的行傳中便可找到這類小故事，茲不贅述[17]。其後啟蒙時代的科技運動中，有浪漫主義的反科技運動；十九世紀的實證主義科技運動有歷史主義的人文運動與之抗衡。迄今的各種反科技運動亦可以說是當代人文運動的一種表現[18]。由於這種人文關懷長久伴隨人類歷史，比任何科技思潮皆要遠古，在適當時機便會起來為遭到危機的人性請命。此種思想亦激發了許多作家和作品。例如十九世紀的巴特勒（Samuel Butler）曾著 *Erewhon, or over the Range*，其中展示了一種反科技的烏托邦思想。詩人布萊克（William Blake）亦曾謂科學雖為吾人藉以觀看世界之工具，但單有科學是不夠的，必須把科學知識整合到由情與力、先知之能、精神之能、科學知識四者所構成的四合體當中。當代思想家馬孤舍（H. Marcuse）亦曾指出：數學與物理學上最為抽象的研究成果，居然能滿足IBM和原子能委員會的需要，我們必須自問這類實際後果是否內在於科學本身。這類思想實際上是針對科學的實際後果而導向科學本身的根本

內涵與方法之批判反省。

大致説來，反科技運動顯示在兩個不同的層面上：理論的層次和實踐的層次。

就理論上言之：首先，在科學哲學方面，已經發生了十分顯著的改變。邏輯實證論局限在理論的邏輯結構與經驗的地位方面的討論，受到來自科學史和社會學觀點引發的科學哲學的嚴厲批判。後者尤其是對於一般皆咸信的科學的客觀性的觀念大加批評，並指出其中包含了有獨斷之嫌的預設。而且任何科學假設的提出，都不是獨立而純粹之命題，卻都牽涉到更為廣泛的文化、哲學，甚至政治現象。這類批判主要是屬於知識論層次的，但其後果則是顯示出科技研究在導向上和後果上皆不自覺地隱含了一些政治、社會、文化上的立場[19]。

除了科學哲學上的新發展以外，在知識界興起了一種傾向於較屬直覺性的知識之潮流，亦使得科學的理性與成就被相對化了。這一點使我們想到所謂的「反文化」運動。尤其曾任《科學雜誌》（ *Science* ）主編的克拉克（Robin Clarke），他曾簡潔有力地定義所謂「反文化」如下：「反文化就是反資本主義，反剝削，反戰爭，和反貧窮。」所謂的反文化當然是在美國整個抗議思潮中誕生的，起初只是對於科技政治的反抗，其後逐漸發展為反對科學本身的運動，甚至反對整個西方文化中的理性傾向。克拉克便清楚地指出：反文化所攻擊的是西方理性的專斷，並且主張科學並非走向真理的唯一道路，而反過來主張人類可以用較屬直觀、超越的認知方式來獲致真理。在這整個風潮之下，上焉者在東

方的哲學和密契論中——例如禪宗——追尋超越性的冥
想經驗；而下焉者則訴諸於像迷幻藥這類化學藥劑，以
達到臨在感。這整個的認知方式，主要並不是為了解釋
世界，而是為了覺識自我。就如克拉克所言，在反文化
運動中所重視的是三個C：Community（共融）、
Craftsmanship（技藝），和Creativity（創造），以
便取代傳統建制文化中的三個R：Reading（閱讀）、
wRiting（書寫）、aRithmetic（數學）[20]。此外，反
文化運動又尋求用各種途徑來將自我整合於宇宙或自然
的內在動力裏面，以便擴充生命、榮耀存在：例如瑜
珈、各種密教、天體營，甚至化學藥劑等等。

　　在這整個運動中，大部分的行動都有理論的導向，
尤其在有關科技人員的專業倫理方面的討論更是如此。
例如在DNA的研究方面涉及到的設限問題，一方面固
然是涉及了研究者的行為規範，另一方面亦含有許多認
知上的理論興趣。至於鼓動羣衆，影響實際科技決策的
作為，則較屬於實踐行動的層次。在實踐層次中最為極
端的，則是有關暫停科學研究的建議。有些暫停研究之
提議僅限於局部的學科：例如僅止於生物醫學方面或止
於對人體所做的實驗。法國哲學家色雷斯（Michel
Serres）曾一度提議停止一切有應用傾向的科學研究，
因為一切危險皆來自應用。此外有些人主張只研究數學
裏面完全確定沒有任何實際影響的數學問題。最極端的
例子大概要算名數學家葛羅登迪克（Grothendick），
他甚至停止了一切科學活動，並且建議停止一切研究活
動，因為他認為若要避免人類未來的一切禍害，最徹底

的辦法便是停止一切基礎科學的研究與發展。

葛氏的態度似乎太過火了，不但無濟於事，而且似乎會帶來更迫切的危機。科技自有其本身的價值和理性。人應妥善予以利用，而非消極地停止研究。不過，有一點可以確定的是：即使在科學圈內，科學本身的價值也已經受到拷問，不再確切無疑。最後，科學家亞伯拉罕（Ralph Abraham）以下這一段話能使我們更為明白問題的複雜性：

> 「最近幾年來，我深切關心世界上的各種社會問題和科技的濫用。最根本的問題在於：數學是否值得繼續研究下去？這段時間的經驗與反省使我深切相信：有許多數學，其中包括在本課程中所特別發展的觀念，都是人類理智財產的一部分，對吾人的進步與生存，極為重要。然而我必須補上一條限制，指出此種財產的理路與價值端賴應用是否得當，人類迄今忽視這點，實在可恥。一切財產皆可能被良善運用、邪惡運用，或遭受忽視[21]。」

此一段話顯示出來，在經歷了一段時期的疑問之後，這位科學家重新肯定了繼續研究的重要性；但在原則上，人必須挺立起來做為科技的主宰，善用科技，而非惡用科技，甚或漠視科技的實際後果。

6.5 結語：重新評價科技

　　自從二次世界大戰以來，在有關科技的正反思潮激盪之後，亞伯拉罕的話可以說反映出當前科學家與社會人士對於科技的典型態度。這是一種批判反省的態度，在恰當地衡量了正反兩面的意見以後，最後肯定科技的發展無論如何應該繼續下去，但也應該認清目標，妥善運用。科技雖然產生了許多負面的後果，但它具有一個最為根本的正面價值，不容忽視：科技的發展乃人類建立真正平等社會的唯一憑藉。這一點，亞里斯多德（Aristotle）似乎早就預見了。他在《政治學》一書中討論到奴隸制度的時候曾說：

　　　　「只有在一種條件之下，領袖不需再有僕人，而主人亦不需再有奴隸。這個條件就是：每一工具能夠承命或度意而善盡職務，一如荷馬所描寫的載達魯斯的石像，或海法斯圖所製造的古鼎一般，他們自動自發地為神明而戰鬥，宛如自動織布的梭，和自動彈奏的琴一般。」[22]

　　亞里斯多德這段文字蘊意極為深刻，因為它指出人類若要達到真正的平等和解放，只有依賴於科技發展所造成的全面自動化的社會。雖然真正的民主亦建立在國民良好的道德情操上，如果一國上下皆有德，則即使貧窮亦能實現民主。這在理想上固然無誤，但是，「倉廩

足而後知榮辱」，歷史證明，唯有充分的物質生產、合理的分配才能實現平等。物質生產有賴於自然科技，合理分配則有賴於社會科技。

　　科技雖然製造了許多問題，但這些問題並非單憑消極放棄便能解決的，卻仍然有賴科技的進一步研究發展來尋謀解決。例如工廠排煙或廢水所造成的環境污染，有賴在化學處理或機械裝置上來予以減輕、中和，或消除。又如醫藥進步造成死亡率減低，人口增加，必須以科技研究來開發資源、增加生產，改善交通……等等。否則若只一味排斥科技，恐怕只會造成更大的災難。如果人不要因噎廢食，則繼續發展科技，妥善運用科技，進而以人文提升科技，才是能為人類帶來真正幸福的光明正途。

　　發展科技，是要使科技往深刻處發展，而不是往膚淺處發展。要科技深刻發展，就不能僅從事純屬科技本身的研究，卻必須更從社會、文化和哲學方面來予以探討。社會、文化方面的探討，主要在釐清科技對社會，科技對文化的互動關係，以便把科技納入更為波瀾壯闊的社會建設和文化建設歷程當中。但是唯有哲學纔既能考量科技本身的內在理性與價值，又能就全面來看待科技與社會、文化的深刻關係。

　　從科技哲學看來，科學中的方法和概念，與技術中的思考方式，皆有其根本的構造和旨趣，一如本文第二段中所指出，這些唯有到了哲學層次，才能顯豁出來。而且科技中亦包含有其哲學假設，關涉到吾人看待世界、接近存在的方式。科技有其世界觀和行動觀。迄今

科技哲學較注意到方法學和知識論的層次，對於科技本身的哲學假設，則仍有待努力。

進一步言，科技既然凝聚了大半人類的腦力和心力，又帶動了近代以來人類歷史的發展，則其中一定涉及到意義的問題。究竟科技本身有否意義？人生的意義可否由科技來決定？這些問題必須透過哲學思索，才能獲得整體性的答覆。根據本文的探討，科技活動本身誠然有其意義，因為它代表了人類用嚴謹、有控制的方式來追求真理與效率。但是，科技的意義絕不能孤立地看待，卻必須就它與社會、倫理，乃至文化的關聯來看，才能給人生的意義一個整全的導向。

在一切有關科技的問題當中，最為深刻的就是「命運」的問題了。現在世界各國，無論先進或落後，皆極力發展科技，製訂科技政策，推動科技教育，培養科技心態，購買並販賣科技，推動科技研究與發展……大家皆殫思竭慮，不遺餘力。世界各國似乎皆接受了「任何現代國家皆不能不發展科技」的命運感。德國哲學家海德格（Martin Heidegger）嘗謂科技是西方人的命運，現在這個命運似乎已經被全球所接受了。

海德格認為科技有其形上學的假設。他認為在科技內部運作的真正預設其實是形上學的——也就是哲學性的。海德格從最根本的角度，看出科學與技術內在最深切的關聯，並指出吾人只有從技術的現象出發，才能明白科學的本質。為了探查科學的究竟，吾人必須往前看而不是往後看。科學自源起之時，便與其技術上的結果在本質上相關。雖然從歷史上看來，近代科學先於近代

技術，但只有扣緊了與近代技術的關係，吾人才能明白何謂近代科學。吾人苟加以深思，近代科技便顯示出其形上學的假設。海德格認為科技的本質就是形上學的本質；反過來說，形上學的本質也就是科技的本質。海德格所謂的形上學，並非指稱全體的冥想哲學，而是指西方世界自柏拉圖以來的哲學形態，其要旨在於把存有（中國人所謂道）詮釋為存有物（中國人所謂形器）的本質——亦即存有物的存有者性（beingness）。換句話說，西方哲學從存有者出發來詮釋存有，從解析存有物的普遍性和基礎性來回答存有的問題。海德格認為，一部西方哲學史，就是一部形上學史，也就是回答何謂存在物的存有之問題的歷史。對此一問題的回答，也就構成了西方的命運㉓。科技及其中所含之表象形上學，亦正是對於此一問題之回答，亦正是此一命運的方向。

表象的形上學（metaphysics of representation）乃與近代科技一同形成，而且成為科技最根本的基礎。表象形上學把存有物的存有規定為對象（object）及其客觀性（objectivity）。所謂的「客觀性」在此並不指與主觀對立、獨立於主體之外的真實之物，而是由表象所構成的認知內涵。這正是近代科技最根本的假設。海德格在〈世界觀的時代〉（Die Zeit des Weltbildes）一文中表示：所謂表象意指把某物置放在主體面前，以便肯定、確認、保障藉此而固定之物。為了要能如此地保障、確認，就必須使用計算，因為只有計算才能保障所表象之物的可預測性和穩定性。表象就是從主體出發，透過概念化與數學化之程序，在一個有

保障的部門中的研究步驟，使世界因此而成為客觀的對象。世界變成表象，而人成為研究、操控此一表象的主體，此為科技的形上學假設[24]。

就此看來，所謂反科技運動對於科技所採取的無論在理論上或實踐上的反動，實在有它更為深刻的向度。它可能是對於科技所包藏的表象形上學及其中所含對於存有的片面之見的反抗。反抗科技的運動實際上是反抗在科技中所隱含的西方文化中的根本理趣，甚至反抗其中所隱含對於存有的根本看法。因此，在根本上，反科技運動與其他反社會建制、反西方文化等思潮是一脈相通的。這顯示整個時代在嘗試努力脫離表象的形上學，進而走向一個強調生活、參與和創造的行動的形上學。無論現代科技或反科技，似乎都在指向這個以行動的形上學為基礎的時代之來臨，要用生活、參與和創造的行動來彰顯存有，而不再以表象（例如科學理論）來控制存有。一切批判和反動似乎都在昭示著這個新時代的來臨。任何人為的努力，也只有在朝向此一新的存在境界去進行有自覺的工作之時，才能充滿光明、帶來希望。且讓我們拭目以待吧！

註　釋

① Aristotle, *Metaphysics.*, 981b, 5 – 10.

② Cf. Hans Reichenbach, *Experience and Prediction*, Chicago: University of Chicago Press, 1938, pp. 57 – 80.

A. J. Ayer, Language, *Truth and Logic*, New York: Dover, 1948, pp. 87 – 101.

R. Carnap, *Testability and Meaning*, New Haven, 1937.

③ K. Popper, *The Logic of Scientific Discovery*, London: Hutchinson, 1972, pp. 86–100. 關於證偽，拉卡多胥（I. Lakatos）曾提出較為細緻之檢討，參見*Criticism and the Growth of Knowledge*, Edited by I. Lakatos and A. Musgrave, London: Cambridge University Press, 1970, pp. 91–196.

④ 同上，又見 *Conjectures and Refutations*, London: Routledge and Kegan Paul, 1972, pp. 33–65, 253–292.

⑤ K. Popper, *Objective Knowledge*, Oxford: Clarendon, pp. 153–162.

⑥ Henryk Skolimowski, "The Structure of Thinking in Technology", in *Technology and Culture*, No. 3,1966, also included in *Philosophy and Technology*, Edited with an Introducton by C. Mitcham and R. Mackey, New York: The Free Press, 1983, pp. 42–53.

⑦ Cf. Tadeusz Kotarbinski, *Praxiology—An Introduction to the Science of Efficient Action*, translated by O. Wojtasiewicz, New York: Pergamon Press, 1965.

⑧ 關於系統理論參見 L. Von Bertalanffy, *General System Theory*, Penguin University Books, 1973. 此外，亦請見 J. H. Marchal, "On the Concept of System", in *Philosophy of Science*, 42 (1975), pp. 448–468.

⑨ J. Habermas, *Technik und Wissenschaft als "Ideologie"*, Merkur, Vol. 243, 1968, pp. 591–610, Vol. 244, 1968, pp. 682–693.

⑩ 沈清松著：〈物理學之後──康德的自然形上學〉，臺北，《鵝湖》月刊，94期，1983年4月，第44–56頁。尤其第46–48頁。

⑪ 同上，第53–54頁。

⑫ 詳見 J. Habermas, *Technik und Wissenschaft als "Ideologie"*, Frankfurt-am-Main, Suhrkamp Verlag,

1968.

⑬ A. N. Whitehead, *Adventures of Ideas*, New York: The Free Press, 1967. pp. 119－139.

⑭ E. Husserl, *Die Krisis der europaischen Wissenschaften und die transzendentale Phänomenologie*, Martinus Nijhoff, Haag, 1976. 又參見拙著 Vincent Shen, *Life-World and Reason in Husserl's Philosophy of Life*, Analecta Husserliana, Vol. XVII, Reidel, 1984, pp. 105－116.

⑮ Cf. J. Habermas, *Erkenntnis und Interesse*, Suhrkamp Verlag, Frankfurt am Main, 1973.

⑯ 吳大猷著,《從嬉皮學潮到「反科學」》,臺北,仙人掌出版社,1970年,第1－6頁。

⑰ 關於巴斯卡,參見 *L'Oeuvre de Pascal*, Bibliothéque de la Pléiade, Paris: Gallimard, 1950, pp. 97－98.

⑱ 參見拙著:〈科技發展之人文意義〉,臺北,社會文化與科技研討會,1983年,第13－16頁。

⑲ E. McMullin, "Two Faces of Science", in *The Review of Metaphysics*, Vol. 27(4), 1974.

⑳ R. Clarke, *New Values Created by Technological Society, The Anti-science Movement and the Counterculture*, Paris: UNESCO, 1974.

㉑ R. Abraham, *Hamiltonian Catastrophes*, Publication du Département de Mathematiques, Université de Lyon, Tome 9, 1972.

㉒ Aristotle, *Politica*, 1253b 30－40.

㉓ M. Heidegger, "La Question de la technique", in *Essais et Conferences*, Paris: Gallimard, pp. 9－48.

㉔ M. Heidegger, "Die Zeit des Weltbildes", in *Holzwege*, Frankfurt, V. Klostermann, 1938. pp. 83－85.

科技發展之人文意義

7

7

7.1 前言

　　柏拉圖在〈菲德羅斯篇〉（*Phaedrus*）中，嘗表達其對自然與人文、科學理性主義與人文主義之關係的看法。篇首寫蘇格拉底與菲德羅斯在城外漫步，尋覓蔭涼之處，以便討論愛之奧義。途中適經一地，據神話傳說乃奧蕾提婭（Oreithyia）公主被北風神波雷亞（Boreas）擄去之處。菲德羅斯問蘇格拉底是否相信此類神話，或寧可取信於更合理的科學性解釋。蘇格拉底回答道：

　　　「科學家不信神話，縱使我效其所為，亦不足為怪。我亦能以科學方法解釋之：當奧蕾提婭與其友伴法瑪濟亞嬉戲之時，為北風所捲，撞石而死，後人遂謂其為北風神挾而俱去。考諸發生地點，則眾說紛紜……此類理論，不無可取……但我則無暇於此。德爾菲銘有言：『人必先認識自己』。若人不己知，唯外物是務，是

大謬也。吾於考核名物之學，敬謝不敏……吾之所
欲認識者，非爲外物，乃爲自知也。」①

蘇格拉底又加上一句名言：

「余實一愛智者。爲吾師者乃城內之人，而非
城外之樹木也。」②

此段文字爲後世人文主義者所傳誦不已，咸認爲是
人文主義之精義所在。吾人略加分析，可得以下數點：
㈠自然雖有其適當的存在與法則，人應予以研究。
但人既生而爲人，則更應該認識人自己。人文研究以人
爲對象，不能化約爲以自然爲對象的自然研究。
㈡對於存在界的各種現象，雖然可以供給科學理性
化的解釋，但人終不能滿足於此，往往還需訴諸神話和
其他象徵體系，始能激發其想像力，活潑其生命情趣。
㈢終其全篇，柏拉圖並未絕然分割自然與人文。他
對「城內之人」的哲學思索，終究引導他指出人在自然
世界中的地位，指出人與自然中的木石有深切的關係。
自然與人文並非絕對斷裂，卻有深切的連續性。
但是，自西方近代科技發皇以來，近代人似乎採取
了另一條路，以自然爲師，並發展自然科學與技術，甚
至有把人文研究化約到自然科技之傾向。從此「科技」
特別指稱西方近代以來所發展的，以自然及其法則爲典
範的知識與行動的型態。此種近代西方的知行方式，在
十九世紀末、二十世紀初，隨著西方政治、軍事實力與

解除世界魔咒

文化的擴充，而為全世界所採行，並在全地球逐漸普世化起來。此種日愈普遍的知行型態之後果，不但改變了人類周遭的自然物和空間，而且穿透了人類社會，進而改變了人類歷史的發展。但是，從人文的觀點看來，人還是應該認識人並關懷人的前途。正如羅馬詩人帖倫士（Terence）所言：「我既賦生為人，人之一切皆與我無隔。」（Homo sum, humani a me nihil alienum puto）。因此，對於這個在人類社會發生的科技活動，人類亦應從自身出發，加以反省。本文的主旨，即在從哲學的角度來反省「科技」與「人文」的關係，以便澄清科技發展的人文意義。

7.2 「科技」和「人文」二詞的意義與本文的主要論點

關於「科技」一詞的意義，吾人已經在第二章中詳加討論③，茲不再在此贅述。概略言之，「科技」一詞乃科學與技術之統稱。廣義說來，科學包含了自然、社會與人文科學，屬於文化中的認知系統；技術則除了針對自然的技術之外，尚有計畫、經營，和控制社會歷程的社會技術，屬於文化中的行動系統。但是，狹義說來，科技只指稱自然科學和自然技術之結合，甚至只指「與自然科學相關的自然技術」。

一般人由於只享受科技的成果，對於科學觀念及其人文與哲學背景不甚瞭解，往往忽略了廣義的科技，而僅持狹義的科技觀。但是，狹義的科技亦有其積極的一

面：它顯示出自然科學和自然技術由於工業化的歷程而建立了密切的互動關係，亦因此改變了人類歷史和生活的面貌。

在今天，自然科學和技術有不可分離的關係：一方面，沒有一門科學的進展不依賴精密的儀器，而後者乃精密技術之產品；另一方面，沒有一樣技術不需高度科學理論來解讀。而且，現代的尖端技術產品有擺脫實用（例如，食衣住行的需要），而偏重於滿足人類理智性、文化性需求的趨勢。

本文主題中涉及到的另一重要名詞──「人文」──也具有數重意義，必須先予以澄清，才能進一步確定科技和人文之間的關係，而點出科技發展的人文意義。「人文」一詞具有多重意義，因為它可以指涉一種學科，也可以指涉一種主義和世界觀，也可以指涉中國特有的一種思想型態。

首先，作為一種學科而言，「人文」一詞指人文科學（human sciences）。此一科學可追溯至亞里斯多德的科學分類中的實踐科學，尤其指倫理學、政治學，以區別於理論科學中的物理學、數學，和形上學。在知識論上，兩者的差異建立在亞里斯多德的《尼可馬古倫理學》一書中所區別的知識與智慧④。其後，在斯多亞派（Stoics）則區分邏輯、物理與倫理三科，倫理屬於人文。迄自十三世紀，大學成立，設有七藝，其中的前三藝（trivium）──文法、修辭、辯證，是以後文藝復興時期人文學科（studia humanistatis）的濫觴。近代的英國思想家如休謨（D. Hume）、彌爾（J. S.

Mill）稱之為 moral sciences 以對應於 natural sciences，但當該詞隨彌爾《邏輯系統》一書被譯為德文之時⑤，則因為譯者席爾（Schiel）受了黑格爾精神哲學的影響，而將該詞譯為精神科學（Geisteswissenschaften）。其中逐漸分裂出社會科學，而獨立於人文科學之外。於是，今天人文科學、社會科學、自然科學似乎已成鼎足而立之局面。

其次，作為一種主義和世界觀而言，「人文」一詞指人文主義（humanism）。西方人文主義源自古希臘。希臘哲學重視人的地位和尊嚴。希臘藝術品，尤其是雕像，常用人的身體來表現諸神的形態。普羅太哥拉斯（Protagoras）認為，「人是衡量萬物的標準」。蘇格拉底主張「人哪！認識你自己吧」。柏拉圖、亞里斯多德皆重視人的理性功能，並定義人為「能思善言的生命體」（zoon logon echon）。此皆西方人文主義之泉源。至文藝復興時期，伴隨著當時的人文學科（studia humanistatis），亦有人文主義運動出現，重視個人與自然，其後才發生了影響深遠的近代科學運動。在十八世紀啟蒙運動時期，亦有浪漫主義的人文運動與之相抗，特別重視人性的實現與形塑。十九世紀實證主義的科學運動時，亦有歷史主義的人文運動之覺醒，起而與實證主義對抗，特別重視生命的表現與人的歷史性。至今，雖然科技發展日愈徹底，仍有各種人文運動與之相抗衡。

最後，就其為中國思想的一種特色而言，「人文」一詞特別指涉在中國各家各派哲學思想中，所流注之一

種主要精神：人文精神。其基本特性，本文稍後將予以考察。「人文」一詞之表達，最早始於《易傳》：「觀乎人文，以化成天下」。《禮記》亦曰：「三年之喪，人道之至文也。」大致說來，中國的人文思想似乎指一種由人性出發，有自覺地發揮其道德努力和道德成就，來轉化周遭的生活世界之義。

在澄清了「科技」與「人文」的豐富意義之後，我們必須進一步指出科技發展的人文意義。對於此一問題之解析，除了必須考慮兩個重要語詞的語意層次以外，尚需進一步從以下三點來考察它們彼此的關係：(1)結構性（structural）和共時性（synchronic）的觀點；(2)動態性（dynamic）和貫時性（diachronic）的觀點；(3)本位文化的觀點。此三個方面構成了對於科技發展的人文意義的完整考察。追究此三點考察的理論依據，則前兩點可以追溯至語言學結構主義之父索緒爾（F. de Saussure）在其《普通語言學授課錄》（*Cours de linguistique générale*）一書中所表達的意見。他說：

解除世界魔咒

「各種科學確然應該更謹慎地劃清其所處理的對象所置立之軸。一切科學皆應按下圖區分爲：(1)同時性的軸（AB），關係到共存的事物彼此的關

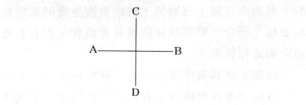

係，在此排除一切時間的介入；(2)連續性的軸（CD），在此每一次只能考慮一件事物，但其中亦置立了第一軸的一切事物及其變遷。」⑥

索緒爾由此發展出共時性與貫時性的科學觀。但依其結構主義立場，他主張共時性、結構面優先於貫時性、變遷面。吾人認為在將此兩層分析應用於科技發展之時，不必保留此種共時性優先於貫時性，結構優先於變遷，甚至把後者化約為前者的看法，只需主張科技既有其系統的、結構的一面，亦有其歷史的、變遷的一面；對我而言，此兩面的關係不是化約性的，而是對比性的。換句話說，科學的歷史面、變遷面和系統面、結構面由於彼此的對比關係而發展⑦。

關於第三點之提出——本位文化之考慮——主要在於尊重本位文化意識及其動力。本世紀以來，世界各國一度迷惑於西方科技的普世性，而主張一種科技上的世界主義（cosmopolitanism）。曾幾何時，到了六、七十年代，各地的本位文化意識覺醒，開始對西方科技的穿透做各種程度的反動，因而有回歸本位文化或科技生根的倡導。但科技生根並不在於引進西方科技在國內生根，而在於使科技之方法、活動和結果植根於本位文化傳統之延續與創造的歷程，使其成為並非由外爍我者，而是由內而發的一種歷程。就這三點考察起來，本文的主要論點有三：

㈠從共時性的觀點而言：自然科學與人文科學在人類學和知識論的結構上，雖有其差異性，但亦有其互補

性。兩者決非絕對異質而不相容的，卻是相輔相成的科學。

㈡從貫時性的觀點而言：近代科技發展在源起上有人文主義為其支持，在其後發展歷程中亦有各種人文運動伴隨或對抗；今日科技之發展更能進而回饋人文運動而開展出新的人文主義。

㈢從本位文化觀點而言：合乎中華文化型態之科技的生根與發展，需要一種中國式的人文主義之支持和伴隨，纔能得以實現。

7.3　自然科學和人文科學的差異性和互補性

今天科技世界的急速發展和擴大，其直接的動力是來自於自然科學的研究發展。然而，自然科學一向有化約主義的傾向，以自己的方法和規格來作為其他任何科學的「科學性」之判準。甚至連人文科學工作者，自十九世紀起，亦以師法自然科學為時尚，而忽略了自己的人文研究工作的特殊意義。但是，科技的發展亦造成了許多戕害人性的現象和普世的意義危機，於是激發許多具有人文主義胸懷者，挺身而起，強調人文科學有其特殊意義，大不同於自然科學，不可以把人文科學化約為自然科學的附庸。尤其文學家和藝術家們更強調自己所處理的題材是活生生的個人、社會與時代的意義，而不齒於自然科學的雷同化、機械化、虛無主義化的傾向。但是，以上無論主張科學的化約主義、或強調兩者的差異與鴻溝，都不能適當地調整兩者之間的關係。我國自

民國十二年起的科學與人生觀論戰，基本上乃起因於不明瞭此種關係⑧。倡導科學者，秉著化約主義，認為自己才是一切學術的衡量標準，主張一切問題，包括人生觀問題在內，都終究可以用科學來予以解決。至於人文工作者則認為唯有自己才懷有人文精神，因而力圖標示差異，以爭取自己的地位。這些在今天都行不通矣。今天我們必須覺悟，自然科學和人文科學皆為參與文化創造的共同事業，一方面必須在彼此的差異性中，保持適當距離，各自獨立發展；另一方面亦須在共同隸屬感之中，相互尊重，瞭解彼此的互補性。

從哲學上看來，就知識論而言，我們可以把當前的問題構設如下：自然科學和人文科學是否絕然差異，或彼此具有互補性呢？

關於自然科學和人文科學的差異性的強調，須知其歷史脈絡發生在十九世紀末，由於自然科學發達，實證主義盛行，人文科學工作者受到刺激，亦開始反省人文科學的內在邏輯及其科學性的問題，便起而以自然科學為榜樣，以自然科學的歸納法為方法。例如，彌爾（J. S. Mill）把歸納法引用到人文科學，以之為唯一有效的方法，來建立一些規則，據此以預知個別現象發生的過程，從此認為人文現象也是可以用規則來加以計算、操作和控制的。由於自然科學的方法和態度闖進人文科學的結果，使得人文科學研究者對於人文現象，亦想試圖用歸納法去尋求因果律則，藉以預測人文現象的發生，以便適時加以控制⑨。

當代詮釋學的先驅，德國哲學家狄爾泰（W.

Dilthey），就在十九世紀末這種實證主義猖獗之時，挺身而起，追問「精神科學——即人文科學——如何可能？」的問題。在狄爾泰時代的德國學術界，精神科學是以史學為宗，所以狄爾泰是拿史學為起點，來追問精神科學的可能性。為了使像史學這類的人文科學有別於自然科學，而能在知識論上有特殊的地位，狄爾泰於是提出「解釋」與「理解」的區別[10]。自然科學的知識論運作程序主要在於解釋，亦即在用事件彼此之間普遍的因果關係，來解釋某一現象的發生；而人文科學的研究，則在於理解個別的意義。自然科學用歸納法提出普遍的因果公式，以達到解釋的目的；但是人文科學則必須理解獨特的個人、社會和時代的特殊意義。自然科學只能把人當作自然的一部分，認為人必須在自然中奮鬥掙扎，試圖征服自然，追求生存，但卻不能把人當作文化的創造者。狄爾泰認為，自然科學的認識對象是自然，自然是人的異類。但是，人文科學必須把人當作有意義的文化創造者，它所認識的是有同感的人。人會產出符號來表現其生命的創造力。人的生命力必會表現為有結構的整體：例如，有規則可尋的倫理行為，有組織形式的藝術品，甚至有嚴謹邏輯結構的文章……等等。人文研究者透過這些符號，便可以理解其中所含蘊的生命力的獨特型態——即其意義。總之，狄爾泰認為精神和自然有不可踰越的鴻溝，此一鴻溝導致研究精神的人文科學和研究自然的自然科學彼此之間有鴻溝；表現而為方法學上的差異，則為理解和解釋兩種知識論程序的差異。

其次，分析哲學自從第二期的維根斯坦（Wittgenstein）和奧斯汀（Austin）開始，便提倡「語言遊戲」的觀念，強調自然科學和人文科學是兩種不同的語言遊戲，而且每一種都有不可磨滅的特殊性。由此所產生在知識論上的後果，正如同狄爾泰區分理解與解釋一般，都是強調自然科學和人文科學之間的鴻溝。曾任維根斯坦秘書，亦是維根斯坦哲學最好的詮釋者的安絲孔小姐（Anscombe）在所著《論意向》（*Intention*）一書中亦闡揚人文科學的特殊性，認為後者與自然科學各屬不同的語言遊戲。自然科學研究自然事件的接續（因果），而人文科學則處理人的行動，涉及人的計畫、意向、動機、理由、主體、社會的互動……等等。安絲孔認為，吾人在回答「為什麼」的問題時說：「因為……」，這「因為」一詞可有兩種意義：一為人文科學所言人的行動的理由，與行動有邏輯關係，但並無因果關係；一為自然科學所言自然現象的原因，與結果有因果關係，但並無邏輯關係。分析哲學自晚期維根斯坦、奧斯汀、安絲孔下來的思路，仍然肯定自然科學和人文科學是異質的，兩者之間具有本質上的差異性和方法學上的鴻溝。哲學的任務不在尋找兩者的統一性，而在於保存不同的語言遊戲間彼此的差異。

關於自然科學與人文科學之相關性與互補性的思考，主要是由當代詮釋學家呂格爾（Paul Ricoeur）所致力[11]。他指出現今科學在解釋時，並不再像狄爾泰的時代，奉自然科學歸納因果的步驟為解釋的典範，而是無論自然科學或人文科學都改奉符號系統為解釋的典

範。我們可以把自然科學所研究的現象和數理結構當作符號系統來處理，也可以把人文科學所研究的人文現象、社會現象、文化產物等等當作符號系統來處理。符號系統有其語法面（syntax），亦有其語意面（semantics）。語法關涉結構，旨在解釋；語意關涉意義，旨在理解。但是，任何語意的理解皆假設了對於語法的把握，而任何語法亦皆應經過詮釋而構成有意義的符號。所以，在結構的解釋中有對意義的理解，在意義的理解中有對結構的解釋。既然任何自然現象、數理系統、人文社會，乃至於典章文物，皆可當作帶有意義的符號系統來處理，則對於符號系統的解釋和理解兩面之相需相求、相輔相成，正指出了自然科學和人文科學的連續性，有了新的理論脈絡作為依據。

其次，人實在是自然科學和人文科學共同研究之對象，是兩種科學輻輳之處。雖然在自然科學、或在受自然科學影響下的人文科學（例如部分心理學）中，把人當作自然的一部分，而另外有部分人文科學則把人當作是精神文化的創造者。但是，人的行為亦可視為一等待解讀的符號系統，其中有結構亦有意義，有因果亦有理由。依詮釋學看來，人的行為的動機，雖是一種理由，但同時亦為一種原因；人的慾望既是人行動的理由，同時也是人行動的原因。此外，人的行動若要介入世界事態的進行之中，予以改變、推展或停止，亦可以用系統方式來予以分析。如此則吾人可以看出，人一方面既能自由地採取主動，但另一方面亦必須在系統中占一定的位置。

首先，就動機與因果而言，詮釋學認為兩者並非絕然差異，而是有程度上的接續。人有部分動機基本上就是一種因果，可以接受自然科學式的分析，因為在人的動機裏面，有各種程度上的等差相接續。在這接續等級的兩端，一端是純屬因果，幾乎全無動機可言；另一端則是純屬理性的動機，即所謂理由（reason），而不受制於因果。前者即所謂純屬因果決定者，例如機能上的擾亂、心理上的強迫行為等，這些推動人的行動的原因，根本上是強制性的，毫無人的意志干預，也就是佛洛依德（Freud）所謂「無意識的動機」。這類動機就像任何外在的原因一樣，表現了事物和人的結構，因此應尋求結構性的解釋，主要屬於自然科學之務。至於純屬理性的動機，即有意識的理由，則表現在一些理智的遊戲，例如下棋，或表現在社會性或國際性的策略行動，例如選舉、談判等等。這類動機涉及了行動者的意義，除了結構性的解釋以外，還必須有意義性的理解，則主要屬於人文科學之務。

此外，人類的慾望（desire），一方面是人的自然本性中推動人去行動的力量，但另一方面亦可以在精神上成為人的理由。同一個慾望，一方面需要解釋，另一方面也需要理解。人的動機同時是催迫人行動之力量，同時也是人行為證成之理由。然而在一般人的行動上，這兩者常是彼此混合、互相牽制的。

所以，自然科學和人文科學的互補性，在人類學上亦有其基礎，主要是於人的自然面和精神面的結合與延續。人是希臘哲學所說的「生命」（bios）和「純理」

（logos），或近代哲學所說的「自然」（nature）和「文化」（culture）結合的統一體。用當代哲學家梅洛龐蒂（Merleau–Ponty）的話來說，人的身體一方面固然是自然界許多物體中的一個，但同時也是一個能反省、能證成自己的存在方式。可見，主張自然科學與人文科學有鴻溝，或主張解釋與理解二元對立的知識論，都是建立在一種二元對立的人類學上的。但是，詮釋學指出，人的因果與動機並非二元對立，卻有其連續性，人的自然與精神亦是連續而統一的，在解釋時需要予以理解，在理解時亦需要予以解釋，因而點出自然科學與人文科學的互補性的人類學基礎。

再者，若就人的行動如何介入世界而言，人的行動可以改變、推展或停止在世界上所產生的事態。按照系統理論而言，我們若把世界當作是一個開放的系統，則其中所發生之事態皆可以分析出：(1)原初狀態；(2)原初狀態所帶來之各種可能性彼此的邏輯關聯；(3)終止狀態。例如：擺設家具是在改變世界某小角落之秩序。在擺設時有一原初狀態，這原初狀態一旦設置，立即帶來各種擺設的可能性；我若選擇其中一個可能性，則諸可能性彼此的邏輯關聯，就限定了我下一步的行動，如此推展以至達到終止狀態。此外，繪畫是如此，文字創作亦是如此。據此，我們可以指出：一切的封閉系統皆有一原初狀態，而一切的原初狀態皆假設有一外力干涉事態的進行，而一切干預皆假定了有一主動能力的運作。再者，沒有一個行動不包含了行動之能力與所造成的事態彼此之間內在的連續。所以，普遍的決定論是不能成

立的，那只是科學家把一些事態片斷的因果關係加以抽象的結果。其實，與人有關的任何結構或系統的構成，都含有主體意義與能力的涉入。結構主義所主張的「人的行動皆無意識地受系統所決定」，以及所謂「作者死亡」的理論，都是十分偏頗的。其實，人文科學所處理的種種人文現象，誠然有其結構的一面，可純就結構分析來予以解釋；但是人的意義生發亦有改變結構的能力，必須理解行動主體意義生發的旨趣，以及其對於普遍結構所做的獨特詮釋。前者使人文科學接續於自然科學，而後者則標示出人文科學的特殊性。

7.4 科技發展與人文主義

　　從歷史變遷或貫時性的觀點看來，科技發展無論在源起時、在過程中、在結果上，皆與人文主義有密切的關係。西方科技在源起時有人文主義為之先驅；在發展過程中，一直有各種人文主義運動相伴隨、相抗衡；在發展結果上，科技亦影響了人文運動而開展出新的人文主義。以下我們主要想從哲學上來探討其根本涵義：

　　㈠西方近代科技運動在源起上有人文主義為之先驅，並為之支持：文藝復興的人文運動是由希臘學者如普列東（Plethon）、貝撒里翁（Bessarion）由拜占庭逃至義大利，在彼處引起古典研究風潮。人文主義原指人文學者（humanists）的思想與活動。所謂人文學者既是教師、又是學者和作家。就其為教師言，其所教授者為人文學科，包含了文法、修辭、詩、歷史和道德

哲學等五科。就其為學者言，人文學者亦從事柏拉圖、亞里斯多德、斯多亞派及羅馬作家如西塞老（Cicero）等之思想與著作的翻譯與編纂、研究與發揚，因而人文學者亦為古典復興之推動者。此外，人文學者亦為作家，在其寫作中宣揚人文主義，推崇人的價值，尤其推崇個人的價值，這點正好結合了希臘、羅馬思想之研究以及人文學科之教學。由於人文學者這種雙重方向，十五世紀的文藝復興亦具雙重意義，一方面被視為古典的再生（renovatio antiquitatis）；另一方面亦被視為人的再生（renovatio hominis）。

從科學史的觀點看來，人文主義對於科技運動有很積極的推動作用。首先，它毫無疑問地推動了人文科學的發展；其次，它促使了當時學院之研究和教學能與建築、雕刻、繪畫等的技術人員相互接觸，使前者落實於技術，同時又使後者向人文思想層次提升[12]。而且，古典研究中對於柏拉圖哲學的研究，亦促動了當時對於數學的研究風氣；最主要的，則是在人文主義當中亦有自然科學運動的先行觀念：例如自然的數學化、對歸納法與經驗描述之重視、方法學與科學哲學之觀念、人與自然的關係等等，茲簡述如下：

1.自然的數學化：在繼人文運動之後而來的自然科學運動中，伽利略（Galileo）把自然數學化，視自然為一數學之宇宙；至於物理學則僅被視為一應用幾何學。但此一觀念在人文主義時已有之。例如古撒的尼古拉（Nicolas of Cusa）重視質的數學與比例。尼佛（Nifo）甚至已有把數學當作一假設演繹系統之說。

此時亦有以數學為上帝之思想，以數學為經驗之規範……等等。此時唯一缺乏的只是計量。

2.歸納法之重視：始自葛羅塞特斯特（Grosseteste）、布呂丹（Buridan）等人，但此時僅以之為論及自然的一般方法學時用之；至於對大地與生物中之具體對象，則重視描述義之經驗。

3.巴都亞學派（School of Padoua）對於亞里斯多德哲學之研究，有助於後來知識論及科學哲學之發展。伽利略本人亦曾任教於此，對於亞氏思想十分熟悉，但他更進一步把亞氏的物理學改為數學的物理學。

4.人與自然的關係：費西諾（Ficino）、達文西（Leonardo da Vinci）、巴拉切蘇斯（Paracelsus）等人皆認為人必須從自然的內在去學習自然的歷程，始能獲致自然中的能力。一般人文學者皆認為所謂自然包含了人的思想、行動與藝術，因而其自然觀極為廣泛。

總括來說，就哲學而言，文藝復興有三點思想貫穿了爾後整個近代思想：(1)推崇個人的價值與地位，認為人是一切認知與文化活動的主體；(2)自然深藏奧秘，其廣無垠，正如柯義瑞（Koyré）所言，近代人由封閉之世界進入了無窮的宇宙[13]。(3)唯名論：整個近代哲學不論理性主義或經驗主義，皆受奧坎（W. Occam）唯名論的影響。這點顯示出近代思想假設了人與自然的連結要靠表象（representations）。無論經驗的印象、理性的概念，或科學的理論，皆屬表象。

整個近代科技發展在哲學上的假設便是一種表象的形上學（metaphysics of representations）和主體的

哲學（philosophy of subjectivity）的結合。因為個人為主體，自然為客體，兩不相即，因此必須透過表象來予以連結。表象有代表與表演二義。首先，正如在政治上，代議士代表人民，而其決策又會反過來影響人民；同樣，在科學上，科學理論代表自然的歷程，並會反過來影響自然的歷程。其次，正如議會以濃縮的方式上演了一國的政治；同樣，科學理論亦以簡潔方式上演自然之歷程。例如，慣性定律一方面代表了運動物體之規律，但另一方面其應用並能使人反過來掌握物體之運動；慣性定律又以濃縮之方式表演了自然界之運動歷程。近代科技與代議政治先後出現，實非偶然，蓋表象思惟實為西方近代文化所假設的深層結構。

關於主體的哲學，須知自從文藝復興之時，便已提出以個人為主體，但是到了笛卡爾提倡「我思故我在」，始首次以哲學來明言之。笛卡爾此言一方面宣示了自我作為主體的優先地位，另一方面亦以之為建立整個科學體系的第一個明確的命題。自此以降，無論理性主義、經驗主義、德國觀念論，皆屬於主體之哲學。主體的哲學與表象的形上學相結合，由人透過表象來運作自然、開發自然、征服自然，於是「知識就是權力」乃得以成立。近代科技運動正表現了主體哲學與表象形上結合以後，知識與權力亦跟著結合之傾向。海德格（Heidegger）就曾指出：表象意指把某物置放在主體面前，以便肯定、確認、保障藉此而固定之物。為了要能如此地保障、確認，就必須使用計算，因為只有計算才能保障所表象之物的可預測性和穩定性。表象就是從

主體出發，透過概念化與數學化之程序，在一個有保障的部門中的研究步驟，使世界因此而成為客觀的對象。世界變成表象，而人成為研究、操縱此一表象的主體[14]。至於可計算和可概念化的領域則變成了人類權力的領域。可見，由人文主義到科技發展，表示了人主體的發展，而此種發展乃主體哲學與表象形上學結合之結果。

(二)在整個近代科技的發展過程中，一直有人文主義相伴隨，後者甚至起而與之相抗衡。例如，在啟蒙運動的科學運動時期，有浪漫主義的人文運動起而與之相抗衡。在十九世紀實證主義的科學運動時期，又有蘭克（Ranke）和狄爾泰等人的歷史主義的人文運動興起。前者提出最重要的概念就是陶成（Bildung）。文化不只是啟蒙運動的思想家──例如康德（Kant）──所認為的對於人之自然才能的「教養」，而是正如高達美（Gadamer）所言，「一種更為高尚、更為內在的，屬於心靈的態度，透過理智和道德的努力而產生之知識與感受，並貫注於感性和品格之中」[15]。陶成（Bildung）指一種陶冶、形塑的過程，向著普遍的人性的形塑和實現的歷程。因此，它重視的是人朝向普遍而提升的歷程，以及精神的成就。對於黑格爾而言，此種歷程必須由精神和體力的勞動──生產作品的歷程──去達成。但此一歷程本身是歷史性的。十九世紀的歷史主義就特別強調「歷史性」（Geschichtlichkeit）和人生命的創造力及其表現。

(三)迄至現代，科技發展亦對人文運動有深遠的影

響：現代科技一方面繼續著近代以來表象形上學與主體哲學的負面後果，另一方面亦展開了積極的人文向度。首先，就消極面而言，其後果可分為以下三點：(1)現代科技繼續以表象來從事對象化、客觀化的研究方式，因而連人也變成了對象，成為客觀化的研究對象，而喪失其為目的、為主體的地位；(2)至於主體哲學更惡化其宰制化、權力化的傾向，擴大「知識就是權力」的科技與權力結合之趨勢，甚至形成權力之集中，使得涉及眾生、影響深遠的決定權操縱在少數科技精英與政治精英的手裏；(3)同時，科技所標榜的價值中立，以及其中實際運作的工具理性之宰制志趣，產生了科技的虛無主義，另外在創造目的與價值的想像力上則相當貧乏。

除了這些消極的人文意涵以外，現代科技的發展亦提供了積極的新的人文向度，可以簡述為以下三點：(1)科技的發展使人不再對自然感到無能為力，甚至不再受自然的威脅，人變成宛如柏拉圖所言之戴米奧吉神（Demiurge）。戴米奧吉神在塑合形式與質料之時，造成了世界；而人則是以數學邏輯構造與科學理論來塑合於各種程度的材料，以製造科技世界。自然變成一個不斷可予以重新組合和轉換的可能性，亦成為對人類發揮創造行動的一種邀請。(2)由於科技的發展和合理化程度的提高，人有了更大的實現正義的可能性，不但可以促進更多的生產以供分配，而且可以用更為合理而有效的方法來從事分配。(3)科技的發展亦有助於人格的提升。由於人對外在世界的征服，亦更能促發其內在的自由和思想的提高。

更仔細地加以推敲，吾人會發現在現代科技中隱含了更深刻的人文主義：一種講行動、重創造的人文主義。一方面由於當代物理、天文、生物科學的研究，供給了我們一個既浩瀚而又精細的宇宙圖像，使我們不能再停留於近代以人的主體為中心的封閉傾向的人文主義。另一方面，科技運作的本質亦提呈出一種講求行動的形上學，來取代表象的形上學。因為我們在科技行動中，會不斷地對這世界、對吾人的知覺做層層的統攝和詮釋。首先，系統的實驗對散漫之知覺已經做了初級的統攝；初級理論命題又對這些系統化之知覺和某種邏輯構造做了統攝；而初級的統攝又可納入更高命題中，做更高的統攝。其次，理論命題除了要能逐層上昇，進行統攝以外，還要能向下導衍出能被知覺內容所詮釋的次級命題，而吾人在實驗中往往要用極縝密的預備過程，來控制知覺的產生步驟，使知覺所得的結果能對吾人的次級理論命題產生詮釋的作用。經過這種統攝與詮釋的運作，科技實際上是吾人對於世界的一種改造的行動。存在就是行動，此乃科技所隱含的形上學。行動的形上學宣示一種創進不息、參贊化育的人文主義，正與我國一向所主張的「天行健，君子以自強不息」的知行合一的人文主義不謀而合。

7.5　科技生根發展與中國的人文主義

　　目前國內大家都已重視到科技生根的重要性，但一般似乎認為，科技生根就是進行科學與技術轉移，使外

國先進科技在國內生根。其實這種生根方式還是改不了科技消費者的態度。真正的科技生根當然要達到創新科學和生產技術的層次。這點談何容易。但吾人至少應從中國人的觀點來有自覺地反省科技及其與文化的關係，使兩者能內在地關聯起來，以免造成盲目地發展科技，完全缺乏文化自覺的情形。而且這種反省本身也是一種對於傳統文化加以批判整理的工作，必須有意識地選擇出其中適合於現代社會發展的部分。從上節所列西方近代科技發展的例子，我們可以清楚地看出，西方科技發展在源起上有人文主義作為支持，在發展歷程中有各種人文主義運動伴隨或抗衡，在發展結果上對人文主義有積極與消極兩面的影響。科技既然是人之活動，則人便應有適切的人文精神來從事之。中國人一向有其人文精神——吾人稱之為中國的人文主義——似乎可以用對比法來對照西方，以便引起有自覺的科技選擇，並進而迎合現代人文主義的積極因素，淘汰其消極因素，以便支撐起現代科技在我國之發展。

　　在中國哲學思想中，人一直具有核心的地位，稱之為中國的人文主義實不為過。吾人探究中國人文主義，可以發現其中最重要的一點就是主張任何客觀世界，無論是自然世界或是科技世界，都需經過人的精神成就（例如道德與藝術）的再詮釋，才能成為宜人的生活世界（Lebenswelt）[16]。《易傳》說「觀乎人文以化成天下」的人文化成的觀念，正是在張舉此種「人的生活世界」之觀念。中國藝術所表達的皆是這種經過人的生活與體驗詮釋過的時空。例如本書第 4 章所提及的「江山

扶繡戶，日月近雕梁」，「大壑隨階轉，羣山入戶登」，「天地入胸臆，吁嗟生風雷。文章得其微，物象由我裁。」在在都顯示出中國人所嚮往的皆是經過人的生活體與藝術境界詮釋過的時空。中國人的倫理道德生活亦是。誠如唐君毅的綜述：「周代的禮樂精神；孔子之重人德；孟子之重人性；荀子之重『以人文世界主宰自然世界』；漢人之重歷史精神；宋明之重立人極，於人心見天心，於性理見天理；清人之重顧念人之日常的實際生活[17]」等等，此皆顯示出中國歷代皆主張人必須發揚其內在精神成就，來化成自然世界，使之成為人的生活世界。由此可見，生活世界雖亦會由於科技的介入而改變，但其為人的生活世界則恆如一。這表示任何客觀世界，即使是科技世界，也都需要經過吾人藝術與道德的詮釋，才能成為人的生活存在的一部分。人無論所處世界如何，無論精神成就如何，總該重新詮釋其生活中的一切因素，而把科技納入生活世界中，纔不會因為科技的發展而為物所役。

中國哲學中所重視的人，究竟具有那些積極特性，具有那些歷久彌新的意義，而值得吾人在科技時代中來予以發揚呢？略而言之有三：中國的人文主義重視人格的可完美性，人的內在關係性，和人的創新性，茲分析如下：

㈠重視人格的可完美性，而較忽視人的個體性：中國哲學一向重視人格的可完美性，並致力於將人格提升向上。除了「楊朱為我，拔一毛以利天下而不為」，似乎有個人主義的傾向以外，個人的個體性並不受到各家

的重視。反觀西方自文藝復興以降之人文主義，皆重視個人的個體性，成為民主與科學的基本假設。但中國哲學所重視的，並不是最低限度的個體性（individuality），而是人的最高限度的可完美性（perfectibility）。例如儒家認為人可由庸人成士人，由士人成君子，由君子成賢人，由賢人成聖人（《荀子·哀公篇》）。道家如老莊亦標榜聖人、真人、神人，至人為完美典型。「至人無己，神人無功，聖人無名」（《莊子·逍遙遊》）。佛學中亦主張人須由凡夫修成小菩薩，再修成阿羅漢，再修成大菩薩，最後修成佛果。宋儒亦主張「士希賢、賢希聖、聖希天」。此種主張人人向道德至善競奔的思想，正如方東美先生所言，乃「道德上之民主」。問題在於若要由道德層次之民主發展出政治層次的民主，則尚須重視最低限度的個體性，和客觀而多元的社會結構。

　　㈡重視人的內在關係性，而較忽視外在客觀之結構：中國哲學肯定人和人之間、人和物之間、人和天之間有內在的關係，能夠彼此相互感通，因此才能有仁有愛，社會與宇宙也才能具有統一性。反觀西方自近代科學發展以來，咸認為關係是外在的，可予以機械地控制[18]。物體的運動，社會的組成，皆緣外在關係所構成。中國哲學則不然。《易經》咸卦象辭說：「天地感而萬物化生，聖人感人心而天下和平。觀其所感而天地萬物之情可見矣。」莊子主張「道通為一」，並謂「以虛靜推於天地，通於萬物，此之謂天樂」（〈天道篇〉）。佛學華嚴宗亦謂「一中多，多中一，一即多，多即一」

（杜順，《華嚴·十玄門》）。孔子倡導仁的全德，亦是指人與人，人與物，人與天之間的一種完全自覺的、純粹無私的、存在上的感通。這類感通之所以可能，是因為彼此的關係是內在的。中國哲學多主張關係內在論，因而就人與自然關係言，主張生態學上的相互依存；就人倫而言，主張仁義內在；在人與天而言，關係亦立基於人之內在心性。但其缺點在於較不重視對自然的科技控制，對人事的客觀結構，對天的宗教制度。總之，中國人文主義已把握到內在本質，若能內外相合，則必能平衡發展，再造光輝。

　　㈢重視人的創新性：中國的人文主義並非守舊的，卻也有創新的思想。因為人所要追求的是止於至善，所以必須不斷明明德，作新民。湯之〈盤銘〉曰：「苟日新，日日新，又日新。」正是宣示一種日新又新的人文精神。中國哲人都認為宇宙是一個生生不已的創造歷程，人在其中更應該參贊宇宙的創進行列，並且積極推動之。西方近代科技雖然主張人的歷史是進步的、動態的，但自然現象則是靜態的，以「不變」為原理，因而主張物質不滅、質量不變，並據之而演繹出慣性定律、反作用定律、運動定律等自然法則，動態之人與靜態之自然恰成對立，進而再主張以進步之科技來控制恆常之自然。西方一直到晚近才有自然的創進之說，例如柏格森（H. Bergson）與懷德海（A. N. Whitehead）的哲學主張。但是，在中國思想中，人是創進不已的，自然也是創進不已的，創進不已的人應該參與並提升自然生生不息的歷程。此種創新精神正是科技時代最需要的人文精神。

7.6 結論

冗長之正文，其結語應有簡潔之美德。

現代科技之發展有越來越取得自律性，形成獨立體系之傾向。現代科技繼續著希臘以來的「理論」（theoria）態度，把現代人引入一個越來越由純理（logos）所帶領的歷史歷程當中。此時人若不挺立出來成為道德、藝術之主體，科技發展之主體，則人性有喪失於科技中之危機。科技既為人之活動，則人應為之主宰，而不應為之奴隸。人若欲成為科技之主宰，則必須發揚人文精神以為擎柱。西方近代科技發皇之時，嘗有人文主義為之先導，為之支持。誠如李約瑟（J. Needham）所言[19]，中國自古便有其輝煌科技，但是並無西方近代型態之科技。自西學東漸迄今，吾人不斷輸入西方科技，恰又正值我固有人文精神萎縮之時，後者不能為之先導，只能被動地依賴，不能有自覺地選擇和轉化科技。今後吾人必須發揚固有的、積極的人文精神，重新調整國人與自然、與社會、與自己的關係，始能在科技世界中安身立命。然而人文精神之發揚，有賴人文科學的研究與推動，實不能等閒視之。換言之，吾人必須重視人文科學研究人才和人文工作人才之栽培。此外，自然科技工作者亦應秉「我既賦生為人，人之一切皆與我無隔」的胸懷，求取人文素養。自然科學與人文科學既在知識論和人學上皆有其互補性，自應攜手合作，共創文化大業。

綜合以上所論，吾人可以歸結出以下幾個要點：

㈠科技發展需要人文精神為之支持，但人文精神之發揚有賴人文學者之研究發展，正如支持西方近代科技的人文主義乃由人文學者所發揚一般，吾人切不可因為重視科技發展，而忽視了人文科學之研究發展與人文人才之栽培。

㈡人文科學的發展若要能蔚成風氣，須如文藝復興時代的作法，結合技藝、文學、藝術等實際文化活動，以求落實，並將後者提升至人文思想層次。

㈢人文科學與自然科學有密切的互補性，應該彼此尊重，同創文化大業。科技工作者應多豐富自己的人文素養，並多思考文化問題，切莫視之為與己無關之物。人文工作者亦應多留心科技現象，協助發展，並且針對科技所造成的負面人文後果，謀求化解之道。

㈣人是自然與人文的輻輳，亦為發展的核心，吾人應該環繞此一中心概念來推動整體性的研究計畫。

㈤對於前述的中國人文精神，應求袪其弊，揚其優，並本此原則來從事科技、社會，與文化的發展。

註　釋

① Plato, *Phaedrus*, 229c – 230.

② *Ibid.*, 230d.

③ 參閱本書第二章第二節〈科技的定義與現代科技之特性〉。

④ Aristotle, *Nicomachean Ethics*, 1139b20 – 1141b20.

⑤ Mill, J. S., *System der deduktiven und induktiven Logik*, translated by Schiel, Book 6 (2nd edn 1863), "Von der Logik der Geisteswissenschaften oder moralischen

Wissenschaften."

⑥ Saussure, F. de., *Cours de linguistique générale*, édition critique préparée par T. de Mauro, Paris: Payot, 1978, p. 115.

⑦ 詳細討論參見沈清松著：〈方法、歷史、與存有——一種對比的哲學思考〉，臺北，《哲學與文化》月刊，八卷三期，1981年3月，第46－56頁。

⑧ 參閱張君勱、丁文江等著：《科學與人生觀》，臺北，問學出版社，1977年重印。

⑨ Mill, J. S., *System of Logic, Ratiocinative and Inductive*, Toronto: University of Toronto Press, Especially Book VI: *On the Logic of the Moral Sciences*, 1974, p. 833.

⑩ Dilthey, W., "Ideen über eine beschreibende und zerglidernd Psychologie" (1894) in *Gesammelte Schriften*, V. Bande: Die Geistige Welt, Erste Hälfte, Leipzig und Berlin: B. G. Teubner, 1924, pp. 139－154.

⑪ Ricoeur, P., *Hermeneutics and the Human Sciences, Edited*, translated and introduced by J. B. Thompson, Cambridge: Cambridge University Press, 1981.

⑫ Zilsel, E., "The sociological roots of science", in *Amer. Journ. of Sociol.*, 47, 1941－1942, pp. 544－562.

⑬ Koyré, *From the Closed World to the Infinite Universe*, Baltimore: John Hopkin Press, 1957.

⑭ Heidegger, M., "Die Zeit des Weltbildes", in *Holzwege*, Frankfurt: V. Klostermann, 1938, pp. 83－85.

⑮ Gadamer H.-G., *Truth and Method*, London: Sheed and Ward, 1965, p. 11.

⑯ 「生活世界」一詞採用胡塞爾（E. Husserl）後期現象中的思想。參見Husserl, E., *Die Krisis der europaischen Wissenschaften und die transzendentale Phänomenologie*, Haag: Martinus Nijhoff, 1976.

解除世界魔咒

⑰ 唐君毅：《中國人文精神之發展》，臺北，學生書局，1979年臺四版，第40頁。

⑰ 唐君毅：《中國人文精神之發展》，臺北，學生書局，1979年臺四版，第40頁。
⑱ 例如洛克（Locke），在其《人類知性論》（*An Essay concerning Human Understanding*）第二書第 25 章到 28 章對於關係的討論，認為關係來自比較。（Locke J., *An Essay concerning Human Understanding,* Oxford: Oxford University Press, 1975, pp. 319－362.）
⑲ Needham, J., *Science and Civilization in China,* Cambridge: Cambridge University Press, 1954.

第7章　科技發展之人文意義

8

中華文化與中國哲學之展望

- 當前問題之脈絡
- 傳統中華文化的特色與展望
- 現代科技的限度與中國哲學的可能貢獻
- 今後中國哲學發展的方向

8

8.1 當前問題之脈絡

　　海德格（Heidegger）曾經指出，科技是西方人之命運。不過，今日西方以外的世界竟也盲目地在追求現代化的過程中，命定地接受科技，沉溺在科技普世化的洪流裏，似乎無暇去反省科技、批判科技，並進而反省自己獨特的文化傳統和哲學思想。其實，如果缺乏對科技的深刻反省，各國就只能無奈地被命運所決定，無法主宰自己的命運。我們知道傳統的中華文化和中國哲學是中國人在農業社會的客觀脈絡中，透過精神的努力，用藝術及道德來點化自然，企圖以人文精神化成自然世界之高度結晶。但是，在這個科技發展已經穿透自然及社會各層面的時代中，吾人還必須面對新的問題，進行新的思考。

　　若從西方文化史上看來，一方面，哲學孕育出科技；另一方面，科技又帶來新的問題以供哲學反省。換句話說，西方科技完全產生自希臘哲學和西方近代的文化脈絡中，可見西方

哲學早已為科技的發展作好預備。但是,當西方科技輸入中國之時,恰逢中國傳統哲學較為衰微的時代,傳統哲學的人文精神不但無力促使科技生根發展,也無法進一步去轉化科技,反而只能就技術的層面苦苦追趕,吾人總覺得其中缺乏妥善的預備與深刻的反省。五四運動所提倡的民主、科學,由於缺乏對西方文化較深刻的認識,以致流於口號性質,對於科學和民主的認識與反省不夠。1983年中華民國行政院的科技顧問組出版關於「當前科技發展的方向」的一份報告,其中提到國家當前及今後面臨的問題有三:國力的強、人民的富、社會的福(提高人民生活素質),而這三個目標皆有賴科技發展方能有效達成。故而認為,發展科技,似可一舉三得[1]。此外,同年八月國科會舉辦的「社會文化與科技發展研討會」,也反映出我國已注意到科技的發展與社會、文化各層面密切的互動關係,並瞭解到科技所帶來的問題必須就整個社會來解決,而不能僅就科技本身來著手,這當然亦顯示出我國已邁入科技發展史的一個嶄新階段。不過,迄今我們仍缺乏對於科技的哲學反省。其實,唯有從哲學上來反省科技,纔能使我們進行有自覺的科技研究,並且避免科技對人文之負面後果。西方科技既然是由西方哲學與文化的基礎中蘊育而出,我們今後要發展具有特色的科技,自亦需要哲學的反省,才能圓滿達成。

此外,我們也必須注意到,當社會各層面皆被科技穿透之後所隱藏的一些危機。因為在科技發展中,對問題的解決,往往採取技術導向,只重視科技專家與科技

解除世界魔咒

資訊，即使連文化建設，也多偏向技術性問題的考慮，例如美術館、文化中心等硬體建設；至於所謂遠大理想、心靈境界的提升，則由於難以具體評估，只好暫時忽略。知識分子一旦只被當作是科技專家之時，就狹隘地成為一些「待僱用的腦袋」（brains-for-hire），而所謂的科技專家，則僅是一批技術及方法學的行家，專事提依資訊以解決技術問題，至於知識分子較深刻的器識、遠見、自覺等品德皆轉為空虛。

大體而言，我國目前尚停留在促進科技起飛的階段，還未能更進一步對科技進行評價。但是，吾人遲早必須從事科技評價，及早思慮對策。欲評價科技，就必須先就科技的內在問題進行哲學性的思惟及反省，藉以敦促科技人員能夠有自覺地從事科技活動，並且使人們能主動地思索科技發展對於新社會所帶來的問題，因而能審慎地從事科技發展，並疏導文化的變遷。

從前面幾章的解析，我們可以清楚地看到，中華文化在科技時代仍有其值得重視的特性，甚至有濟補科技時代病癥之優長。因此，在科技發展的脈絡中，吾人仍然可以重新肯定中華文化的地位，並且發揮傳統文化的特色，則不但可以提升科技，而且可以轉化科技世界為一適合中國人居住的生活世界。為此，我們不能再只一味盲目地發展科技，卻必須扣緊了中華文化前途來看待科技。

對於科技和文化之反省最為深刻者，非哲學莫屬。中國哲學實在是在中華文化之中最為深沉的一股洪流，足以展開全體中華文化之真相。從哲學上看來，現代科

技中的確亦包含了一些有限度的預設。對於這些限度的彌補和轉化，中國哲學的確可以大有貢獻。既然哲學不能僅限於哲學史，我這裏所謂的中國哲學亦不僅限於中國傳統哲學的研究和整理，而且亦須包含現代中國人對於新時代的新問題所做的基礎性和批判性的反省。總之，哲學實在是科技、生活，與一切文化中之基本觀念和動力。

以下，我們先討論傳統中華文化的特色及展望，再討論中國哲學針對現代科技的根本限度可能有的彌補與轉化之功。

8.2　傳統中華文化的特色與展望

首先，我們必須先覺察到自家文化傳統的特色，纔能進一步在科技時代中，適當地予以發揚。按照吾人在導論中對於「文化」所提出的定義和內涵，吾人可以分就終極信仰、認知系統、規範系統、表現系統，和行動系統來分析中華文化，並根據吾人在本書各章中研究的結果，歸結出傳統中華文化的特色，纔能顯豁出爾後文化發展所應採取的方向：

第一、就終極信仰而言：正如同任何其他民族，中國人亦有其終極信仰。吾人不能因為有一部分中國人對於自己的終極信仰缺乏明顯的知覺，便宣稱中國人沒有終極信仰。上古時代的中國人曾經明顯地知覺到自己的終極信仰，因而有顯態之信仰（manifest belief），但其後亦有以理性的態度致力於哲學，甚至在今天以實證

的態度致力於科學和技術，或以功利的態度致力於功名利祿，因而覺察不到此類活動中所隱含的終極投注。但這不意味全體中國人皆無終極信仰，只意味有一部分中國人並無顯態之終極信仰，但他們至少仍有隱態之信仰（latent belief）。

關於中國人的終極信仰之對象究竟是超越的或內在的問題，亦復如是。例如，商周之際的中國人懷有對於超越的神明的終極信仰。吾人同意項退結教授在《人之哲學》一書中所指出的，中國人在《詩經》、《書經》的傳統中明顯地表現出對於有位格的天或上帝的信仰，例如：「皇矣上帝，臨下有赫，監視四方，求民之莫。」「上帝是依，無災無害。」「上帝臨汝，無貳爾心。」等等語句皆清楚地顯出一種顯態的、超越的終極信仰[2]。不過，上古中國人這類顯態的、超越的信仰是出自人在理性上的認知和在實存上的關懷，並非如希伯來的宗教傳統那般出自啟示。而且，必須澄清的是，中國人對於超越的天的態度，並非貶抑人而抬高天，卻是如同牟宗三教授所指出，重視天命之下貫為人性與物性，例如「維天之命，於穆不已，於乎不顯，文王之德之純」、「天生烝民，有物有則，民之秉彝，好是懿德」、「民受天地之中而生，所謂命也」，等等語句，皆特別重視此超越之天與人之存在的密切相通[3]。換句話說，中國人皆是就人之存在投向的觀點來看待「天」、「蒼天」、「上帝」。

自春秋、戰國以降，中華文化史上發生了韋伯（M. Weber）和派深思（T. Parsons）等人所謂的

「哲學性之突破」，逐步走向人文化和理性化之途。自此以後，終極信仰遂漸次變成認知系統的一部分因素。但是，此種超越的、顯態的信仰仍然保存在部分儒家思想、墨家思想，以及民間信仰之中。至於道家、佛家、以及宋明儒學則較為強調內在性，因而使用「道」、「佛性」、「心」、「良知」……等語詞來勾勒其終極關懷。孔孟儒學可謂介乎兩者之間，強調既超越又內在之終極信仰。不過，中國人之終極信仰亦歷經俗化之歷程。蓋知識分子與民間乃創造中華文化之兩大主流。然而，知識分子之俗化，在於走向「人文」、「理性」，和「內在性」；至於民間之俗化，則在於以功利的原則來看待人與超越界的關係。但是，無論知識分子或民間對於自己的終極信仰之知覺程度如何，終究無法免除一種隱態的終極信仰。

第二、就認知系統而言：中華文化中的認知系統偏於智慧型和詮釋型，而忽視默觀型和運作型的認知系統。中國哲學主旨在於把握人生的意義、政治的得失、歷史的變遷、人性與宇宙的究竟，並且不區別理論與實踐，反而主張以理論結合實踐，即智慧即生活。像儒家、道家，和佛家的哲學思想中雖然亦有默觀型的形上思想，但主要仍然重視這類思想在智慧的形成和實踐的歷程中之源起與貢獻，並不重視純粹的、理論的形上學體系之建立。中國哲學在創造力特強之時期，不斷地有各種智慧型的認知系統提出，但是在傳承時期或創造力較弱之時期，則以詮釋型的認知系統為主，較為偏重於聖賢言行、重要史實，和經典文字的意義之再詮釋。不

過，一般說來，中國哲學家皆主張，即使新的創造亦必須包涵對於傳統的再詮釋，因而表現出「述而不作」或「以述為作」的精神，卻較少「以作為述」。因此，在先秦之後的中國哲學皆較少用新穎的創造來承接傳統，通常都是在詮釋傳統之中來求得創新，此亦「溫故而知新」之真諦，甚至連富於創新性的變革有時亦須「託古改制」。

中華文化比較缺乏運作性的認知系統，因而沒有發展出西方近代科學。查考其因，首就理論方面言之，西方科學重視運用邏輯與數學的語法結構來建構科學理論，在古希臘和中古時期，西方科學以亞里斯多德的形式邏輯為語法；自近代以降，則以數學為語法。反觀中國，雖有像公孫龍等人的名家哲學，此外亦有輝煌之數學成就，但前者旨在為世界觀與政治觀服務，後者旨在為民生日用之資，皆未獲獨立的肯定與發展，更未產生一套演繹的、運作的推理步驟。吾人須知，西方的邏輯乃始自對於語言結構的反省[④]，但是，中國的語法學遲遲未興，正顯示出後者缺乏對於語言的結構本身的反省。然而，思想的結構與語言的結構息息相關。正如同法國語言學家本維尼斯特（E. Benveniste）所正確指出的：「語言的形式……是思想實現的條件。我們只能把握已經合於語言框架的思想[⑤]。」中華文化在此點上之欠缺，亦導致了其在科學理論發展上的欠缺。

其次，就經驗方面言之，西方近代科學重視系統的實驗，其目的在於解釋並控制自然現象。中國人雖然重視仰觀天文、俯察地理，亦有各種前科學實驗（例如煉

丹），但並未以系統方式為之。實驗的過程與結果亦往往缺乏運作性的紀錄，令後人無法據以重複和改進。中國傳統的認知方式以是而不能產生西方近代和現代科學的認知系統。

第三、就規範系統而言：中華文化一向重視倫理規範，對於社會規範則較重視其道德意涵，而忽視其客觀性和系統的一致性。韋伯曾經區別責任倫理與信念倫理。責任倫理（Verantwortungsethik）以工具理性為本，視達成行動之有效性為要務；信念倫理（Gesinnungsethik）則以價值理性為本，視實現仁愛、正義……等根本價值為要務⑥。據此而言，則中華文化中的規範系統偏重信念倫理。中華文化在諸種根本道德價值中，較為重視「仁愛」和「和諧」，而較為忽視「個體」和「公義」。正如同吾人在論及倫理道德的章節中所曾經指出的，比較起來，西方文化雖然亦重視自由意志與別人、別物的關聯性，但似乎更為強調自由意志的自律性、自由的保障，和對於個體實現自我的權利之尊重，因而在道德規範方面，較為重視正義的劃清。中華文化雖然亦重視心靈的靈明主宰性，但似乎更為強調仁愛的感通和生命彼此的相互關聯性，因而在道德規範上較為重視仁民愛物⑦。歸根究柢而言，在中國傳統倫理思想中，個人的自律性和自主性並未受到突顯和偏重，反而更重視人的「可完美性」和「可感通性」。一般說來，中華文化在倫理道德上主張一種人文主義，但是中國的人文主義並不同於西方近代以來的人文主義。因為西方近代的人文主義主旨在於肯定個人的

價值，並尊重個人實現自我的權利。但是，中華文化的人文主義的主旨則是在於肯定仁民愛物的親和關係，並且主張提升個人人格以達聖人，協和社會生活以致大同，協合天人關係以求「天人合一」。

第四、就表現系統而言，中華文化既是道德的文化，也是藝術的文化。中國人一向重視用各種感性的型式，例如文字、繪畫、建築、雕刻、日用器物……等等來表現其終極信仰、思想觀念，和價值規範，中國藝術的主旨在於表現天地人生生不息的創造力和生命力，以生命力之充實為美，以不斷的創新為美，並且要如莊子所言「原天地之美以達萬物之理。」中國藝術往往較屬直覺的把握和表現，而不重視智性的建構。換句話說，重視使用直覺來捕捉事物的意象和生命力，而不重視用智性的方法（例如明暗法或透視法）來重現現實之物。中國藝術是象徵的而非寫實的，中國藝術家皆致力於把握事物的表象所激發的神思，其所謂寫實乃寫萬物盎然的生意，而不是寫其感覺表象。「畫人物是傳神，畫花鳥是寫生，畫山水是留影。」因此，畫道之中，水墨為上，而具有科技史研究價值的界畫，反倒不受重視。中國藝術是空靈的而非實物的，貴在勾深致遠，氣韻生動，發揮鍾嶸所謂「陶性靈，發幽思，言在耳目之內，情寄八荒之表。」中國藝術一如中國倫理，皆以發揚人文精神為要務，但此種人文精神並非古希臘的普羅太哥拉斯所謂「人是衡量萬物的標準」，亦非希臘藝術所謂「以人體來設想所有性質」，或「以人形來表現眾神」，而是如方東美所說的：「以人類精神的活躍創造

為特色，所以他們能將有限的體質點化成無窮的勢用，透過空靈的神思而令人頓感真力瀰滿，萬象在旁，充滿了生香活意。」「在中國藝術中，人文主義的精神，乃是真力瀰漫的自然主義結合神采飛揚的理想主義，繼而宣暢雄奇的創造生機。」⑧換句話說，中國的人文主義是以發揚人類精神的無窮潛能，來轉化自然世界和自然生命，以精神的空靈來顯豁宇宙的生生不息之創造力。

　　第五、就行動系統而言：中國自古即有各種自然技術和器物的發明，藉以勘天戡物，亦有一套完備的官僚體制，藉以組織和管理社會。但是，中國傳統的自然技術並非以控制自然為目的，而是為了發揮人的創造力，透過技術的接引來媒介人和自然，以建立人文化成的世界。換句話說，中國傳統技術是一種生命導向的技術，而非權力導向的技術。中國傳統技術不是為了控制和壓榨自然，而是為了配合自然之創進，發揮人與自然的共存關係。在今天，西方的重權力、講控制之技術已經造成了許多環境問題，破壞了生態的平衡，中國傳統重視人與自然的共存關係的生態科技精神可能是未來世界的科技發展所應具備的。此外，中國式的社會工程，以德治為上，禮治次之，法治又次之，因而法治精神遲遲未立。在人事管理上，亦是偏重和諧而忽略效率，因而難以適應現代化社會之需要。如何發揮中華文化在德治、禮治和和諧精神方面的長處，而避免並彌補其在法治和效率方面的短處，是今後中華文化在社會行動方面的一大課題。

　　今後吾人透過自然科技來對自然採取行動，透過社

會科技來對社會採取行動之時，可以在傳統中華文化中找到一個符合中國人創造性的經驗之典範[9]，此即有機的自然觀、社會觀、宇宙觀。此一典範強調一切有生命的個體皆在自然、社會，或宇宙中有其彼此的「內在相關性」，但也由於尊重每一有生命的個體，而重視各個單元的「功能自主性」，並且由於「內在相關性」和「功能自主性」的交互辯證，而使個體和社羣皆邁向對於意義的探求，從事創進不已、生生不息的活動。有機的思想典範主張的是「相關」而非「孤立」，「發展」而非「靜態」，尊重個體的「功能自主性」並把羣體建基在個體彼此的「內在相關性」之上，而非偏執於全體或個體。在中國人的思想和經驗中的有機典範，是以「生命」為模本。中國人用生命來瞭解自己和世界。至於西方當代科學的典範，則表現於模控學（cybernetics）和系統理論（system theory），此兩者雖然亦模倣生命的功能，例如獲取資訊、保存資訊、適時使用，由「入訊」、「出訊」、到「回饋」等程序，亦是由生物學獲得啟發的，但實際上只是一個模倣生命但本身卻無生命的機械世界而已。模倣生命，系統果然有效；沒有生命，意義自屬空虛。但是，中國人的思想典範，不但依於生命，而且要以生命來詮釋系統，賦予意義，使任何系統皆成為活生生的有機體，如此纔能真正證成自己生命的意義。從有機生命的典範出發，吾人可以更為妥善地對自然和社會採取行動，構成中華文化中特有的行動系統。

經過以上的分析，我們可以肯定，從科技時代的文

化處境中看來，中華文化傳統並非死的傳統，而仍是一個活生生的傳統，它在現代科技文明中的意義，仍然有待國人去發揮。中華文化傳統中的歷久彌新之道，尚有待吾人去用現代人的語言來賦予創造性的詮釋。本書可以說是從哲學的觀點來為此種創造性的詮釋做一拋磚引玉的工作。總之，在科技時代中，中華文化中的創造精神和人文精神仍有待吾人去發揮，以克服科技時代的文化困境，創造新的文化。

中華文化一向強調生生不息的創造精神。科技時代瞬息萬變的挑戰，正需要吾人在其中發揮固有的創造精神。不過，中華文化創造力表現的型態亦有需要檢討和改進的地方。因為中華文化偏重意義的創造，而忽略運作結構的創造，後者乃吾人今後必須彌補和發展的，但前者則正是吾人的希望之所寄。尤其中華文化中的倫理道德和藝術表現皆直接涉及意義的創造，兩者皆有其不可限量的前途。例如有部分中國現代藝術家，在現代作品的創作中化入傳統中國藝術風格和美學原理，常能在世界藝壇上引人側目。又如吾人若能在工業產品設計中，融入傳統中國藝術巧思，亦定能引起各方的注意。在未來的歲月中，中國藝術勢將成為中華文化傳統有貢獻於現代世界的首要見證。至於傳統的倫理思想，誠如我們在第四章中所已指出的，我們若能發揮其中的道德創造力，而不拘泥於形式規範，則亦能有益於現代的科技世界。不過，由於缺乏結構的創造，在中國傳統認知系統和行動系統中，缺乏客觀的運作結構。今後吾人除了要發揮傳統的意義創造，使科技社會能充滿意義之

解除世界魔咒

外，也要注意認知的結構和社會的結構，注意結構所產生的問題，並適切地對結構性的缺失加以彌補，進而創發新的結構。如果全體中國知識分子能集思廣益，致力於創發一個能承接傳統的新意義，並使此種新意義宏偉得足以綜攝並推動現代的科技結構和社會結構，進而產生更宏大的意義，創發更偉大的結構，則中華文化定可再造光輝。

其次，科技時代亦需要中國人發揮其原有的人文精神。揆諸西方，西方近代科技的興起，與西方人文主義息息相關。先有十五世紀的人文運動，纔有十六世紀的科學運動。換言之，由於像普列東（Plethon）等希臘學者在十五世紀時逃到義大利，在那裏講授希臘古典思想（如柏拉圖、亞里斯多德等），因而引發近代人文主義，敦促人去觀察現世的自然與人生，用理性的、精微的方法去描繪和推理，這種精神先表現於繪畫，後表現於科學實驗上。在文藝復興之時，結合藝術與科學的大天才，就是達文西（Lenardo da Vinci）。總之，藝術與科學皆是西方人文主義之表現。

中國傳統思想亦屬人文主義，但不同於西方的人文主義，已如上章所述。由於偏重意義創造，發揮藝術與道德，然而缺乏結構創造，因此中國的人文主義並未能產生類似近代西方的民主與科學。但是，今日的科技世界，由於偏重結構與系統，反使意義轉為空虛，此時便急需發揮一種嶄新的人文精神，來轉化科技時代的意義危機。換言之，西方自文藝復興以來重視個體價值、尊重自我實現之權利的人文主義，雖然曾為西方近代科學

運動提供了精神支柱，但是，時至今日，科技的發展已使得此種人文主義及其所支持的科技社會暴露出許多的問題和危機。因此，今後新的科技社會，需要新的人文主義作為精神支柱。此種新的人文主義一方面須重新顯題化其終極信仰，另一方面又須發揚仁愛和感通的創造精神。中國今後的文化發展，若能用一個有自覺的超越信仰，來支持一個重視「仁愛與感通、人格之可完美性、天人合德、創造無已」的人文主義，將可以為這新的科技世界提供新的精神支柱。

8.3　現代科技的限度與中國哲學的可能貢獻

　　中華文化要在科技社會的脈絡中來尋求發展。但是，科技做為一種活動和生活而言，實在含有許多根本上的缺陷，需要經過哲學的反省、批判，和轉化，纔能與中華文化銜接起來，甚至產生融合的現象。目前科技已深入我國社會各層面的活動，非但自然現象有自然科技來予以控制和轉換，而且社會建設亦有社會工程來推波助瀾。總之，無論人對自然的勞動或人對社會的管理，皆由科技所帶領的方式來進行。

　　吾人必須從哲學來批判此種科技活動的根本限制，並在此顯豁出中國哲學的真正意義，以便透過中國哲學的接引，進一步融合科技文明與中華文化。

　　綜合言之，科技發展與其所帶領的社會工程含有下列五個有限度的基本預設，對於這些限度的彌補與轉化，中國哲學皆能有它積極的貢獻。以下吾人採取對比

的方法，有如剝蔥一般，逐層深入，論列如下：

㈠研究取向與存在取向

現代科技認為，能夠找到確定答案的問題才值得探索，無法找到確定答案的問題則不值得討論，甚或根本予以否定。答案不但是應該精通，而且必須是最優的（optimal）。線型規劃、成本分析等理論都假設了這個基本觀念[10]。但是，在科技上處理的單獨問題往往會與實際的生活隔離，至於一些對於人非常重要的問題，諸如存在的問題、意義的問題，往往都是找不到確定答案的，只是一個不斷探尋的過程而已。更深入來看，生活中某一個問題的答案往往帶來更多的問題。甚至我們可以說：答案本身即為另一問題形成之根源，絕非僅是「一個問題一個答案」如此簡單的關係。譬如，科技的發展一方面固然提高了物質生活的享受，但是另一方面，卻也造成了生態環境的嚴重污染，以及核子戰爭的陰影，對人的存在構成嚴重的威脅。又如醫藥的進步一方面固然延長了人類的生命，另一方面卻也促成了人口爆炸的危機。從這些例子我們可以明顯地看出，沒有一個答案不會帶來新的問題，因此答案與問題是一連串複雜的連鎖關係。

波柏（Popper）根據他對於科學研究過程的解釋，指出科學研究本身乃問題之發展，因此，第一步需確立問題；第二步是嘗試提出解答；第三步是錯誤的排除；最後則由原問題移至另一個新問題，由這個回饋的過程而促成了科學的發展[11]。這裏面有兩點特別值得注

意：(1)重要的是問題本身之不斷進展，而不是答案本身，畢竟答案只是一個可能的嘗試；(2)批判的態度，凡提出來的答案，皆可經否證的程序予以批判。波柏的方法論點，為我們提供了一個新的方向，可以補足中國哲學在研究取向上的不足。

中國哲學並不採取這種「問題——答案」的研究取向，而是採取實踐的存在取向（existential orientation）。中國哲學中的存在取向，重視生活的真實情境，並針對具體情境而提出價值理想，以及在具體處境中實現價值理想的實踐歷程。因此，即使有明確的問題提出，亦鮮有固定之答案，更遑論最優的答案。例如，孔子對於學生們所提出的有關「仁」的問題，並無一元化或最優化之答案。顏淵問仁，子曰：「克己復禮為仁，一日克己復禮，天下歸仁焉，為仁由己，而由人乎哉！」孔子在此答案中較強調仁的實踐（為仁），以之為決定於人的主體性及其自覺地返回禮的規範。樊遲問仁，子曰：「愛人」，則較為強調主體際性及其愛的相互感通。至於子貢問仁，子曰：「夫仁者己欲立而立人，己欲達而達人。能近取譬，可謂仁之方也已[12]。」則不但強調主體際性，而且強調在政治、社會，甚至教育上推己及人的實踐歷程。這些多元的答案雖然各不相同，但皆是對應提出問題者的人格特質與實際上的存在處境而提出的理想價值標準，並要求獲致答案者必須在具體生活中去予以實踐。

中國哲學非但不提供一元化或最優化之答案，而且往往以回答或以另一問題來取消原有問題。尤其禪宗裏

的公案多屬此類。例如僧問：「如何是普提？」德山打曰：「出去，莫向這裏屙。」又，僧問石頭：「如何是解脫？」石頭曰：「誰縛汝？」問：「如何是淨土？」曰：「誰垢汝？」問：「如何是涅槃？」曰：「誰將生死與汝？」由於問題皆出自發問者的思想與人格在存在處境上之障礙，抑或由於無知而發，答案的提供旨在於令人醒悟此一存在處境，自除障礙，悟得真知，而止息其問題。

　　無論是依對象之存在處境而供給多元之答案，或以答案來取消問題，其要旨皆在於實踐上的肯切性。孔子對於仁的問題所提供的答覆，目的亦在於要弟子能篤實踐履。因此孔子才認為，不但要知及之，而且要仁能守之。孔子重視蹈仁，謂曰：「民之於仁也，甚於水火。水火吾見蹈而死者矣。未見蹈仁而死者也（《論語‧季氏篇》）。顏淵最能體會孔子之意，因而他在獲得答案之後，答曰：「回雖不敏，請事斯語矣」（《論語‧顏淵篇》）。至於禪宗之問答，若要避免口頭禪，其最終判準就在於有明心見性之實踐歷程。儒家所言盡心、踐仁、明明德、致良知等等亦皆為實踐歷程，而非一抽象之名詞。中國哲學此種存在取向和實踐精神用來處理問題與答案之關係，實能彌補現代科技的研究取向在存在體驗上的大缺陷。

　　(二)化約的模式與整全的模式

　　科技在研究某一系統之時，傾向於把複雜的因素化約為幾個因素或變數間的互動關係。凡是在化約的過程

中無法納入此一程序的因素，就會暫時被忽略[13]。例如，系統理論即是把一複雜的大系統不斷區分成幾個次系統，在次系統之下又再有次系統，研究者即從較單純的次系統開始處理。比如在生理學上處理泌尿現象時，只處理與泌尿系統相關的幾個主要器官彼此間的關係。化約主義有兩個主要的特點：

　　1.在資訊的獲得上，特別強調量化資料的蒐集，例如機率及平均數值等資料。

　　2.注重建構理論模式，把複雜的現象化約成簡單的模式，企圖以模式解釋一切，使模式代替真實存在的現象。量化問題，下節再論。此節先論模式問題：

　　希臘神話中有一則關於名雕刻家皮格馬良（Pygmalion）的故事。這位雕刻家所雕塑的女性人像栩栩如生。有一天，他竟然愛上了自己所塑的女性雕像，亦即沒有生命的人物模型，反而不愛活生生的真人。但雕像畢竟是沒有生命的，無法向他擁抱，懊惱之餘，只好向美神亞芙羅黛（Aphrodite）求助。美神感其誠意，以法力點化石頭，賦予雕像生命，使雕像終能回抱這位雕刻家。此則神話頗有現代意含，符合現代處境。在科技時代中，科學家愛上自己的模式，把模式當作真實者，比比皆是，而電腦似乎成為新的真神，透過電腦強大的處理能力，似乎能把各種模式點化成實在的現象。這也反映出當代科技的無限擴張。但是若只根據理論模式去解釋複雜的實在現象，無異透過眼鏡去看這個世界，看到的只是一些經過折屈過的而且甚為有限的現象。

模式雖有其限度，但人似乎不能完全予以拋棄。重點在於吾人必須透過哲學的反省，使其深刻化、整合化。現在就讓我們來看看哲學對於建構理論模式的貢獻。首先，科技上的理論模式都有它的哲學根源。其次，哲學還能夠提供較為整全的模式，彌補科技模式的缺陷。

就模式的哲學源起而言，首先談自然科學中幾個著名的模式：

1.洛克（Locke）的「經驗模式」：認為凡有經驗資料的知識始得以成立，而經驗資料來自知覺。此一模式重視蒐集事實[14]。

2.萊布尼茲（Leibniz）的「形式模式」：重視具有解釋能力的數學、邏輯的理論模式。強調真理是分析性的，不依賴任何外在世界的資料[15]。

3.康德（Kant）的「綜合模式」：認為理論模式和經驗資料相輔相成，真理即在於綜合兩者。康德提出感性知覺與知性範疇的互動來處理經驗與理論間的關係。吾人的經驗內容是透過系統實驗而得的感性知覺，理論則是由範疇演繹出來的思想法則。經驗若無理論相輔則流於盲目；理論若無經驗配合則趨於空洞[16]。基本上，當代科學仍是在處理經驗與理論間的互動關係，所以康德的模式廣受採納，可以說仍然是當代科學的模式。

其次，社會科學亦深受黑格爾（Hegel）的「辯證模式」之影響。黑格爾認為不同論題、甚至不同模式彼此間的衝突對立，在辯證的過程中可逐漸彰顯真理。一

事件在不同的當事人之間彼此的衝突對立中可以呈現出更真實的事態，是真理產生的根源。例如在法庭上不同兩造之間的辯論可以使真理愈辯愈明，有助於更符合正義的裁決。又如在政治上、自由世界的政黨政治，由於執政黨與在野勢力的對立，能促成政治的正常運作。至於共產世界內亦有所謂兩個路線的對立，不斷製造矛盾，藉鬥爭來維持黨的生存。總之，黑格爾的辯證模式經社會科學的詮釋而成為當代社會的主要模式之一⑰。

當代西洋哲學和傳統中國哲學亦能提供較具啟發性、整全性的模式，使吾人能以較廣的角度看待科技與社會。

首先由梅洛龐蒂（Merleau–Ponty）所提供的一個新模式。他認為抽象的概念、科技知識有愈來愈與實際生活脫節的趨向，因而主張應返回純粹的知覺，尋找到自己與世界以及與他人相繫的原始出發點。真理是人的主體在知覺情境中與世界的原始接觸，在接觸中表示同意，因而產生的一致感，進而導向具體的行動。因此無論是在科技發展或是在社會工程中，皆必須要有人與人、人與世界產生的同感，即內在的相遇和感通，如此才能導致有效的行動⑱。

至於中國的傳統哲學所提供的自然觀與社會觀，亦不採用當前科技與社會中的人為控制之觀點，而是尋求一種人與自然、人與人、人與天的內在感通。中國哲學強調人與自然必須和諧相處，並不把自然純粹當成一個在能源方面的被剝削者，因此比較重視人與自然間的生態和諧關係，而不是採取衝突對立的關係，這點可以說

供給了我們發展自然科學的基本典範。對於社會，中國哲學亦重視人彼此的內在關係和整體的和諧，不但強調人倫關係的內在性，而且主張由個人的完美出發推展至社會的完美。誠如孫中山先生所言，《大學》所謂「格物、致知、誠意、正心、修身、齊家、治國、平天下」提供給吾人特有的社會政治的精微開展的理論模式。《中庸》有言：「唯天下至誠，為能盡其性；能盡其性，則能盡人之性；能盡人之性，則能盡物之性；能盡物之性，則可以贊天地之化育；可以贊天地之化育，則可以與天地參」。這段話實在是提供了我們處理自然與社會時的一個十分深刻而又整全的模式。

㈢量化的武斷性與意義的充實感

不管是自然科學或社會科學，兩者皆一致強調經驗資料的量化，把經驗現象轉換為可計量的客觀數據。在今天各種理論爭相採取量化的情況下，量化似乎已經成為各種學說的「通用貨幣」。即使像國際政治上，裁減核子武器的談判也只是一種數量上的爭執。但是，如果我們深入去反省，核武問題真的只是數量多寡的問題嗎？核武問題應是準確度的問題，而不是數量上的問題。只要能夠準確地命中重要的工業區，摧毀一次與摧毀多次，其實並沒有什麼不同。再說在核武巨大的摧毀力下，人類的生存早已岌岌可危，地球畢竟只有一個，就如同個體生命只有一條一樣，毀滅一次和毀滅多次並沒有基本上的差異。

楊卡洛維奇（Yankelovich）曾經半開玩笑地區別

出四個熱中於量化的不同程度，並加以批評：

1. 只計量可以被計量的事物。他認為這還算是一種行得通的態度。

2. 忽視那些不能被計量的事物，或是將不能計量的事物以任意的量化來處理。他認為這就顯得造作，而且可能造成某些誤導的不良後果。

3. 強調不能被計量的事物對人並不重要。他認為這是一種睜眼瞎子的態度。

4. 聲稱凡不能被計量的事物就不存在。此一程度是最為嚴重的，他認為這種態度無異自殺[19]。

對於人而言，生命的評價和意義的問題都不是用量化能夠解決的。中國哲學的論證方式完全不用量化的程序，因而缺乏運作的理趣。但是中國哲學更為關心生命及其意義的問題，因而側重詮釋的理趣。科技包含運作的理趣，重視其語言的形式特性、轉換步驟、概括程序和系統化的傾向[20]。但是，中國哲學所含的詮釋理趣則重視由每一個生命的主體出發，來理解並重構自己與世界（自然、人羣、天）的整體關係之意義。因此，它所看重的不是量化的運作，而是經由主體的詮釋走向意義的重構。此種詮釋的判準不在於經驗資料的管制，亦不在於理論結構的嚴謹，而在於所謂飽渥的原理（principle of saturation）。

人與世界的關係，必須經由人的精神生命來予以詮釋，這是中國哲學所教導吾人的偉大智慧。因為中國人所重視的不是一個光禿禿，或僅由律則所規定的世界，而是適宜人居的「生活世界」。生活世界雖會因為科技

的發展而改變，但其為人的生活世界則不變，恆需經過人的主體性之詮釋，來重構其中之意義，這點在中國的藝術哲學中表現得尤其明白。例如孟郊所謂：「天地入胸臆，吁嗟生風雷，文章得其微，物象由我裁」，正表現出經由主體的氣魄和巧思所詮釋之世界。莊子〈逍遙遊〉所示的「天之蒼蒼，其正色邪，其遠而無所至極邪，其視下也，亦若是而已矣」。正是在精神有如大鵬，怒而飛，提升至寥天一至境之後所重構的意義世界。在人的精神成就重新詮釋之下，人與世界的關係，正是一種內在親密的往還，彼此有一種交互的辯證關係，正如劉勰所謂：「山沓水匝，樹雜雲合，目且往還，心亦吐納，春日遲遲，秋風颯颯，情往似贈，興來如答。」[21]

詮釋之理趣是以飽渥的原理為其基本規範，亦即以意義的飽渥為人文世界最根本的組織原理。換言之，所謂詮釋是指一個主體對於意義之理解與重構，然而一個詮釋的可接受性，端視其能在人內心產生對此一重構的意義的最高滿足程度而定。此亦孟子所謂「充實之謂美」。孟子把此種詮釋原理由近而遠，發揮得最為淋漓盡致：「可欲之謂善，有諸己之謂信，充實之謂美，充實而有光輝之謂大，大而化之之謂聖，聖而不可知之之謂神。」[22]這段話把由主體對善之追求，到主體內在擁有意義，而得意義之充實，甚至可大可聖可神，真可謂窮其奧妙矣。

總之，在這量化的科技世界中，中國哲學仍要我們發揮人的精神成就來予以詮釋，使科技的世界成為人文

的世界，至於詮釋的根本原理則在於「充實之謂美」的
意義飽湛原理。

㈣客觀性、控制性與主體性、主體際性

有許多社會科學家倡言，社會科學研究必須採取價
值中立，認為研究者應保持客觀，不可把主觀的情緒和
價值觀介入研究活動和研究對象之中。但是實際上在研
究的過程中吾人無法完全避免個人主觀的價值判斷。例
如，研究者首先在選定一個適當的研究題目時，個人的
取捨標準就會含有價值判斷的成分。其次，在晤談訪問
與觀察的過程中，研究者也會進一步介入社會，甚至造
成受訪者行為結構的改變。在訪問時，被訪問者往往會
受研究者所擬定題目的暗示，而傾向於說研究者希望聽
到的話。可見，在社會科學研究中的「觀察」，是經過
研究者主動選擇的一套有系統地干預對象的過程，而不
是純然被動的觀察。研究者內心必須先有一個概念架構
以作為蒐集、取捨事實的標準。最後，研究者也必須以
自己的概念架構來詮釋所發現的經驗事實，以便建構出
自己的一套理論。以上幾個研究步驟都無法完全去除個
人主觀的價值判斷。誠如結合現象學與社會學的舒茲
（A. Schutz）所言，研究者應主動去挖掘社會行動的
意義，親自去參與體會，而不應完全超然於社會之外，
僅做所謂的客觀研究㉓。

由於科技發展強調客觀性，因而導引出社會現象可
由人為的計畫加以控制、加以解決的觀念，此即所謂
「社會工程」、「社會控制」的真正預設。在策劃一項

社會工程之時，策劃者便宛如在下棋一般，把社會中獨特的個人當成是一顆顆的棋子，會議桌即如棋盤，完全忽略社會中每一個人的主體性及獨特性。因為理論模式畢竟只是研究者的觀念架構，正如下棋的規則是由人所硬性規定一般。事實上每一個社會行動者都有他自己獨特的行動原則及意義。如果只把人當作是一客觀而普世化的對象，那麼科技發展的理論模式無異成為宰制（domination）的一種藉口。實則，為避免宰制的觀念，吾人應尊重個人的主體及其獨特性。哈柏瑪斯（Habermas）認為決策者自己亦必須作意識形態的批判工作，覺醒自己的控制傾向，透過人與人間意義的溝通，才能擺脫控制，完成解放（emancipation）[24]。

中國哲學除了像法家之流外，鮮少把人放置在客觀性和可控制性的角度來對待，因此大部分的哲學討論都不能提供一套社會工程和社會控制的理論基礎。此一缺陷正突顯出中國哲學另有關懷之處：儒、墨、道、佛等家哲學都重視人的主體性的自覺，思考如何安頓主體的生命意義，使每個人的主體皆能充量發展以至於完美，使社會亦能經由個體的完美，推展以至於羣體的完美。

中國哲學重視人的主體性，但其目標並不在限圍於主體最低限度的個體性，而是在其最高限度的可完美性。因此，除了楊朱為我，拔一毛以利天下而不為，似乎有個人主義的傾向以外，每個主體的個體性並不受到強調。《大學》所謂誠其意、毋自欺，誠於中，形於外，君子必慎其獨，主要並不是強調孤寂之個體，而是強調個人的道德意向之真誠性。蓋非但主體須自己面對自

己，而且在主體際中亦無所遮掩：「人之視己，如見其肺肝然。」誠如上章所言，中國哲學重視人最高限度的可完美性，因此，儒家認為人可由庸人成士人，由士人成君子，由君子成賢人，由賢人成聖人（《荀子・哀公篇》）；道家亦標榜聖人、真人、至人、神人為完美典型；佛家亦主張應由凡夫成小菩薩，再修成阿羅漢，再修成大菩薩，最後修成佛果。宋儒所謂「士希賢人，賢希聖，聖希天」，亦是秉承此一「擴充人性以至於最高完美」的中國哲學傳統。中國傳統哲學對於人之主體性，率皆如《大學》所言，強調其能明其內在明德、日新又新，以至止於至善。

　　但是，人之主體性的自覺與擴充，並非封限於一己的主體性之內，而必及於主體際性之共同成長。此亦誠正修齊治平之道所昭示的根本道理，亦為中國人由倫理學發展為政治學的根本典範。儒家的「仁」，正是一個打通主體性與主體際性的綜合性範疇，蓋仁一方面為主體性的自覺，若無自覺則陷於麻木不仁之地；另一方面，仁亦為人與自然，人與他人，人與天的內在感通。仁的哲學顯示出人一方面是自律的，另一方面亦是關聯的。道德基礎就在於人具有「仁」這種既能不斷提升自己，又能提升共同存在的動力。人之所以能為道德之主體，創造道德價值，提升自己與他人、他物，最主要在於一方面人的主體性有其自由意志，能自律地置定道德價值，能自覺其內在靈明；另一方面此一自律與自覺的主體性又與他人、他物有內在的、根本的關聯，此種關聯既是小我的限制，又是大我的擴充㉕。仁是一種有關

聯的自覺，是在與自然、與人、與天的關聯中自覺到主
體的靈明，亦在自覺到主體靈明之時覺察到自己與自
然、與別人、與天的關聯。

仁的哲學使我們在科技的客觀性和控制性之下，仍
能醒覺到主體性的豐富內涵，以及主體際性的共同成
長，而不至於在科技洪流中陷入喪失自覺、控制他人的
異境。

㈤直線的時間觀與創造的時間觀

科技對於人影響最為深刻的一面，就是時間向度的
根本改變。因為時間是人類發展生命、創造文化的場
所，掌握了時間亦即掌握了生命。近代科學把時間當成
是一獨立變數，而此一獨立變數 T 是由 T_1，T_2，T_3，
T_4……所構成，取代了時間的流動性，在基本上是一
種直線的、靜止的時間觀。當代科學自從愛因斯坦提出
相對論後，認為時間可隨運動者的速度而不同，此理論
雖然略微修改了直線的時間觀，使時間趨於多元化，但
是對於時間的觀念仍舊是直進的、物理性質的。科技的
時間觀不論對社會理論或實際社會，都產生了深遠的影
響。例如，資金的匯兌率要考慮其在時間中的波動；科
技產品必須不斷追求有效、省時、耐用；經濟計畫更必
須考慮時效。近代以來的科技與社會更由直線的時間觀
導引出直線向前進步的觀念，影響所及，我們亦可看到
今日發展中國家不斷向歐美等先進國家追趕，其實不斷
追趕求進步只是造成不斷依賴的情勢而已。以上這種直
線的時間觀僅只是一種科技的時間（technological

time）而已，無法涉及意義的深度，有待吾人進一步反省。

　　每個人對於時間的感覺，隨個人記憶與關懷的遠近而有所不同。對於一些存在上的感悟和個人生命中重大的事件，例如愛情、恐懼、絕望等強烈的感情體驗較為鮮明，而對於一些平凡的經驗則記憶模糊。存在心理學家馬斯樂（Maslow）認為時間是人經驗的感受，比如愛、成功等高峯經驗（peak experiences）中的時間，必定不同於一般無聊平淡的時間[26]。法國哲學家柏格森（Bergson）批評近代科學中的時間是由一一靜止的剎那所拼接而成，正如電影膠片一般，放映時雖有連續感，其實是由一個個靜止剎那的狀態拼接起來的，對於兩剎那之間的動態接續則摒棄不顧。他深深感到近代科技時間向度的侷限性，轉而提倡時間是綿延的、創造的，而唯有感受到生命的強度才能進一步去創造生命[27]。在胡塞爾所提出的現象學中，指出在時間意識中最重要的是意向性（intentionality）。意向性是一個會移動的核心，由於意向性的作用，便宛如探照燈一般，照亮了自己的生命歷程，此一探照燈可以把光照向過去，使自己對過去有所回憶；也可以照向未來，使自己對未來有所期待[28]。

　　其次，社會是許多個人、制度與傳統的集合，因此社會組織的時間極端複雜，結合了無數個人以及無數世代的不同時間，是一種多重向度的時間，其中既有傳統亦有現代。例如，在當代的歐洲即同時並存有希臘文明、羅馬文明、基督教文明、近現代科技文明等數個不

同時代的文化傳統。臺灣目前文化發展最根本的困難，亦在於時間向度的混亂，其中一方面仍有傳統社會甚至原始社會的時間導向，另一方面也有最尖端的時間導向，但這一切卻又顯得零亂錯雜，缺乏調和。文化的混亂其實源自時間導向的混亂。

在同一時間內，試想每個人所從事的工作彼此間有多麼的不同！比如，有的人從事甲骨文的研究，有人日日浸淫於古代經典，同時也有的人從事尖端科技的研究，各有不同的時間導向，整個社會因而具有無比複雜的時間向度。因此，社會時間是多向度的，某一向度不應任意吞噬另一向度。現代化的過程並非是把社會的多元時間用尖端導向來予以單元化。傳統與現代的啣接工作，似乎也就是試圖去尋找各自應有的時間向度，並將之妥善調和的工作。

中國哲學對於傳統與現代，一向主張穩妥的調和態度，對於個人與社會，則主張創新的時間觀。尤其值得吾人重視的是原始儒家的時間意識。原始儒家之時間意識表現於兩方面：一方面即原始儒家的時間觀；另一方面即據此時間而表現的歷史行動，兼有傳承與創造之兩面性。原始儒家之時間觀，要在不以時間為計量，也就是不斤斤計較於計量性的時間，即今所謂年、月、時、分、秒是也，而在對時間的本質特性做一種體證式的洞視。原始儒家對時間的哲學思索表現於《易經》，孔穎達曾謂：「易者，變化之總名，改換之殊稱，自天地開闢，陰陽運行，寒暑迭來，日月更出，孚萌庶類，亭毒羣品，新新不停，生生相續，莫非資變化之力，換代之

功。」方東美以為此言粗具易之總義，更進而抒解易之時間觀曰：「趣時以言易，易之妙可極於『窮則變、變則通、通則久』之一義。時間之真性寓諸變，時間之條理會於通，時間之效能存乎久。」[29]我們若用哲學上的明確概念來予以分析，則易的時間有如下幾點本質特性：

1.流逝性（perpetually perishing）：指「窮則變」的首字「窮」。方東美解曰：「時之化形於漸而消於頃，其成也毀也，故窮。」[30]此猶如懷德海（A. N. Whitehead）所言時間的不斷流逝性（Time is perpetually perishing.），或柏拉圖在〈提勘烏斯篇〉（Timaeus）中所言，「一個變化和流逝的歷程，從未真實地居存過。」[31]

2.創新性（novelty）：指「窮則變」的第二個觀念「變」。方東美解曰：「生化無已，行健不息，謂之變，變之為言革也，革也者，喪故取新也。」「窮而能革則屈往以信來。」「時之遯、隱於退而趨於進。」[32]蓋時間的前一刹那剛欲逝去，後一刹那即接踵而來，而且後一刹那之於前一刹那，必有差異與新奇者在，始能謂之新刹那。此差異性與新奇性即彰顯出時間的不連續（discontinuity）。舊刹那不斷流逝，新刹那不斷創生，則形成一個創進的時間。此即《易經》所言天地之生生不息，或懷德海所言自然的創進（creative advancement of nature），柏格森所謂的創化（évolution créatrice）。

3.延續性（continuity）：指「變則通」的「通」

字。方東美解曰：「轉運無窮，往來相接謂之通，通則為言交也，交也者，綿延賡續也」。此即在彰顯「生生而條理」之義。蓋時間在不斷創新的歷程中，由於新刹那的差異性和新奇性而使時間有了斷裂和不連續，但同時每一差異而新奇之刹那，又共同隸屬於過去刹那所隸屬的同一時間歷程，舊新相交，前後相接，相互連續。於是乎送往迎來，日新月異，但卻又古今相接，形成綿延賡續的整體。可見，時間的發展，在不連續中有延續性，在延續中有不連續性。

4. 累積性（cumulative）：指「通則久」中「久」的觀念。方東美解曰：「喪而復得，存存不消，謂之久，久之言積也，積也者，更迭恆益也」。「時之運，資於亡而繫於存，其喪也得也，故恆，恆而能久，則前者未嘗終，後者已資始，後先相續，至於無極」[33]。蓋時間之累積性在於時間之先後相續，前一刹那必有遺留於下一刹那者，而下一刹那必有承接於前一刹那，並開創新的境界以遺留於再下一刹那，如此增益不已，則宇宙乃在生生不已之過程中愈形擴大，正如懷德海所謂：「由因入果之過渡乃時間的累積性[34]。」

由以上流逝、創新、延續、累積四性形成一個創進不已的時間觀。原始儒家之時間觀乃一更迭輪轉，週期無窮之時間，顯出原始儒家對於實在界的內在律動有極深之洞見，大異於科技只顧及實在界的物理表面之序列性，因而只限於直線時間觀的短視。原始儒家能超越物理經驗而體會造化之生生不息。

科技時代需要我們發揮更大的創造精神，也要求我

們不要陷入淺視的時間向度，原始儒家之時間意識正切中時代需要，值得我們潛心發展。文化建設不但要求我們能承接過去，而且要能創造未來，原始儒家的傳承與創新精神，正可為吾人典型。

8.4 今後中國哲學發展的方向

　　以上是對現代科技發展的幾個有限度之預設的檢討與反省，針對每一限度，我們都發現中國哲學有彌補與轉化之功。總之，今後中國哲學研究，尚可在下列幾點對科技時代的中國文化有所貢獻：

　　㈠提供較整全的、富有啟發性的模式。

　　㈡使決策者有器識、有遠見。

　　㈢反省科技本身和技術導向的社會工程所隱含的基本預設，以便引發有自覺的科技活動和社會建設。

　　㈣對存在觀的反省。終究說來，科技發展含有其對存在的看法，認為存在就是客觀性及可控制性，把人的存在亦當作是一控制的客觀對象。當代的反科技運動，例如嬉皮、反核運動、反建制、天體營等，皆是不滿於科技的形上學假定中對存在的規定方式，而引發出對科技存在觀的反動。當代哲學針對此點，倡導一種開放、參與、自由、創造的存在觀，實與傳統中國哲學先後呼應[35]。

　　由此看來，中國哲學在今日的發展也還有很多應該注意的地方。例如，首先應該對自然科學及社會科學進行深入的探索反省，包括其中方法論、知識論上的問

題。歷史上中國早已有科技的傳統，但何以未能產生類似西方的近代科技呢？由科學哲學來看，則其理易明：(1)西方科學的經驗資料是經過系統的實驗而獲得；中國則較偏於以被動的觀察來蒐集資料。(2)西方科學的理論層面是以數學、邏輯來建構理論；中國則較偏向於由形上的洞見來提出理論。傳統的中國數學雖有很高的成就，但是只用它來整理經驗資料，例如曆算、丈量土地……等，而未用它來從事抽象的理論建構㊱。近年來，國內科學界雖早已建立了系統實驗，亦已知用數學與邏輯構造來形成理論，甚且對新興的系統理論、線型規劃等學說亦擅於採用，但是唯獨尚缺乏對科技的知識論基礎的反省，因而不但缺乏科技活動中的自覺，而且只能盲目地接受西方的科技。

　　除此之外，中國哲學還必須注意檢查科技中的各種模式，並且嘗試由哲學觀點來提供新的整全的模式。今後吾人應致力於開創科技與人文相輝映的時代。但是，迄今中國仍有科技與人文分裂，彼此兩極發展的現象。反觀西方，則是先有人文主義，再慢慢發展出近代的科技。西方科技是在西方哲學與人文皆已作好預備的環境中發展出來的，而且西方偉大的思想家，如愛因斯坦、波柏、海森堡（Heisenberg）等人，都能體會科技與人文二者深刻的會通處。質言之，科技與人文的會通，即是哲學。當代中國哲學不僅應繼續再詮釋傳統中國哲學經典中的永恆訊息，甚至進而反省並批判科技時代的處境，而且更應能進一步開創出更多的可能性，創造出一個更宜人居的生活世界。

註　釋

① 行政院科技顧問組：〈當前科技發展的方向〉，1983 年 7 月，臺北，第 31 頁

② 項退結著：《人之哲學》，臺北，中央文物供應社，1982 年，第 129－135 頁。

③ 牟宗三著：《中國哲學的特質》，臺北，學生書局，1980 年 6 版，第 19－24 頁。

④ E. Benveniste, *Problèmes de linguistique générale,* Vol. I, Paris: Edition Gallimard, 1966, pp. 63－74.

⑤ *Ibid.,* p. 63.

⑥ M. Weber, *Gesammelte Aufsätze zur Wissenschaftslehre,* traduit en Francais: *Essais sur la théorie de la science,* Paris: Plon, 1965, pp. 424－426; also: *Le savant et le politique,* Paris: Plon, 1959, pp. 198－199.

⑦ 參見本書第四章。

⑧ 方東美著：《中國人生哲學》，臺北，黎明文化事業公司，1982 年四版，第 229－230頁。

⑨ 典範一詞，取自孔恩（T. Kuhn, *The Structure of Scientific Revolution,* 2nd Enlarged Edition, Chicago: University of Chicago Press, 1970.），但不盡相同。孔恩認為科學革命基於典範（paradigm）之變革。所謂典範指最基本的觀念或世界觀。典範變革，則科學革命發生。新典範確立，科學便進入後典範時期，在新典範之下進行的科學活動，便成為正規科學（normal sciences）。每一時期之科學家皆盲目的接受典範，依此來決定何者為有意義的事實，配搭理論與事實，或明說某一理論。但吾人挖掘中國人經驗與思想中之「典範」並不像孔恩所言為科學家所盲目接受者，卻更像懷德海（A. N. Whitehead）所試圖建立的「範疇總綱」一般，乃出自有自覺的思考，並且用以統攝全體思想與經驗的

基本觀念體系，吾人所謂有機生命的典範應屬此。

⑩ 非但自然科學如此，社會科學亦效法自然科學，繼續跟進。就晚近的發展看來，1950 年代的系統分析和作業研究已大獲成功，廣為社會科學所採用。其後又發展出決策理論（decision theory）及博奕理論（game theory）。六〇年代的成本效益計算與「計畫、流程、預算系統」（planning – programming – budgeting system），七〇年代的經濟計量學模式廣受歡迎，在在都顯示出在社會科技發展下，社會發展被當成是一個可以人為地計畫和控制的社會工程。

⑪ K. Popper, *Objective Knowledge,* London: Oxford at the Clarendon Press, pp. 121 – 122.

⑫ 以上所列三問，按順序前二者取自《論語‧顏淵第十二》、最後一則取自《論語‧雍也第六》。

⑬ 馮佛斯特（H. von Foerster）甚至譏諷科技研究者愈不管問題的複雜性愈容易成功。因為以化約主義的作法，他可以發表更多的出版品，用漂亮的公式處理細微、瑣碎的問題。參閱 von Foerster, H., "Responsibilities of Competence," *Journal of Cybernetics,* 2(2)：1, 1972.

⑭ 「知覺是知識的第一步和最初程度，一切知識的材料之入口。」J. Locke, *An Essay Concerning Human Understanding,* Oxford Univ. Press, 1975, p. 149.

⑮ 「推理的真理是必然的，其相反則為不可能；事實的真理是偶然的，其相反是可能的。」G. W. Leibniz, *Philosophical Papers and Letters,* Holland: Reidel, 1976, p. 646.

⑯ 「思想而無內容則空，直觀而無概念則盲。」I. Kant, *Kritik der reinen Vernunft,* A51, B75.

⑰ 參閱 G. Gurvitch, *Dialectique et sociologie,* Paris: Flammarion, 1962.

⑱ 參閱 M. Merleau – Ponty, *Phénoménologie de la perception,* Paris: Gallimard, 1945.

㉑ D. Yankelovich, quoted in Smith, A. (pseudonym), *Supermoney*, New York, Random House, 1972, pp. 271 – 272.

㉒ 參閱本書第 2 章

㉑ 劉勰著:《文心雕龍》,平平出版社,臺南,1974 年再版,第 695 頁。

㉒ 《孟子・盡心下》。

㉓ 舒茲（A. Schutz）認為社會科學方法論中有三個設準:(1)邏輯一致性:社會理論在概念架構上應力求清晰明白,並符合形式邏輯原則;(2)主觀的詮釋:研究者應親身體會社會現象,使自己所提出的解釋符合於社會行動者的意義;(3)充分性:社會理論應能使生活世界中的社會行動者以常識的方式理解。參閱 A. Schutz, *Collected Papers*, I.（Part I, On the Methodology of the Social Sciences）, The Hague: Martinus Nijhoff, 1973, pp. 43 – 44.

㉔ J. Habermas, *Knowledge and Human Interests*, translated by J. J. Shapiro, Boston: Beacon Press, 1971, pp. 301 – 317.

㉕ 參閱本書第 4 章。

㉖ A. H. Maslow, *Toward a Psychology of Being*, 2nd Edition, New York: Litton Educational Publishing Inc., 1968, pp. 80 – 81.

㉗ H. Bergson, *L'Evolution Créatrice*, 142 édition, Paris: P. U. F. 1969, pp. 335 – 336.

㉘ 詳見 E. Husserl, *Zur Phänomenologie des inneren Zeitbewusstseins*, The Hague: Martinus Nijhoff, 1969, pp. 228 – 236.

㉙ 方東美著,《生生之德》,黎明出版社,1979 年,臺北,第 133 頁。

㉚ 同上。

㉛ Plato, *Timaeus*, 28a.

㉜　同註㉙。

㉝　方東美著，《生生之德》，第 134 頁。

㉞　A. N. Whitehead, *Process and Reality,* Corrected Edition, New York: The Free Press, 1978, p. 237.

㉟　參閱本書第 6 章。

㊱　關於中西科技在利瑪竇（M. Ricci）來華時所顯示之差異，詳見拙著：Vincent Shen, *Some Philosophical Reflections on Matteo Ricci's Cultural Approach in China,* I. S. C. W. C. I. Taipei, 1983, pp. 623 – 625.

附錄

論科技發展問題

論科技發展問題

前言

今日世界各國在科技上的差距導致實力上的不平等，造成有所謂先進國家與落後國家的區別。「先進」與「落後」原是相對性的、比較性的概念。由於有比較，突顯出實力的差距，而在差距的兩端有先進與落後的軒輊。進步並非一種絕對的觀念，並無所謂絕對的、標準的進步典型與程序，非得強迫一切的國家都必須按照這標準、這程序來進行「現代化」，隨先進國家後塵，亦步亦趨。在這種進步觀念中所隱含的直線式的時間觀念，究竟是經不起批判的。時間並非直線地進行，而是所謂的「輪轉而無窮」，時間是迴旋的、開展的。在迴旋之時有累積，在開展之後有革新。科技的進步並非來自一成不變地模倣、抄襲先進者的模式，反而應憑藉各種特殊文化內涵的貢獻，在普遍規律中發揮分殊之特色，因而有多元的進展模式。進步與落後只是某一時代中兩個在差距中相生相制的勢力，先進與落後便是這種比較與相對的結果，其中似乎也隱含著「落後是由於先進者所造成的現象」。但這只是一半的真理，另外，落後也是一種內在的問題，必須經由內在的努力去突破，否則只有繼續落後下去。

若從哲學的觀點來探討在科技發展史中所展示的時間觀念，我們可以在此指出：在科技發展中所流現的時間，一方面是延續性的，另一方面也是爆炸性的。延續的時間表現在科技發展的累積性、合理性以及系統的擴張和穿織。爆炸的時間則表現在科學中的基本假設與世界觀有革新性的改變，乃至推翻先前的基本假設與世界觀。例如愛因斯坦之相對論之於牛頓的物理學。革新以後的新的基本假設及所構設的基本架構便是今後延續的時間之基礎，此外，吾人在任何延續之時間觀中亦可尋索出其爆炸性的起點。在延續中有革新，在革新中有延續，於是乃蜿蜒構成輪轉而無窮、迴旋而開展之歷史。孫中山先生所言「迎頭趕上」，若僅就時間觀而言之，便是在這科技進展之時間的爆炸性的一刻，鑽研進去，而創獲新的科學觀念及方法架構，再以弘毅之精神，盡累積延續之功，以創新我中華民族之科技新史。中華文化之豐富創造力，是提供了這新事業以良好的背景的。但傳統上缺乏恆毅與普及的邏輯思考，以及近代史上社會與政治之動盪，恐是累積與延續之最大障礙。文化的問題與歷史的問題，是我們討論中國現代化問題必遇之癥結。

　　籠統說來，有兩種方式可以避免掉入先進與落後的惡性循環圈：或是取消接觸，也就是取消掉比較的機會；或是取消掉科技的差距。前者是一種閉關自守，從主觀的方面避免相對的局面，但這在交通發達、接觸頻繁的今天，至多只能短期為之，長期則勢不可能。藉這種消極的辦法，只能維持於不發展，或極少發展，或走

向極端。後者則是一種積極的辦法，亦即　孫中山先生所謂「迎頭趕上」之道。但是，當由第一種型態轉向第二種型態，即由「閉關自守」開始對外開放，此時即進入一種比較的狀態，在短期內又無法取消科技上的差距，於是變成落後國家。舉例來說，中共早期主觀的關閉型態，使其並不自覺落後，但由於缺乏外力的挑戰，使革命走向極端，以致文化大革命時走上非理性的高峯。但科技是理性與實用的產品，有其累積的一面，不適合在這種主觀與非理性的氣氛下成長。自從中共於八〇年代改革開放以降，與各國來往，大談科技合作，更宣布本世紀末要趕上各超級先進國。由開放而接觸，由接觸而比較，中共發現自己在科技的差距上居於落後的一端，於是奮力爭取趕上。不過，科技是理性持續努力的結果，其發展要在整個經濟、政治、社會、文化的脈絡中，透過理性化與制度化的程序去造就。

　　至於在臺灣方面的自由中國，自從五〇年初期施行耕者有其田政策，釋放出部分農村資本，投資於工業的建設。自此工業方面逐步進入進口替代，並由進口替代轉入出口替代，在發展型態上由資本密集發展到勞力密集。自七〇年代以後，極力由勞力密集進入技術密集階段，以期達到科技的自主發展，並配合經濟、社會方面的整體發展，造就為一個蓬勃進取的社會，堪為整個中國建設的模範。

　　簡言之，在臺海兩岸的中國的現代化問題，分而言之，就中共言，問題在於如何學習理性化的歷程，減除意識形態之負擔，而在適合中華文化的道路上去發展科

技。在臺灣的自由中國，問題則在如何透過科技轉型，更上層樓，並透過縝密的科技政策，使科技發展脫離依賴，能自主發展，與西歐先進並駕齊驅，甚至超而過之。無論如何，兩岸皆應發掘中華文化富藏，配合現代科技，予以整理發展，並藉以啟發新的科技，此乃今後立定自己腳跟，科技自立，文化自強的要務。

由此觀之， 孫中山先生所倡言的「迎頭趕上」誠然十分中肯，也十分緊要。但是頭在何處，如何迎法，都是必須加以探討的問題。本文並不打算從知識論的觀點來討論科學與技術發皇的基礎，僅就科技的差距在科技發展與交流方面所造成的現象，例如科技轉移、科技合作的實際問題，以及科技政策的必要性及其基本原則，在現在世界潮流中，來指點這個源頭。

現在世界各國多以本國利益為前提，來決定其外交與國貿政策。在一次世界大戰之後，二、三〇年代期間的理想外交，倡言為世界和平、國際正義而奮鬥的論調，已成泡影。此後，各國為了國家利益，不惜罔顧國際正義，以力比力，時有弱肉強食的傾向。自由主義與所謂標準的現代化程序的觀念，正好預備了先進國家主導落後國家，使其思想上不設防，而應用自己的標準，隨自己後塵，亦步亦趨。單就科技方面而言，先進國家也有一套十分嚴密的程式，使落後國家在科技上處於依賴的地位。先進國家有更雄厚的資本、人力、技術，與研究發展的上層與下層結構，來保障本國科技持續與加速的進力。先進國家不斷前進，而落後國家再有長足的進步，終究不免跟著後面學樣，永遠依賴。這是造成落

後現象的外在原因，主要是由於先進國家壓倒性的進步型態所致。更重要的，還有內在的原因：資本的缺乏，科學知識與技術訓練不普及，缺乏企業人才，教育文化不能配合，行政無法配合（例如，行政人員缺乏企業管理訓練，官僚作風等），繼續受非理性的意識形態所支配，沒有一貫而整合的科技政策，或有科技政策但只偏重於進口科技、消費他國的科技，而不努力於生產科技、創造科技。

科技發展的目的就在於發動各種相關的結構與律則，來促成科技的創造與生產，匯入全國經濟、社會、文化發展的洪流中，成為積極的推動因素。促成這種發展的動機，多半是意識到與先進國家的差距，為縮短、取消這種差距，外在方面常會藉重科技的轉移，與先進國科技的合作，內部方面則有科際政策的擬定、計畫，及實行。以下僅就科技轉移、科技合作，與科技政策三方面來討論。

科技轉移

科技轉移是把科技從先進國家移植到落後國家所做的地區性的移動。就落後國家而言，則是藉現成的科技成就來彌補自己落後的距離，為此而做的輸入科技的行為；對於先進國家而言，則是一種科技支援、科技合作，或科技販賣的輸出行為。在今日世界各國以國家利益為前提的外交原則之下，往往藉口科技支援、科技合作，與科技販賣來獲致其經濟上的利益（開關市場，交

換原料，或推出已淘汰或要淘汰之設備等），和政治利
益上的滲透與控制。大部分的落後國家，為了趕上科技
的差距或適應現代化的要求，都大量的做科技轉移，狹
義說來，即是輸入科技。但是，一直到六〇年代，在亞
洲、非洲、拉丁美洲各國中，具備有系統的科技轉移政
策的國家少之又少。在那時候，日本正是這少數國家之
一。日本設立國家貿易與工業部（M. I. T. I.），建立
了一套選擇、協商科技的辦法，並進而採納、吸收這些
經過選擇輸入的科技，納入日本的經濟社會體系，使科
技的移植配合本國的研究發展部門。所以日本一方面能
模做西方先進國一部分科技，另一方面亦能有所創新，
加入新的發展因素。中共方面，在未與蘇俄決裂之前，
曾從蘇俄移入了部分科技。除此以外，中共的科技轉移
是十分有限的。從其國家收支統計上，顯示出過去中共
在科技轉移所訂的合約上支出很少，更且中共過去一直
把科技轉移視為資本主義國家的帝國主義行為，其中當
然隱含著把科技差距的現象全數歸咎於先進國家。其他
拉丁美洲、非洲國家，則幾乎完全無科技轉移的政策，
或者，其轉移政策只是一時輸入科技，購買機器與裝
備，要不然就只想透過技術協助的合約，或購買專利、
商標，或使用權，來遂行某些科技發展的願望。這些都
是非常短視的做法。

　　大約說來，六〇年代以後，在科技轉移方面，我們
可以注意到四個現象：第一，發展中國家支出給外國的
專利權使用費以及技術援助的款額逐漸提高。第二，有
關國際的專利系統的作用頗獲注意。第三，發展中國家

與先進國家兩方在協商的能力上的差距。第四，跨國公司操縱大部分的科技轉移。首先，根據聯合國貿易與發展會議估計，在 1960 年各國為申請使用專利、牌照、登記商標所花費的費用達一億美元之多。這統計尚不準確。1970 年第二次會議再度統計，則共為 11 億 5 千萬美元，其中還包括投資前期與執行時期所需的技術知識所花的費用。此一數字約占當年輸出額的 7%，全國總生產毛額的 0.56%。到 1970 年底，這類費用居然可占輸出額的 15%。至於國際專利系統，雖然自1883年在巴黎訂定有關國際工業產權制度以來，屢經修訂（1900年布魯塞爾，1911 年華盛頓，1925 年海牙，1934 年倫敦，1958 年里斯本），但實際已不符今日經濟情況。而且，名義上雖為保護正義，但實際上卻藉以壟斷市場。例如，美國約有 65% 的研究發展費用集中於三十家企業手中；法國則 45% 集中於二十家企業。這些支付得起龐大研究發展經費的企業掌握了國內和國際上大多數的專利權。而且，其他國家為獲專利權，往往必須同意給予其他好處，多方讓步，只為了換取一紙專利權使用狀。我們必須注意這種現象是經濟社會文化的依賴現象中的整體脈絡的一環而已！至於科技交流的協商能力，先進國家的科技有出有入，既可以輸出科技，又可以用某種科技交換其他科技，但落後國家則只入而不出，單向發展，結果變成科技的消費者，而無法在頂尖科技上與先進國家競爭。所以在協商之時，落後國家在基本上就是占劣勢的，加上落後國家通常十分缺乏協商的人才，由於科技知識水準低落，與對企業程序的缺乏

瞭解，兼又由於缺乏科技情報（往往列為極機密），在選擇科技、協商條件時常常不能把握重點，因而造成不利的局面。其中還有一層因素，就是外交人員往往缺乏科技的素養，或缺乏適當的科技顧問，而科技方面的人才又缺乏外交常識與訓練，以致於兩相配搭不來，也會在科技的協商時造成不利的局面。最後，由於跨國公司資金龐大，富可敵國，能有系統地推動各種基礎與應用研究，科技發展的累積與連鎖使其擁有大部分的「科技財」。因此，在今日的經濟體系下，大部分的科技轉移都是透過跨國公司及其在各國的子公司或相關企業來進行的。各國為達成科技轉移的遂行，往往給予他們很多的便利。例如一定年限的免稅或關稅優待，這是當代科技轉移很難避免的公式，但必須注意其中隱含的依賴傾向。例如若給予優待五年，在五年之後，跨國公司的科技早已前進了很大距離。而本國如果無法獨立發展科技，仍必須以各種優待引進科技，致令經濟與社會逐步被先進勢力穿透，因而落入依賴的邏輯之中。

平心而論，專利、協商的問題，並非本國科技發展的重點。不可以認為把科技的移植合法化，便解決科技發展的問題了。這種出發點的偏差往往忽略了對於本國科學與技術環境的改善，人才的培養，結構的建立與推動。於是，只有繼續長時間在科技上依賴外國。

但是，科技移植的過程並非單純之事體，實際上受整個複雜因素的決定，這些複雜因素包括：工業發展政策的性質，各部門在縱的、橫的各方面的整合的程度，跨國公司干預的程度，所涉及的科技的複雜程度，本國

創新科技的能力，行政效率，科學教育問題等等。如果不注意這些整體脈絡的加強與基層結構的設立，一味只注意科技的移植，而忽略其選擇、適應、消化與吸收，更忽略科技的創新，結果科技變成商品，買者賣者只顧短視的利益，吃虧的還是科技的消費國。須知一項科技的移入往往牽一髮而動全身，耗資龐大，前後動用許多人力物力，但在本國科技發展上實質的作用卻又不一定能收立竿見影之效，對於本國經濟與社會卻有不可避免的影響。所以，全盤的考慮與設計、教育、文化、社會、行政各部門的革新與配合，皆是當務之急。在科技發展方面，依賴科技輸入的國家是十分受限的，這些限制的種類很多。首先有科學研究的自然限制：科學的進步有其累積的、不能跳躍的一面，每個實驗室都有一定循序漸進的歷史，可為資鑑。當然，在科技方面可以加入本國特殊文化的長處，和在該文化中特有的創造能力，這種創造力亦可發揮在科學基本理論的創獲。其次，由於工業程序的割裂，往往先進的技術不得輸入，而只由科技輸入國負責其中較為次要的廉價部分。例如，若某種產品需要四道主要生產程序，先進國家往往只許落後國行其一、二道程序。例如，在美國和墨西哥交壤的許多邊境工業便是如此。相隔數里內，兩兩相對，在墨西哥境內做的是第一、二道程序，在美國境內做的是第三、四道較高級的技術程序，兩者再另行組合。結果墨西哥只提供廉價的勞力，並輸入一些次級的、依賴性的科技而已。這種情形，亦在東南亞地區進行。此外，還有其他方面的困難。科技轉移花費昂貴，

除了專利、執照、協商以外，還有上游工業結構尚未成熟，原料太貴，或往往購入已陳舊或要淘汰的裝備，外國科技人員必須付以高薪等等問題。此外，在簽約之時往往有條文規定必須外國企業的參與（美其名為合作），而自動帶來有關輸出上的限制或本國研究發展上的限制。由於跨國公司的參與，往往在本國設立分公司，分攤市場，並在本國內部造成新技術與傳統企業的差距，而打擊舊有企業。科技的依賴更促成本身不求自主，不求內部科學與技術的增長，研究發展部門太少太弱。各企業缺乏研究發展部門，甚至根本沒有基礎研究，只一味追求應用；建教合作不夠切實；大學的研究與企業的需要脫節，或甚至教育的結構本身有問題，這些都減低了吸收科技、創新科技的能力。這種本質上和人為上的困難，使得科技落後國，即使開列各種優待外資的條件，來吸取專利的科技，在本國利用較廉價的勞力，而學到部分科技，訓練部分人才，但這絲毫不改變其落後與依賴的狀態，因為在優待投資的年限之內，先進國的新型科技產品自會不斷湧出（甚至許多已存放庫內等待適機推出），等到舊科技臨於淘汰，儘管由落後國家去承擔後果，而先進國家又挾其新的專利來矣。這種類型的轉移絲毫無益於取消科技的差距，其理至明。

在此必須指出基礎研究與工程科學的重要性，關於這點我們在科技發展政策的討論中將再涉及。在此我們特別要點明的是：若無基礎研究作為一切應用科學之基，若不將基礎理論施於應用發明的工程科學，若沒有這種研究發展的主導作用，落後國家只能一直成為科技

的消費者而已。

為此，科技發展最為主要的問題在於只滿足於當一個科技的消費者，而不是科技的生產者，只是觀眾，不是演員；只一味接受別人所實現的。為避免這種情形，必須學習如何產生科技並予以發明。

科技合作

許多人贊成並相信國際間在科學與技術方面的合作。其實，科技合作雖有其重要性，但絕不可以取代本國在科技方面的自立與努力。實際上，從科技合作的性質及其幅度上看來，並不是樂觀的。要談合作的有效辦法是一回事，但付諸實行卻是另外一回事。有許多國際性的科技合作或科技發展會議便是以此為主題。但是，會議終歸會議，若合作的一方缺乏實質的善意，並遵照實行，這類會議所訂下的條文仍然形同虛設，而在科技水準上有差距的國家從這類合作所獲得的利益，短期看來也許有表面的進步，但從長期看來，卻是另一種方式的受制。然而，科技的發展正是長期之務。

過去所謂「國際間科技合作」只包含設立幾個獎學金，交換一些科技人員或提供部分技術援助，這些都不能算作實質的合作。因為獎學金生在學成返國之後，還必須納入國家科技的全盤研究計畫中，纔有助於本國科技發展。實際上，這些由先進國家訓練出來的人才回到本國以後，往往不能適應本國的研究結構或往往成為先進國家的代言人，或遂行其意志的工具，並且由於所學

習的技術之性質、操作的風格，往往偏好自己留學國的產品和關係。其次，交換科技人員，往往只是表面文章。例如，邀請一個諾貝爾獎得主做一次演講，然後和教育部長或國家領袖吃頓飯，這些對於長期發展並無補益。加上由於研究環境的吸引力，大部分一流的科技人員寧願留在先進國家，以致實際上獲益的還是這些先進國家。那些少數已經達到高水準的公司、團體、機構、國家是世界科學基礎的主要獲益者。

聯合國第一次世界科技會議於 1963 年召開，邀請許多科學人員參加，匯集了大約三千份報告，收集成八大冊。但是大多數人並沒時間也沒興趣去翻閱，對於發展中國家更無任何影響。不過，其中仍有兩個具體結果：其一是在聯合國中設立一個科技辦公室；其二是推舉一羣小組，以個別的名義負責考量設立一個世界性的科技應用方案。據此，可以肯定從六〇年代下半期開始，先進國家與發展中國家的科技合作纔達到較合理的發展。科技合作並非單方面的事情，而且必須優先考慮發展中國家的問題。從這時期開始，科技合作的正途發展，都是在聯合國、其他國際組織，以及先進國家和發展中國家的雙邊關係中進行的。在聯合國方面，其所採取的行動和討論的方向大致為：(1)聯合國文教處對於各國科學與技術潛能，及其在經濟與社會發展上的顯著影響所做的研究；(2)科技應用小組委員會的研究成果，在 1970 年刊行為世界科技應用方案；(3)關於科技轉移的管制與法案；(4)國際專利管制；(5)有關各國經濟權益法案，以及最近有關國際經濟新秩序方面的討論；(6)其次

農業與糧食組織（FAO），和世界健康組織在農學、醫學、以及其他在海洋學和地球物理等方面的成績。

除了聯合國以外，在其他國際組織方面，例如經濟合作發展組織（OCDE）亦在有關跨國公司的行動法案中，特別提及科技的轉移應該具有的實質性，而不只是令科技在地區上移動而已，此外並提醒跨國公司注意輸入科技的國家的科學與技術的潛能。至於有關先進國家對於科技發展的立場，在這一點上，美國、西歐，和蘇俄各不相同。美國方面曾把科技合作列為其外交政策中重要的一環，其動機甚多，其中重要的一點是在二次戰後，美國與俄國進入冷戰狀態，為了拉攏第三世界國家，增益其勢力而做的重要政策。不過，究竟說來，這些合作並不是很紮實的，除了有部分文化侵略的傾向外，其中還牽涉到一種「相互性」的態度，例如：「你投資多少，我就投資多少」。這種相互的態度往往不顧及所涉及國家的經濟潛能和科技條件。至於西歐方面，共同市場國家彼此有相當重要的科技合作制度，但與開發中國家的合作並不平衡。雖然有些國家在政府裏面設立了合作發展部，但大部分是連續著過去的殖民地政策而來的新式殖民主義，開發中國家往往沒有獲得積極而整體的利益。至於蘇俄投資在科技合作上的經費雖多，但都含有強烈的政治與經濟的控制作用。

從以上看來，先進國家對於開發中國家的科技合作，經常都是帶有色彩的，無論是經濟性的色彩，為便利先進國投資與市場的拓展；或政治性的色彩，成為超級強國爭奪的據點。這些目的的達成，既然無法詳慮發

展中國家的科技發展潛能與條件，往往對之沒有正面的鼓勵作用，反而造成一種依賴作用，在長期看來，並無益於本國科技的發展。科技的發展還是要靠本國人才的培養與基礎的穩置。

近年來，開發中國家逐漸注意到本國科技發展的問題，所以多半都致力於提高科技發展方面的預算，其提高的比例，甚至有雙倍於先進國家者。幾近有五十個國家建立了國立的機構，或藉重其他國際機構來進行科技的發展和移植，而且有許多國家都把科技的計畫納入國家經建計畫之中，以之為發展的動力。也有一些研究中心的設立，專門為研究發展中國家在科技方面共同的問題。此外，大家也都十分注意高等教育和各種高等研究與科技人才的培養。

不過，在這類發展裏面，我們必須小心提防一種基本的錯誤觀念，認為科技是人類共同的遺產，因此科技的合作一定可帶來本國社會的福祉。科技固然是人類創造發明的結果，科技能推動國家社會經濟的發展，固然沒錯，但必須注意，科技也曾被用來當作權力與控制的工具，用來製造依賴的關係，而且這種情勢，將來仍不可免。其次，科學誠然是普世性的，但技術卻可以被當作商品來處理，何況有一部分科技方面的努力，例如在武器上的進展，並不積極增進人類的福祉。最後，我們還必須注意，人類雖然天生平等，但科技的條件、環境與潛能都殊異，先進國家認為建立機構、大量轉移科技資料，便足以發展科技，但這些機構與堆積如山的科技資料在發展中國家說來，若無長期計畫和篤實執行，終

難以消化，更無法孕育獨立的科技發展。為此，如何把科技生根在自己的文化上，用文化來提升、轉化科技，並用一種平衡而全面的政策，來指導科技的發展，實乃「先立乎其大者」的發展之道。

所以，發展中國家在科技發展上常應注意到與先進國家的差距，以及這種差距在科技條件、環境，與潛能、甚至在文化脈絡上的不同，而不應囫圇吞棗、飢不擇食。其次，科技的發展並非單憑國家預算的增加便可以解決問題，而應思考如何與教育、生產，與決策三方面的配合無間。簡言之，應逐漸培養本身的科技能力以達到自立的發展水平，從依賴走向自立發展。

所謂科技的自主與自決應該是一種運作性的概念，可以實施於政策上的。為此，開發中國家應該有意志去創造並運用一種不斷成長的能力，以自律的方式來採取並成立有關發展的各方面的決定。換句話說，應產生一種能解決自己的問題，並滿足自己需要的能力。這種自立，是在本國經濟、政治、社會的脈絡中來安置科技發展的地位，並有能力選擇、協商、採用、吸收外來科技，有能力解決國內問題並運用資源。自立並非自足，以致排斥國際合作。相反的，只有真正的自立纔能真正的合作。在這個基礎上，國際間的科技合作首先應發展真正的平等關係，以助長雙方科學的發展與技術的自主。其次，應以這種平等的方式來控制、疏導科技的轉移。最後，應避免外國在科技上不合理的操縱。若不能如此，科技的合作還是寧缺毋濫為要。

科技政策

　　一般發展中國家並非沒有科技政策，但是其科技政策通常只是被動性的，不由科技來帶動經濟發展，而是由經濟發展來帶動科技發展。各國的注意力通常集中在經濟的成長、生產的提高、輸出的市場、外資的吸引等等，而實際的科技政策非但不能配合，而且往往令其科技政策在經濟發展中只扮演邊際性的角色，甚至只希冀以吸收外資來促進本國科技的發展。由於這種被動的、邊際性的角色，科技政策往往缺乏明確的目標，或者誤把經濟的目標當作科技發展的目標，或者在科技政策與經濟政策之間，缺乏協調與配合。此外，推動科技發展的工具亦十分貧乏。唯一的工具便是增列預算，供予國立研究機構或教育機構使用，但往往只圖單點的應用，尤其忽略基礎研究。實際上，政治方面和經濟方面有許多現象都有影響於科技的發展，但各國往往忽略而不自知，或知而不求改進。國內的努力既少，自然趨向外求，以國外先進國家為一切科學知識和技術的泉源，於是主要的努力，都是在蒐集資料，採買科技，訂立條約，輸入科技，吸引投資等等。但是，自長期觀之，科技的發展並非經濟的繁榮所能帶動，並非一日頒定法案，或甚至像中共一樣，訂入國家憲章，便可以交差的。科技發展必須有計畫性的研究。若要有計畫性的研究便需各類研究機構和研究人員，和財經與社會、政治上的各種支持，與外國合作的方案等等，尤其需要一整

套的科技計畫，其中明列各項明確的長、中、短程目標，實行方案，與政治界、經濟界的配合，與文化建設的配合等等。以中共為例，像「本世紀末趕上歐美先進國家」就不是一個明確的目標，亦不代表一種有實際科學經驗為基礎的估計，或有任何科技與經濟的價值，只能說是一種政治上的願望而已。

概略說來，科技的發展進步，可以分別從制度、資源，與政策擬定三者來看。科技發展的制度，是指設立研究與執行機構，以及支持科技發展的方案。例如：(1)擬定科技政策的機構；(2)負責調整並確立科技轉移的過程的機構；(3)應用研究的機構，如農牧、衛生、石油、石化、食品加工、礦冶、光學、電機、電子、環境、核子、太空等等；(4)科技服務機構，例如，自然資源的評估，科學與技術資料與檔案的蒐集、保存，與流通等等。其次關於資源方面，例如；財源、研究與發展的經費，人力資源，注意隨科技之發展而增加「研究發展人口」的成長率，獎學金之設置，研究員的有計畫培養等等。政策擬定方面則須涉及科技的計畫以及科技預算的編列擬定等等。

以上所列只是就大略而言，實際上，各國應按一般及特殊的情形詳慮而後訂之。但是，由於科技必須與全體經濟、社會文化建設來配合發展，所以也應該把科技計畫整合到全體文化、社會、經濟建設上。其中時間因素的考慮是十分重要的，若缺乏一種長期發展的眼光，往往相互抵觸，事倍功半。再者，考慮科技發展計畫之時，自然會牽涉到擬定計畫的現狀，各種利益分配的問

題，和參與的性質。其中牽涉到財源，執行的優先，人員的遷貶，利益的分配，其間的平衡及審議，往往需要專家為之。科技政策的擬定本身便需要高度的科技。

在科技政策的擬定之時，還有許多具體的問題必須考慮。例如，當前研究人才的結構，科技落後的程度，推行的效率也構成大問題，往往一時無法解決；財力不夠，資金不足，計畫若太過誇張，便無法配合現有財力；參與的程度，是否過度集權，或過分散漫；教育的普及程度；對於外國的依賴程度；各類研究機構應按實際情形（如資源、人文條件）在國內地理上相當的平均設置，不要太過集中於某一地區；理論研究、工程應用，與人文科學之間適切而開展性的比例，不過度傾向或關閉於應用科學一面等等。這許多考慮本身就需要相當的科技，往往不是一廂情願可以達成的，必須有相當的理性化、制度化的步驟來進行繞可。以中共為例：原初訂的四個現代化計畫太過龐大，其後由於資金與其他實際困難，有所謂重新調整經濟目標之議，而更強調恢復過去所謂小型工業一類傳統（原始）科技的保存與發揮。這在過渡時期誠然是不得已之舉，但這其中顯示出嚴重的問題，在於缺乏合情合理的計畫，常是浮誇其詞、閃爍其行，老是把中國這樣一個龐然大物拿來當作政治、政策的實驗場，長久下去，實在也不是辦法。

終究說來，科技發展政策的目標在於本國科學的發展、文化的自主與技術的自立。首先，科學的發展之要旨在於科學的團體應能善盡其社會的責任與文化的功能，廣幅地、深入地、自由地，在各種科學理論與實際

上去創造發展。其次，關於文化的自主，科技政策本應為文化政策的一支。以西方為例，西方的科技原先是紮根於自希臘以來的發展的理性精神，講求運作實效的哲學。西方以外各國透過科學與技術的發展，應當追求更能強化其本國歷史傳統價值，並自主地創造新的文化型態。最後有關技術的自立，對外而言，應能研求、協商、選擇、吸收先進國家的技術；對內而言，應能創造發明既具有本國色彩，又能放諸四海而皆準的技術。這種技術上的自立，一方面是經濟、社會、文化發展的反映，另一方面也有貢獻於它們的發展。

其次談到科技發展的主導觀念，應該是：以文化的傳統以及其中所蘊育的創造力，來拓深自然科技以及人文科學方面的基礎研究和工程應用，然後以這種自主創造的科學根柢和嚴格的應用程序，來發展本國工業、農業以及經濟管理各方面的技術。這個主導觀念之要義，首先在於把科技政策納入整體的文化政策之中，與其他文化發展項目息息相關。其次，在科技計畫中，首先觸及的部門便是科學方面：人文、社會、自然、精密科學，以及依據各基礎研究而針對應用的工程科學。在技術方面，則涉及食品、農業、漁業、森林、工業、消費品、耐久消費品、工、礦、核子、交通電信、各類頂尖技術、都市發展、營造住宅、醫藥、衛生、環境生態、管理技術、教育方法等等，不勝枚舉，皆應訂定計畫，切實實行，經常檢討。檢討項目應包括：對外依賴的程度，對內自主的程度，發展的程度，隨時注意長期計畫的導向，依此訂定年度計畫及其預算，並注意與經濟、

社會的發展相互配合，透過工業政策、稅務、金融、外貿各方面來支持科技之發展。

就上述論點來看，我們且抱責賢之衷，略談台灣在科技政策主導觀念上的欠缺。國家科學委員會近年來，一向的主導觀念是以工程科學的發展，帶動科學與技術方面的革新，並藉此進而帶動農、工、商各業的革新，達成一種動力的建教合作的型式。透過這種教育界與建設界的相互推動，來逐步達成社會的革新。此一主導觀念當然十分合理，亦有其一定的時代任務。不過，目前在工業昇級轉型，由勞力密集轉向技術密集之時，更應該注意到人文與自然科學的各種基礎研究與工程科學的交互推進，另一方面更應思考如何把這些基礎科學與工程科學紮根在自家文化的富藏及創造力之內，也就是超越原有僅止於工程科學的重點，而強化基礎科學以及其在本國文化之根源。否則本末倒置，久則源盡，無法提高文化與科技之自主。行政院於 1979 年 5 月 17 日通過「科學技術發展方案」，其中有基本科學與應用科學並重，並推行科技整體發展各點，令人欣慰。當然，在最近數年內，應用科學繼續獲較大的重視，仍是可預見的。對於個別的科技政策的檢討，並非本文之旨。本文所及，恐有掛一漏萬之譏。此種工作必須另外專門詳細研究，在此僅為提點出一種更深遠的科技政策的主導觀念而已。

科技主導觀念的擬定，必須經過一種真正的技術整合的討論，由有關的各種人文科學、社會科學、自然科學，和文化的理論與實際工作人員，聯合商談，而各項

技術的應用、推動、發展，往往需要科技整合的工作，例如，對於海洋的研究，必須各種物理學家、化學家、海洋生物學家、氣象學家、環境生態學家等等的參與，纔能有比較整體的觀念。科際整合固然有其理論的基礎尚待發揮，但主要則是在實際共同研究行動中產生的，如果現在就開始有共同研究上的接觸，將來由科際合作將可慢慢步入科際整合之境。

結論

科技的發展與自主是當代各國欲達到本國文化自主的必經途徑。不過，現代歷史顯示，第三世界各國的科技發展史往往只是該國文化由獨立轉向依賴的過程。造成依賴的因素有許多，但在思想上立不住自己腳跟，實在是最大因素。今日科技的轉移與合作，主要在民主國家內進行，其中有所謂經濟上的自由主義，往往造成一種惡性開放的型態，便利於先進國家的穿透，而造成經濟上、社會上，甚至文化上的依賴。

在此，我們也必須提出自由經濟思想中的兩個基本預設，略言其如何有傷於科技發展的自主。第一個預設是需要的普世性：凡人皆有生物的、心理的、文化的各種需要，這些需要獲得滿足，人生方有幸福可言。然而需要的滿足恆有兩個條件，其一為財富，具體言之，為個人收入的高低，以錢幣為衡量；其二為市場，供給滿足所需。凡人收入愈高，其需要便愈精細複雜，而科技發展之目的，便在於滿足這些日愈進步的需要。第二個

預設是市場的自動規律：個人依收入的高低，向市場購買商品，換取需要的滿足。製造者便依據市場上的需求量來決定產量，而原料生產者則依據工廠的原料需求量來提供原料。個人或家庭收入愈高，需求便愈多，物以稀為貴，價錢便提高。於是工廠便大量生產，原料生產者亦大量提供。兩個假設加起來便是：人生而有慾望，衡一定的收入而化為一定的需要，依供需之比例而決定價格，工廠依此以定造價與利潤，而決定產量。由此看來，好似生產過程決定於消費者。

其實，在任何消費社會中，消費者有許多消費行為都是被廣告所刺激、所決定的。廣告引起其需要，並決定其滿足的型式。這在自由世界是個十分淺近的經驗，但卻道出科技上一個重要的真理：由於科技的進步，用之於生產，不但能改良已有產品，或創造新產品來滿足已有需要，而且可以製造新的需要，進而以新產品來予以滿足。此乃人類經濟史上的一大轉變：生產的過程已不決定於消費者，而是決定於生產者。生產者透過研究與發展，來創造新的產品。決定生產以後，又以各種推銷法來刺激新的慾望，所得的利潤則用來推展新的研究與發展。此一過程可概括如下：由於研究發展而發明新產品，決定產量與價格，透過廣告與各種推銷術，而在專利期間，大賺宏利，用以推動新的研究發展，此一過程決定於生產者。

自由主義的思想，使開發中國家成為消費者市場，因此實際上並無益於本國科技的發展，往往後者只圖依賴科技的轉移與合作，來發展本國科技，成為科技的消

費者，僅居先進國家科技的經濟體系中次要的一環。實際上，開發中國家應該學習的是如何主導生產過程，而在合乎本國文化的經濟體系中去發展科技。科技發展之魂，在於研究發展部門，殆無疑義。在進步神速的科技世界裏面，科技產品的生命短促，通常只有五年到十年的生命期，而在第四年便開始走下坡路。因此，專利十年之內，必得賺回大量利潤，進行研究發展，刺激新需要，推出新產品。產品的生滅，加強了現代人的時間幻滅意識，亦是構成經濟危機的原因之一。須知在科技時代裏面，一項產品大約可分為幾個階段：基礎研究時期，應用研究時期，引進新產品入市場及推銷期，成長期，成熟期，最後則是衰敗期。成長期與成熟期是大量獲利的時期，此時公司把握專利，撈回利潤，以便補貼前三期所耗巨資，並推動新的產品研究。在衰敗期以後，產品在本國市場中漸被淘汰，於是製造該產品的設備便整廠輸出，轉賣給其他落後國家。落後國家只得步其後塵，逐步依賴。通常大家都只注意到產品的盈利期，卻忽略了最辛苦的前三期：基礎研究，與引入市場的全套研究發展過程，費時良久，花費浩大，往往非小公司所能負擔，只有極少數資本雄厚的大企業能負擔起基礎研究。這也就是致使少數跨國公司掌握世上大多數的科技財富的原因之一。目前一般的趨勢是，由政府提供大部分的經費與計畫，但由大學機構和企業來執行大部分的研究發展。這點亦需要科技政策與建教合作系統，工商系統之間適當的配合。

第一次工業革命之時，在技術上使用機器，代替了

手工藝；在能源上使用蒸汽、煤，和電氣，取代人力和動物力；彼時最重要的原料是鋼鐵、棉毛，與各種礦產；交通工具有輪船、鐵路、汽車；在經濟思想方面，第一次工業革命發生在英國之時，放任經濟、自由競爭與市場曾造成了工業化的掘起；但其後第一次工業革命轉到比利時、德國等地之時，自由經濟已非促成工業化的主要原因，反而是國家的干預、銀行的作用扮演了更重要的角色。許多人把第一次工業革命歸功於自由經濟，實僅窺其半。現在我們面對的是第二次工業革命以後的時代：在技術方面使用模控學（以電腦為主）；在能源上使用核子；在原料上，自然原料退入第二線，而使用各種人造的原料；交通是使用飛機與人造衛星，思想上我們已進入新的世界經濟秩序，原有的自由主義、計畫經濟、社會主義，都往往被用來作為造成其他第三世界國家的依賴狀態，以遂行其強國勢力擴張的思想工具。新的經濟秩序逼迫我們去思考，探討更能在文化的普世性及特殊性之間尋求平衡、創進的經濟社會思想。在第二次工業革命之後，研究發展成為一切企業的推動力。各種頂尖工業取代了第一次工業革命時的命脈，像煤、鋼鐵等工業，這種改變使原來以鋼鐵的半成品為出口大宗的國家，如比、法等，帶來了經濟或社會危機。七十年代比國、法國因鋼鐵改組引起的長久風波，足以為徵，至於一切「頂尖工業」則都是研究發展的結果。

提出研究發展的重要，便是提出基礎科學與應用科學的重要。各國基礎科學與應用科學之所以能獨樹一幟，別有特色，除了隨時要顧及一般科學新知的發展，

還要絜根於自家的文化傳統與創造力。有健全的文化政策，始有健全的科技政策。此外，對於落後國家，還有許多基本結構要強化。例如，基礎科學（人文、社會和自然科學）的普遍發展，一定要有科學的心態和合理的思考相互配合。其次，科技之發展，亦有賴社會全體之革新。科技知識不應該只是少數人之權利，就像政權不應該只是少數人的專利一樣。

如何使科技有整體的發展，如何使科技能配合全體經濟、社會、政治之發展，如何使理論科學研究帶動科技之創新，如何使理論與工程研究絜根於整體文化政策，這些重大的問題，絕非某一類專家就可以釐清的，必須有各種類的科際合作、科際整合的探討。在各種層次的問題上，有科際之間越來越緊密的接觸與貢獻，文化與科技的發展，繞會上於正途。唯有立基於文化發展上的科技發展，繞能真正疏導人的慾望，滿足適於人性的需要，發展並實現國人的潛能，進而增進全人類的福祉。總而言之，欲求文化之自立與長遠之創進，必須有科技長足的發展。科技發展有賴於人文、社會（其中當然包括政治、經濟、社會、法律、歷史、語言、人類學、哲學等等）、自然各種科學的基礎研究與應用工程的研究發展。透過科際整合的途徑，基礎研究與應用工程始得立基於整體的文化發展上，此乃當前科技發展與文化建設的重要課題。而運用科際合作的辦法來挖掘傳統文化中的思想與技術富藏，予以整理研究，藉以創發新的科學理論與技術，亦是今後科技與文化發展中不可忽視的一環。

解除世界魔咒

337

索

引

解除世界魔咒

解除世界魔咒

解除世界魔咒

解除世界魔咒 / 沈清松著. －－初版. －－臺北
市：臺灣商務，1998[民87]
　　面 ； 公分. －－(新思潮叢書：13)
　　含索引
　　ISBN 957-05-1504-X(平裝)

1. 文化－哲學,原理

541.2016　　　　　　　　　　　　87011599

新思潮叢書⑬

解除世界魔咒

定價新臺幣 300 元

著　　　者	沈　清　松	
責任編輯	王　林　齡	
封面設計	張　士　勇	
校　對　者	許素華　陳寶鳳	
發　行　人	郝　明　義	
出　版　者 印　刷　所	臺灣商務印書館股份有限公司	

臺北市重慶南路 1 段 37 號
電話：(02) 23116118 · 23115538
傳眞：(02) 23710274
郵政劃撥：0000165－1 號
出版事業
登 記 證：局版北市業字第 993 號

• 1998 年 10 月初版第一次印刷

ISBN　957-05-1504-X （平裝）　　　　27460000